小島孝夫
田中宣一 編

# 半島のくらし

## 広域民俗誌の試み

考古民俗叢書

慶友社

# はじめに

本書は、地理的にそして文化的歴史的に同一性を持つかと思われる比較的広い地域の伝承文化の総体を、民俗誌として記述し研究するにはどのようにしたらよいかを考えようとした、ささやかな試みである。対象とする地域は、愛知県の知多半島である。

ひとつの狭い地域、例えば民俗学でいうムラ程度の地域、あるいはもう少し広く明治二十二年の町村制施行当時のいわゆる行政村ぐらいの地域の民俗の全体像を、民俗誌として記述し研究することは、従来しばしば試みられてきた。そしてそれらの成果は、ムラ生活究明ないしはムラ性格究明の民俗誌として、世に問われてきた。

ひとくちに民俗誌とはいっても、地域の民俗すなわち伝承文化の総体を有機的に把握し分析し記述することはなかなか難しく、成功したと言える成果は多いとは思われない。しかし、複雑に絡みあっている個別民俗を総体的に捉えようとした従来の方法と努力は、地域の民俗理解のみならず、地域理解にも一定の寄与をなしてきた。またそれら諸成果は、平素において記録されることは少ないが日本文化の研究にとってかけがえのない伝承文化を、とにかく文字として定着させ蓄積し、全国比較の貴重な資料として提供してきたという点からも評価すべきことである。

しかし、地域というものを民俗学的に理解しようとすれば、まとまりのあるもう少し広い地域をも対象にしてみることがあってもよいのではないだろうか。このような役割は、ここ三十年間ほど、もっぱら自治体史・誌の民俗編に委ねられてきたように思う。われわれ（本書の執筆者）の中にも、これらの調査・執筆ならびに編集に携わってきた者が多くおり、それぞれの機会をとらえて、有用な民俗編あるいは民俗誌作成について考えるところはあった。

現代の自治体史・誌の民俗編は、近代以降さまざまな経緯をたどって合併を繰り返してきた自治体そのもの、とくに自治体の民俗の理解を第一の目的としてまとめられるものである。正直なところ、このための調査は資料発掘という点で有益ではあったが、対象とする地域がひとつの自治体の範域に限定されるなど、当然、制約も少なくなかった。そこでこのたび、苦しくてももう少し自由な調査を試みたいと考えたわけである。われわれは、対象地域を選ぶにあたって、いくらか議論をした。文化的歴史的地理的な同一性は予想しえても、その基準を確実に定めることは容易ではない。大きな川筋とか、まとまった平地や盆地、あるいは江戸時代の同じ藩内の地をいくつか候補に挙げて検討してみたが、なかなか思うような地域を決定することができなかった。そのようななか、四周が海である日本列島には大小の多くの半島が存在するゆえ、半島というものについて議論を発展させたのであった。

半島部は、一見、付け根となる大きな陸地から海に突き出ており、文化の吹き溜まり、集積地のような感を抱かせる。事実、従来の研究によって、半島部には比較的古い文化の重層する傾向が指摘されている。陸地からの文化伝播ではそうであろうが、同時に、海上交通とくに沿岸部の小海上交通の盛んであったころには、海は人びとを隔てる障害ではなく、海上からもたらされる文化も多かったに違いない。このように考えると、半島部の伝承文化の複雑さが予想され、民俗誌を考える対象として、興味深い地域に思われてきたのである。さらに半島には、例えば石川県の能登半島のように、海に突き出しっぱなしで、すぐその先に日常的に交流可能な人の営みのない半島もあれば、大分県の国東半島や、千葉県・神奈川県の房総半島・三浦半島のように、すぐその先に人の住む多くの島や他の陸地があり、海上を通って相互に交流が頻繁であったことの明らかな半島もある。このように半島も、面積の広狭とは別に、地理上二種類に大別することが可能である。そこでわれわれは、他の地域との文化交流も視野に入れることができようかということで、目と鼻の先に他の陸地（渥美半島）もあり、島々（日間賀島・篠島・佐久島・神島など）もあり、それらと過去にも現在においても密接にかかわっている知多半島を対象地域としたのである。

ひととおり二年間の調査を終えてみて、広い地域の民俗を総体として捉えることの容易ならざることを思い知らされた。従来のような狭い地域を対象とした民俗調査の方法では無理なことが、最初からわかっていたので、確かな新たな方法をめざして各自工夫もし、また皆で議論もしたのであるが、結局は模索の域を脱することができず、予定の二年間が過ぎてしまったというのが、いつわらざる本音である。とはいえ、不充分ながらも一定の成果は挙げえたのではないかと考えるので、いちおうのまとめとして全体をを四章に整理し、ご批判を仰ぐことにした。

第Ⅰ章においては、必ずしも概念が明確ではない半島とは何かという問題をはじめとして、半島部の民俗を考えるさいの議論を展開させてみた。

第Ⅱ章は、対象地域である知多半島部の概要である。同地域についての従来の研究成果を参考にしながら、民俗誌の概要として、どの程度これら成果に深入りすべきかを考えつつ、まとめてみた。

第Ⅲ章は、知多半島全域をフィールドとした調査の分析と記述である。次の第Ⅳ章とともに本書の本論をなす部分である。ほかにも取りあげるべきことがらは多いが、ひとまず五つの側面から知多半島という地域を考えてみた。

第Ⅳ章においては、知多半島南端部の南知多町の民俗を四つの分野に絞って分析し、記述の対象にしてみた。南端部を選んだのは、陸地としては行き止まりであるとともに、他の陸地や島々に向かっては最も開けているという、半島部の特徴をよく示しているところではないかと考えたからである。

知多半島地域全体をもっと偏りなく捉え、かつ個々の民俗についてはさらに深く掘り下げるべきであろうなど、反省点は多々挙げられるが、個々の記述内容が相互に共鳴して、知多半島の伝承文化の全体像を理解する糸口の役目でも果たすことができれば、幸いである。

平成二十年十一月

編者

# 目 次

## Ⅱ　知多半島の概要



## Ⅲ　半島全域を対象とした問題

## Ⅳ　半島南端部の個別事例研究

# 知多半島の位置

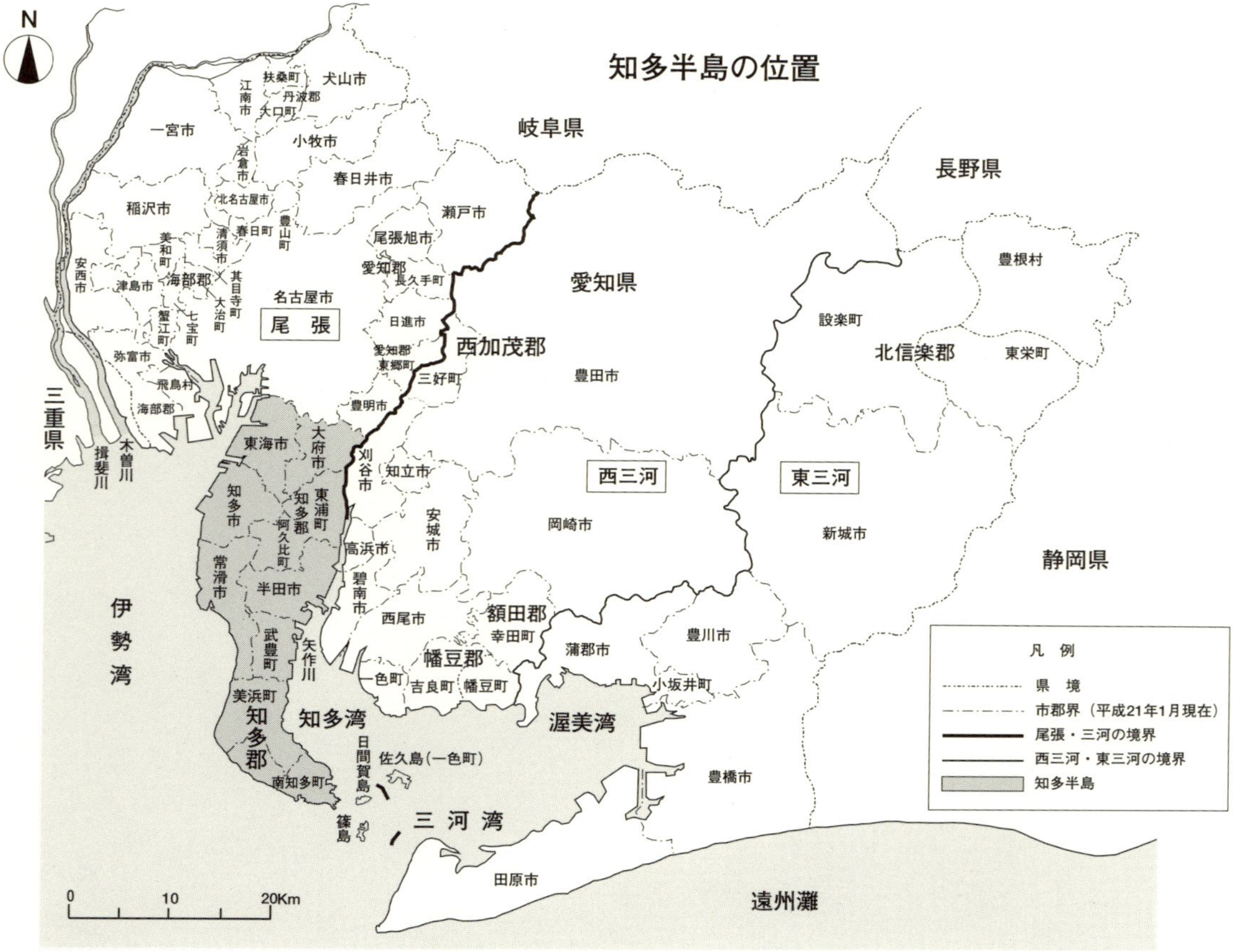

N
岐阜県
長野県
静岡県
三重県
愛知県
尾張
西三河
東三河
伊勢湾
知多湾
渥美湾
三河湾
遠州灘
木曽川
揖斐川
矢作川
一宮市
犬山市
江南市
扶桑町
丹波郡
大口町
小牧市
岩倉市
春日井市
稲沢市
北名古屋市
豊山町
春日町
清須市
瀬戸市
尾張旭市
愛知郡
長久手町
美和町
安西市
津島市
海部郡
甚目寺町
大治町
名古屋市
蟹江町
七宝町
弥富市
飛島村
海部郡
日進市
愛知郡
東郷町
三好町
西加茂郡
豊田市
豊明市
東海市
大府市
刈谷市
知立市
知多市
東浦町
知多郡
阿久比町
安城市
高浜市
常滑市
半田市
碧南市
西尾市
額田郡
幸田町
武豊町
幡豆郡
一色町
吉良町
幡豆町
美浜町
知多郡
南知多町
日間賀島
佐久島（一色町）
篠島
岡崎市
蒲郡市
豊川市
小坂井町
豊橋市
田原市
新城市
設楽町
北信楽郡
東栄町
豊根村
0
10
20Km
凡　例
県　境
市郡界（平成21年1月現在）
尾張・三河の境界
西三河・東三河の境界
知多半島

# I

# 「広域民俗誌」作成に向けて

# 広域民俗誌の試み

小島 孝夫

## はじめに

現在の日本民俗学の研究は、民俗事象に関する研究者の個別関心事の解明が主眼となって展開している。研究対象となる民俗事象が多様化し、研究者の層も厚くなってくると、自ずと民俗学的研究の主流は個別関心事の解明という研究者自身が自己完結できる方向へとすすむことになった。この流れが民俗学的研究を深化させることに寄与してきたことは疑いのないことであるが、個々の民俗事象が生成され、伝承されている地域社会の総体を捉えるような作業がなおざりにされてきたという感は否めない。

民俗事象そのものを深く理解しようとすることだけが民俗学の目的ではない。人間の生活を総体として理解しようとする民俗学が担わなければならない課題はそれだけであってはならない。さまざまな民俗事象が有機的に関連しあって、ある状態を形成しているのが人間の日常生活であるとすると、さまざまな民俗事象の総体としての生活文化の究明はより大きな課題として私たちの前に発ち現れてくるはずである。私たち民俗学を学ぶ者は、このことに自覚的でなければならない。より大きな課題はより困難な課題でもあるが、こうした課題に真摯に取り組んでいくことも民俗学の目的であるはずである。

## 一　民俗誌的記述の課題

民俗学という学問の領分は、民俗誌的研究と個別課題解明的研究に大別される。前者はある地域における民俗調査によって得られた民俗事象に関する分析を本旨とするものであり、後者は民俗事象に関する研究者の研究課題を解明し学問的主張を行うことを本旨とするものだとする分類方法である。

柳田國男が創始した民俗学は全国的視野で民俗資料を収集し、それらを比較研究することで、従来の文献史学や考古学とは異なる、人間の営みに即した新たな歴史学を構築しようとするものであった。しかし、柳田國男によって示された『郷土生活研究採集手帖』（一九三四）などによって示された調査項目は、周圏論的視点を適用するための比較資料収集が前提となった、民俗事象を細分した項目に即したものであったため、当該社会の全体像や当該社会における民俗事象の相互の関連性を明らかにすることを必ずしも意図したものではなかった[1]。

それに対して、第二次世界大戦後には、特定の地域や人びとを対象にして当該地域の成り立ちや人びとの相互の関連性を明らかにしようとする民俗誌学が試みられた。概して、郷土人による郷土生活の記述という面が強いものであったが、次いで、一九六〇年代から地域社会の成り立ちや移り変わりを研究対象とする地域民俗学が構想され、和歌森太郎を中心とした東京教育大学による一連の地域調査が行われた。また、この時期には九学会連合による特定地域の総合調査も行われており、民俗学を含む人文科学研究の研究対象として「地域」が強く意識されていくことになった。

さらに、高度経済成長期を経る過程で、日常的な生活文化を文化財的な視点でとらえることが文化財保護法のなかに位置づけられた。高度経済成長期に急速な変化を遂げた生活文化を記録するため、一九七〇年頃から各地の自治体史編纂事業のなかに『民俗編』の編纂が組み込まれていった。この作業には地域単位の歴史民俗資料館建設事業と連動している場合が多く、当時編まれた民俗編の多くは、当該地域の生活文化の特徴や変遷を明らかにすることに主眼がおかれていた。そして現在まで、自治体が主体となって編纂された『民俗編』は都道府県、市町村単位の民俗事象を記録することを主眼としてきた。

ところで、これらの『民俗編』の記述方法は全国的な比較研究を前提としており、記述項目は定型化したものが踏襲されている場合が多い。柳田が目指した民俗事象の全国的な比較研究と地域民俗学の視点とを折衷した記述内容となっており、各書に通底しているのは当該地域を予定調和的に統合された社会として描こうとする視点である。自治体史の一環として編まれた『民俗編』を民俗誌という視点からとらえなおすと、必ずしも民俗誌的記述を意図したものではなかったのである。

民俗誌とはある社会の人びとの生活文化の全体像を記録しようとするもので、ある社会なり集団が有機的な関連をもって結びついた空間を対象とするもので、必ずしも行政的な区分に拘泥するものではない。また、民俗学が地域社会の人びとの日常的な生活文化と対峙することで成立する学問であることを踏まえれば、研究者の問題意識には研究対象の背景としての当該社会そのものに対する深い理解が求められるはずである。どのような民俗事象の研究にとっても、当該社会の民俗誌的理解が不可欠な所以である。

## 二　自治体史と民俗誌

民俗誌の現状を考えるときに、多くの民俗学関係者が関わってきた自治体史編纂事業について振り返っておかなければならない。民俗学の現状を考えるうえでも、自治体史編纂事業の評価は避けて通れないことがらである。

## 自治体史編纂事業の功罪

全国的な自治体史編纂事業が行われることになった背景には、第二次世界大戦後の文化財保護行政の存在があった。昭和二十五年に文化財保護法が制定され、次いで都道府県の文化財保護条例が制定され、昭和二十七年には市町村教育委員会が発足し、自治体単位で文化財保護行政が進められることになった。昭和二十九年には文化財保護法が改正され、文化財のなかに民俗資料が新たに位置づけられていった。昭和三十二年には文化財保護委員会（現在の文化庁）主導の「民俗資料実態予備調査」が行われ、さらに昭和三十七〜三十九年にかけて「民俗資料緊急調査」が実施され、その成果が昭和四十四年から『日本民俗地図』として刊行されていった。

こうした流れのなかで、全国に先駆けて昭和三十二年に『宮城県史』に『民俗編』が編まれた。その後、東日本を中心に各自治体史に『民俗編』が加えられていくようになったのである。自治体史における『民俗編』は、当該自治体内の民俗事象を記録することに主眼がおかれたため、概して、民俗事象を個別に網羅的に記述していくことになった。また、自治体史編纂事業はもともと行政施策の一つであり、自治体史の主要な読者である当該地域の住民に対して当該自治体の姿を示すため、記述に際しては、地域性の差異を示すことよりも自治体としての完結性を示す内容が求められた。そのために、調査データを意図的に選別して中庸な記述を行うことにもなった。

全国で現在まで続いている自治体史の『民俗編』編纂事業は、全国の民俗事象を均質に網羅的に確認することを可能にした点では画期的な事業であるが、成果物として公刊されたものにはこのような制約があり、調査段階で収集された民俗事象すべてが記録されているわけではないのである。加えて、記述に際しては調査者の主観を極力排除することが求められるため、それぞれの民俗事象の関係や背景などについての分析内容の記述を控えるということにもなった。

## 自治体史を統合する

このようにして刊行された自治体史の『民俗編』は実際にどのように利用されているのだろうか。民俗事象の存在を確認するためには、自治体史は有用な資料となることは確かであるがその利用方法には限界がある。すなわち、民俗事象の存在の有無の確認であれば、民俗地図を参照することと変わりがないのである。自治体史を自治体の規模別に階層的に利用することで民俗事象の分布確認の精度をあげていくという評価も可能であろうが、所詮は民俗事象の有無の確認が行えるだけで、各事象がそこになぜあるのか、なぜないのかという事由までは必ずしも明らかにならない。自治体史をつくる側にも利用する側にもこうした制約があるのである。私たちは当該地域の生活のなりたちや移り変わりを理解したとしても、それを直接記述するのではなく、民俗事象という個別のデータを記述することで「ある生活」を語らしめようとしてきたのが、多くの民俗学関係者が経験してきた自治体史編纂事業だったのではないだろうか。

それでは、自治体史は無用かというとそうではない。調査時のデータがそのまま生かされていないということを念頭に置いたとしても、全国規模で集められた民俗事象のデータは膨大である。民俗学研究にとって財産ともいえよう。ところが、民俗学関係者はこの膨大な基礎的データを必ずしも積極的に利用してこなかった。その背景には、自らがなんらかの自治体史編纂事業に関与しており、『民俗編』が編まれる過程を承知しているため、それを前提とした評価が足枷になって積極的な利用をしてこなかったという面もあるのかもしれない。しかし、このまま『民俗編』を民俗学関係者が無視し続ければ、全国の自治体史編纂作業に関わった人びとの労苦やその成果は忘れられ放置されたままになるのではないか。行政施策の一環という制約の中で編まれたという事情を知る民俗学関係者であれば、その制約の中で生かすことのできなかったデータ類や視座を承知しているはずである。行政施策の成果を、民俗学の基礎資料と捉えなおすしたたかさを私たちは持つべきではないか。さらに言えば、『民俗編』の活用について具体的な方向性を示すことが、民俗学関係者の責務であろう。

## 三　広域民俗誌の提唱

### 現代社会をどう捉えるか

次に、民俗誌的な研究手法を現代社会の研究においていかに位置づけるかということも考えておきたい。現代社会が直面している課題の多くは、過去とのつながりや人びとの間のつながりのなかに遠因が求められることがある。非常に複雑に見えるような課題も、さまざまなつながりを明らかにすることで、それらのつながりに通底する人びとの心意を汲みとり、課題や対立の根源を理解することができる。

現代社会は個人が自由な個人としてふるまうことを前提にした社会である。かつての共同体的な社会や集団は希薄な存在となり、個人が主体的に判断・選択することが生活を支える論理になっている。それでは、民俗学がかつて想定したようなムラ的なつながりがなくなったかというと、必ずしもそうとは言い切れない。世代に応じて人と人とのつながりは異なるであろうが、現代社会においても、人は何かとつながりながら生きていくことを余儀なくされている。価値観が多様化し、社会構造が錯綜していくことで、自分自身の生活が何によって、どのように支えられているのかということがわかりにくくなってしまっているのである。自由な個人としてふるまっていると思い込んでいるだけで、実際は間接的に不特定多数の人びとに支えられて生きているというのが現代社会を生きる私たちの姿なのかもしれないのである。私たちが日々過ごしている生活を客観的に捉えなおすということはなかなか容易なことではないことは確かである。

## 民俗誌の記述とその課題

このような現代社会を捉えなおすための手段として、民俗誌的な分析方法について考えてみたい。まず、民俗誌を作成する意味と課題を確認しておきたい。民俗誌を作成する際に陥りやすいことは、記述する側が調査者の視点を前提として当該社会を捉えようとするため、それぞれの記述の必然性に対する基準に対して、一層留意する必要がある。たとえば、当該社会の生活文化の必然性を主張する背景として、それぞれの文化は独自のものであり他の文化の基準では推し測れないとする文化相対主義の視点に立脚する場合もあるだろうし、文化の諸要素である民俗事象は互いに関係しあって当該社会を形成しているという機能主義の視点に立脚する場合もあるだろう。さらに、調査者の視点を強調するあまりに、当該社会をひとつの完結した、閉じた社会して固定して扱おうとすることが助長され、当該社会の広がりやつながりに対する視点自体を閉ざしてしまうことが危惧されるのである。

現代社会は生活にしても生業にしても、小さな世界として自己完結した地域社会を超えた広範な空間で展開されている。グローバル化の進展により、小さな世界はより広い世界とつながっており、それはかつての地域社会が有していた小さなつながりをさらに連ねたものになっていることも予想される。さらに、人と人とをつなぐ要素は、所与の自然環境の制約以上に、性差や年齢差、嗜好等の個人の属性によって多様なうえに重層的な関係が刹那的に作り上げられ、それらは必ずしも永続性をともなわない場合もある。こうした背景の下で、当該社会での生活は存立しており推移している。民俗事象の普遍性や法則性だけではなく、個別の社会や文化の独自性や多様性にも留意した民俗事象の有機的なつながりを捉えなおすことが必要となってくるのである。

## 広域民俗誌の提唱

最後に、自治体史の『民俗編』の活用を前提とした広域民俗誌の試みについて言及しておきたい。ここでいう広域民俗誌とは、人と人とのつながりをある社会のなかで完結したものとして捉えるのではなく、共通した民俗事象の連続性に留意して、より広範な広がりのなかで捉えなおそうとするものである。かつての民俗誌が描こうとしたのが地域内で自己完結した共同体的なる社会の姿であったとすると、広域民俗誌が描こうとするのはより錯綜した社会構造の中で生きようとする私たちの姿である。現代社会における私たちの実像といってもよいであろう。単にある広域な空間や、日常生活を規制する自然環境や社会的な括りを前提としたものではない。あくまでも、抽出された民俗事象の連なりによって把握された日常生活の実像も描く民俗誌のことである。

現代社会について理解を深めようとする際に、まず広い視野を持つことが必要となる。私たちを取り巻く状況を構造的に理解しようとする視座が求められる。その端緒として、民俗学的視点から現代社会の成り立ちや移り変わりを概観するのに、先述した自治体史の『民俗編』は好適な資料となる。資料として利用する際の制約については留意しなければならないが、全国の民俗事象を概観することができる点では民俗学の基礎資料として有用である。それでは、『民俗編』を自在に使いこなすためにはどうすればよいのだろうか。

一つの方法は、当該社会の近隣の『民俗編』を連ねてみることである。連ねることで連続して分布する民俗事象を発見することになり、ある「民俗」の連続性の発見が新たな「問い」を顕在化させていくのである。そして、ある「問い」を見出したならば、共通する民俗事象が分布している地域をつぶさに歩いてみるのである。ある「問い」をもって地域を歩くという行為は、その「問い」につながるさまざまな民俗事象の存在を意識することを促し、さらにそれらの民俗事象の背後にある人間の営みを理解することになるはずである。『民俗編』によってある「民俗」の型を見出し、その背景を検証していくことができれば、『民俗編』としてまとめられた段階で等閑視された当該社会の生活の総体や広がりを具体的に把握していくことができるのである。そして、当該社会の生活の広がりを示す民俗事象のなかに現代社会を生きる私たちを貫く心意が籠められていることが理解されるのである。それこそが、民俗誌として記述されなければならないことである。

## おわりに

本書はこうした視点にたち、現在、研究手法として等閑視されている民俗誌研究の再評価を試みるものである。その具体的な手法として自治体史の『民俗編』を活用した広域民俗誌の作成を提唱する。

民俗誌的視点による研究の必要性は、すでに田中宣一によりなされてきたもので[2]、本書の主張はその延長上にあるものである。民俗誌はある社会の人びとの民俗を単に描写して記録するものではない。調査者・研究者の明確な視点の下に多岐にわたる民俗事象の有機的なつながりを分析しながら、当該社会のくらしの総体を描き出し、社会や地域の特徴を抽出しようとするものである。こうした民俗誌的視点による研究は、多様化する現代社会の理解にために有効な手法であるばかりでなく、民俗学という学問が社会に対して果たす役割を明確に示すものになるのである。

注

(1) その後柳田が主導した『山村生活の研究』、『海村生活の研究』も項目別に各地の事例を収集して記述するという方式をとり、民俗事象の比較研究のための資料収集が続けられた。

(2) 田中宣一 二〇〇〇年、「民俗誌と地域」『徳山村民俗誌 ダム 水没地域社会の解体と再生』

# 「半島」とは何か

畑　聰一郎

## 一　半島と島嶼

「半島地域」とは、半島振興法第一条に、「三方を海に囲まれ、平地に恵まれず、水資源が乏しい等国土資源の利用の面における制約から産業基盤及び生活環境の整備等について他の地域に比較して低位にある半島地域（架橋等により本土との陸上交通が確保された島を含む。以下同じ）」と説明され、二三の半島振興対策実施地域が指定された。関東・中部・近畿地方で実施地域に指定されたのは、南房総（千葉県）、能登（富山県、石川県）、伊豆中南部（静岡県）、紀伊（三重県、奈良県、和歌山県）、丹後（京都府）の五地域である。三浦半島・渥美半島・知多半島は指定されていない。ここでいう「半島地域」とは、すべての半島を意味しない。

それでは、半島をどのように定義づければよいのだろう。『歴史地理学紀要』二四号（一九八二・三）では、「島嶼・半島の歴史地理」という特集を組んでいるが、その「序」で、大村肇は「島や半島の地域的限界は具体的にどう把握されるか。隔絶性、孤立性についても同様に地域的概念構成の一環として、いずれも実験、実証的な手段を通して確かめなければならない、という問題である。とはいうものの今のところ、島や半島に関する概念についても共通的な見解の統一をみるところまできているわけではない。まして、その他の地域（大陸・本土・地方《じかた》など）と島・半島との結びつき、それぞれの間の隔絶・孤立に関する追求は著しく遅れている[1]」と述べる。ここで大村は、島や半島に関する概念について、共通的な見解の統一は見られず、さらに島・半島とその他地域との結びつきに関しても、あまり追求されていないことを指摘する。確かに、各種の地理学事典を見ても、「半島」という項目すらない。

だが、島や半島という言葉で一括するには、個々の島や半島相互の差異が大きすぎて、かなりの困難が予想されよう。淡路島や八丈島のような巨大な島がある一方、孤島、離島と呼ばれる高知県の鵜来島や沖の島などの全ての島を、「島」として一括して解説することなど、到底不可能である。同じことは、「半島」に対しても言える。紀伊半島、能登半島などと、三浦半島、知多半島とを、一括して半島論として解説することは困難である。とりわけ、半島は、三方を海に囲まれ一方のみが陸と結びついており、四方を海に囲まれた隔絶性、孤立性の高い島嶼とは異なっている。半島を、三方を海に囲まれ、一方を陸地と繋がった一定範域とすれば、辞書的定義は可能であろう。海に向かって突き出た陸地という定義でもよかろう。だが、「半島」と呼ぶ範域について、あらゆる半島に共通する一般的な説明は難しい。半島間の差違が大きすぎるからである。半島内部の経路として、鉄道路線や道路網が整備された半島がある一方、半島基部の発展に比し、先端部分が孤立した半島もある。さまざまな自然ないしは社会条件の異なる地域を「半島」という名称のもとで、一括して語ることが出来るかどうかは疑問がある。

## 二　網野善彦の半島論

半島社会について、歴史学者網野善彦は、その方法的な原則として、「私は現段階で、包括的、かつ一般的に『日本文化』とは何かを論ずるよりも、日本列島の諸地域社会のそれぞれが持っている個性、特質を追求し、またそれぞれの差異を明確にすることが必要であり、北海道のアイヌ、南島の琉球はもとより、東北、東国、西国、九州等々、さらに細かく地域に則した研究を深めていく事のほうがむしろ大切ではないかと思います(2)」と述べ、日本文化を包括的に捉えるのではなく、諸地域社会の個性、特質を追求すべきであるとしている。各地域社会を分析する場合、「半島」が産出する産物の内容が多彩であること。生産者である「百姓」は、「農民」と同義ではなく、多様な農業以外の生業を営む人々をも含んでおり、「現在に至るまで、諸生業の中で、穀物を生産する農業が他の生業を圧して支配的になったことなど一度もないのではないかと考えており(3)」と述べる。

網野は「海の世界」「山の世界」に多大の関心を寄せており、海の世界では、外洋を通じてのネットワークの形成が見られることを指摘した。紀伊半島の人々の足跡が、太平洋沿岸の各地にみられ、日本海でも隠岐、佐渡、能登、男鹿、松前に至るネットワークが形成されている。山の世界では、牛馬の飼育や販売システム、桑や漆、材木の生産や流通など様々な課題があり、海に比し研究が遅れていると述べる。

網野の基本的視点は「百姓がいつでも豊かだったなどとは決して申しませんけれども、百姓がいつも貧しく、いじめられていたというのも大変な誤りで、それほど百姓はだらしなくありません。我々はこれまで本当の意味の生活をしている者の力に対する評価が、まだまだ足りなかったのではないかと、私は痛感しております。そこに『愚民史観』ともいうべき思い上がりがあったのではないかと考え、これは一日も早く克服する必要があると思っています(4)」。そして、船の材料である材木の原木を出す、船木山の存在を指摘し、海の領主たちは、海民を支配するために船木山を抑えていたとする。さらに「半島は、まさしく海と山が直結する舞台ということができます。島の場合も同様ですが、山はどうしても途中で切れてしまいます。しかし半島の山は、山の道を通じて内陸部、さらに主要な政治の舞台にもつながっているところもあって、その役割は一層大きいと思います。そういう意味で海と山の不可分の関係をとらえるために、半島は絶好の舞台ではないか、と考えます(5)」と述べ、非農業部門研究の必要性を強調し、「海と山とが深く結びついた半島役割の研究は、日本の社会全体を考え直すためにもっと推進されなくてはならないと、私は思っております(6)」と主張した。

網野は、日本の諸地域社会の、地域ごとの個性、特質を追求するために、「半島」を対象とし、「半島」の中に残存する「中世」を抽出することにより、日本の地域社会研究の再構成が、可能になると考えた。中世に培われた社会的基盤は、近世へと引き継がれたが、全てを継承したわけではない。百姓支配を政策の基盤とした江戸幕府は、身分の固定化をはかった。だが、江戸幕府による領国支配体制は、幕府支配体制を脅かせない限り、地域の自主性はある意味で保持され、継承されたといってもよい。

## 三　櫻井進の半島論

網野史学の「半島論」に対して、櫻井進は、熊野を歩きつつ、「熊野は黒潮の流れによって外部との交通をもたらす〈半島〉の空間であり、同時に巡礼のメッカでもあった。〈島〉が外部との交通の存在しない閉ざされた空間であるとするならば──こういった〈島〉のイメージ自体が再検討されなければならないが──、〈半島〉とは外部に向けて開かれた交通と交易の空間なのではないだろうか」[7]と述べ、さらに「〈半島〉とは、文化と自然が接触し、抗争しあう境界的な世界であり、そこには、文化を破壊しようとする自然のニヒリスティックな暴力が存在している」[8]と描写する。「熊野」という空間を通じて、南方熊楠、柳田国男、折口信夫に言及し、南方と折口の民俗学が、「熊野」という空間と密接な関わりがあったのに対し、柳田の民俗学は、伊良湖という岬を出発点とし、熊野という半島に対しては、消極的にしか関与しなかった、と指摘する。だが、櫻井は「柳田が伊良湖岬に漂着した椰子の実に日本人の起源を重ね合わせたとすれば、そこに存在していたのは外部との交通であったのではないだろうか。〈岬〉あるいは〈半島〉とは海の彼方に存在する常世国との交通の空間であり、富は共同体の外部からもたらされるとするならば、外部と接触する〈半島〉こそ富がそこを経由して共同体にもたらせる空間」[9]と述べ、さらに「柳田は、常世という東・東南へのまなざしを南（＝「南島イデオロギー」）へ向かう起源論の言説（＝日本単一民族国家論）にずらしつづけることによって、日本の内部における差異を消去し、日本という自己同一的で均質な空間を生成しようとしたのである。そのことは同時に、外部との交通の場としての〈半島〉を、他者と外部を欠いた、孤立し閉ざされた自己充足的な空間としての〈島〉へずらしてゆくことにほかならなかった[10]」と説明しており、柳田が〈島〉と〈半島〉というの二つの視点を持ちつつ、〈島〉へ傾斜していく経緯を分析する。そして「市場経済は、神の見えない手によってあやつられた自己調整機能をもつものではなく、国家という強力な権力装置なしには機能しないのである。〈半島〉的なものを排除し、抑圧した産業資本主義は、いまや、〈半島〉的なものの欠如によって崩壊の危機に瀕している。産業資本主義の死に立ちあいつつある現在希求されているのは、産業資本主義が圧殺しようとしたもう一つの資本主義、すなわち〈半島〉の資本主義の再生ではないだろうか。〈半島〉とは、地理的な意味における『半島』にのみ存在するのではない。〈半島〉とは一つのメタファーであり、均質的な近代の権力社会に発生した亀裂であり、虫食いなのである。多国籍企業の資本主義が一方で、感性構造や生活形態の均質化という普遍的な『帝国主義』を生み出しながら、他方でそういった均質化や普遍化がすべての空間を覆うことができないという事態に、われわれは〈半島〉の精神の可能性をみいだすことができるのではないだろうか[11]」と主張する。さらに「あとがき」で「『近代』の意味を〈半島〉という空間から徹底的に問いかけようとした。『近代』によって周縁的な領域へ追いやられた〈半島〉という空間に視座をすえることによって、『近代』の意味がもっと明瞭にとらえられると考えたからである[12]」と述べる。

櫻井の視点は、多国籍企業の資本主義が、感性構造や生活形態の均質化という、普遍的な「帝国主義」を生み出しながらも、均質化や普遍化が、すべての空間を覆うことができない、〈半島〉の精神を生じせしめたと指摘する。〈半島〉とは、均質的な近代の権力社会に発生した亀裂であり、虫食いだと述べ、「近代社会」は、〈半島〉精神を包含しつつ、社会全体の秩序を維持してきたと主張する。だが、近代社会の進展の結果、極端な均質化や普遍化が求められることになり、〈半島的なるもの〉を喪失し、結果的には、産業資本主義が崩壊に至るであろう事を予測する。

## 四　「半島」地域の比較

半島研究は、人文地理学においては必ずしも多くはない。この一〇年ほどの地理学関連の概論や辞典・事典類には「半島」という項目すら見ることが出来ない。『歴史地理学紀要』二四号（一九八二）には、丸茂武重と山田安彦が論文を寄せている。いずれも古代を対象とした歴史地理的視点での論述である。[13][14] 近現代を対象とした半島比較研究としては、横田幸八がある。本州弧北端の津軽半島・下北半島・夏泊半島（陸奥湾）と本州弧南端の薩摩半島・大隅半島・桜島半島（錦江湾）を、両端の類似性として、位置上・形態上・中心地の立地上・景相上・支配性の比較を両端の差異性として、気候上・生産性・生活環境上・社会環境上・政策上の比較をする。だが、位置、形態、形相の類似は認められるものの、支配上の類似性はどうであろうか。著者は結論として「北部は寒さと寒流に恵まれ、山も海も身も心も完全に封鎖の状態になりがちであるが、南部は温暖と暖流と広い海洋に恵まれて身も心も自由に活動出来る開放的な恵まれた自由環境にある。この両者の異なった地域がそれぞれ特異な文化を創造し、国際舞台に登場することが文化日本国民の使命ではなかろうか[15]」と述べる。

一方、特定の半島に関する研究では、四津が津軽半島を対象として、その地理学的特性を抽出した。半島の自然的背景として形態・地形・気候、土地利用として農業・林業、さらに交通と開発で、従来の開発・新しい開発の萌芽に細分してまとめ、半島の西側で耕地化率が高く、東あるいは北側の耕地化率が低いことを指摘する。[16] 津軽半島は、半島基部に青森市、弘前市が控え、東部海岸部の細長い平地には津軽線が走り、その延長線上で、津軽海峡線が北海道と結んでいる。東海岸と西海岸の間には津軽山地があり、その西側には津軽平野が広がり、その中央を岩木川が流れている。

矢ヶ崎は、能登半島を対象として、その全体像を明らかにしようとした。能登は、本州中央部で日本海に突出した位置にあり、規模の大きな半島として一国を形成し、深雪地帯に位置するが、北陸では積雪の少ない地域である。海に対して開かれ、海洋の利用が多彩であるとともに、海上交通路の要所でもある。半島西側の外浦と半島東側の内浦とに区分され、外浦は山が海に迫り、断崖絶壁の景観を持ち、平地が少いため、耕地も少ない。船員出稼ぎが多いことも特徴であった。内浦は水田が広く、畑作も発達し、漁業にも恵まれている。さらに和倉や珠洲には珪藻土が埋蔵されており、将来が期待されている。半島基部の口能登と先端部の奥能登に区分することもある。口能登では、金沢市への通勤圏ともなり、他産業への就業が増え、漁業の近代化が進んでおり養殖業の発達は著しい。奥能登では僻地性が顕著であり、出稼ぎが盛んとなっている。[17] 能登半島は、半島基部の東側には富山湾を擁し、富山県氷見市、高岡市があり、富山市も控えている。半島基部西側には石川県羽咋市があり、背後には金沢市にも近い。半島中央部あるいは先端部には、かっては鉄道路線が輪島や珠洲まで開通していたが、廃止され、バス路線となっている。

関西大学では、紀伊半島を取り上げ、総合的研究を行った。これは、半島研究ではあるが、各分担担当者による、専門的な個別研究の集積であった。対象地域として、紀伊半島を決め、その範域を対象とした個別テーマ研究を行ったものである。たとえば、黒田一充は補陀落渡海を対象とし、森隆男は漁民の住居研究を、上井久義は民俗神についてまとめている。[18]

特定の地域内における地理学的事象を、自然・人文両方の見地から研究する学問を地誌学という。研究対象は、当該地域の政治、経済、産業、社会、文化、民俗、地形、水文、気候等広範な分野に及ぶ。四津や矢ヶ崎の研究は、地誌学的傾向の強い論文であり、複数地域を比較した横田の論文は、地誌調査の結果を比較したものであった。

地理学的観点からの対象地域の研究は、地誌的な解説となり、対象地域の自然・人文両方から見た総合的地誌となり、地域解説としての側面が高い。これに対して、『紀伊半島の文化史的研究　民俗編』は、個々の専門を持つ研究者が、紀伊半島というフィールドを基盤として、各自の関心領域について研究したものである。ここでは、「紀伊半島」が対象であっても、紀伊半島を研究したものではない。紀伊半島を対象としつつ、個々の研究テーマを深化させようとしたものである。

## 五　半島社会の特質

半島や島嶼の特徴は、その孤立性、隔絶性といわれる。この前提条件を基礎に、「半島」がいかに変化していったかの究明が必要となろう。半島は、島嶼とは異なり、三方を海に囲まれ、一方が陸との窓口となる。近年では島嶼の半島化が見られ、橋が、島嶼間を結び、さらに本土とも繋がる、半島化地域が増大している。だが、始めからの半島と島嶼相互あるいは本土との架橋による半島化を同列に論じることは出来ない。

元来の半島は、海に長く伸びた形状から、半島基部、半島中央部、半島先端部に区分出来る。また、三方が海に面しており、海に面した三方向の比較も重要である。たとえば、能登半島の東側を内浦と呼び、西側は外浦と呼ぶが、その差異は明瞭である。伊豆半島は、相模灘に面する東伊豆、駿河湾に面する西伊豆、太平洋上へ突き出た南伊豆に区分され、その呼称はよく知られている。また、半島と島嶼群とが複雑に絡み合った長崎県、熊本県の半島及び島嶼群地域は、長崎半島、西彼杵半島、島原半島、宇土半島及び五島列島、天草諸島を含んだ地域であった。半島内部の交通網も、半島の存立に重要な関わりを持つ。能登半島のように、口能登には金沢、高岡などの大都市が存立する一方、奥能登では、過疎化の進行により鉄道路線は廃止されている。

これらの地誌学的解説を主たる目的とした半島解説は、日本列島の諸地域社会が持つ個性、特質の追求という網野の視点と重なり合う。だが、地誌学的解説が、対象地域の個性、特質の抽出にとって有効であるかどうかは疑問である。半島の持つ個性、特質への追求こそが、網野にとっての本来的目的であり、対象地域の個性、特質に言及しない地誌学的解説はあまり意味がなかった。網野は、中世に於いて、多彩な産物を生産し、穀物生産のみならず多様な生業に従事していた、非農業部門研究の深化に期待し、中世社会の再評価を、半島研究を通じて主張した。

一方、櫻井は、現代社会の中に〈半島的なるもの〉を発見し、これが近代社会の中の亀裂であり、虫食いであると指摘した。近代社会の中で周縁的なるものへと追いやられた「半島」は、極端な均質化や普遍化が求められることにより、「半島的なるもの」を欠如せざるを得なくなる。「半島」とは、社会矛盾の集積であり、社会差別の逃げ場であった。均質化、普遍化の進行により、「半島」は、存在場所を失い、消滅の方向を辿る。「半島」の消滅により、産業資本主義の消滅をも予測するのである。

中世から近世、近代への変化は、中世的なるものを排除することにより進展した。近世における産業、交易、交通の発展は、近代への準備となったと考えられる。だが、明治維新以降の一四〇年に、日本は、欧米の社会システムを吸収し、衣食住から政治・経済・経営・教育などあらゆる部門での欧米化が進み、明治時代よりも大正時代、さらに昭和時代と変化の進度の速さは増した。鉄道路線の延長と自動車輸送の発展、そのための道路整備の充実。さらに戦争準備のための一局集中型の体制整備がなされ、敗戦後になっても、この近代化路線は継承された。夾雑物を排除し、普遍化、均質化、専門化、細分化の進行はさらに強化されていった。近代化の進行により、地域毎に中核都市が形成され、地域圏が設定された。だが、東京を中心とした首都圏の圧倒的優位の中で、他の地域圏は相対的に劣勢となった。さらには地方の市町村では、人口・世帯数の相対的な減少と高齢化現象を招いた。日本列島全体に「半島現象」が到来したかのようである。櫻井の危惧する近代社会の崩壊が迫っているようにも思える。だが、〈半島〉の資本主義の再生が、危機からの再生に繋がるかどうかは疑問である。均質化や普遍化の流れは、産業資本主義の到達点ともいえる。「半島」の資本主義は、様々な社会的矛盾を「半島」の中に押し込めた結果生じたものであり、「半島」の資本主義の再生を目指すのではなく、地域毎の個性、特質を把握し、極端な均質化、普遍化によって生じた、地域の個性喪失への処方箋こそ必要な対策ではないだろうか。

## 日本の半島一覧

◎「半島振興法」指定の半島

| 半島名 | 読み | 主な市町村等 | 主な岬 備考 および 関連記事 |
|---|---|---|---|
| **北海道** | | | |
| 宗谷半島 | そうや | 稚内市 | 宗谷岬 日本最北端 |
| 稚内半島 | わっかない | 稚内市 | 納沙布岬 |
| 能取半島 | のとろ | 網走市 | 能取岬 |
| 知床半島 | しれとこ | 斜里町、羅臼町 | 知床岬 |
| 野付半島 | のつけ | 標津町、別海町 | 野付崎（日本最大の分岐砂嘴） |
| 根室半島 | ねむろ | 根室市 | 納沙布岬、落石岬 花咲半島とも云う |
| 霧多布半島 | きりたっぷ | 浜中町 | 霧多布岬 |
| 厚岸半島 | あっけし | 厚岸町、浜中町 | バラサン岬、チンベノ鼻 |
| 絵鞆半島 | えとも | 室蘭市 | 絵鞆岬、地球岬、陸繋島、室蘭半島とも |
| 忍路半島 | おしょろ | 小樽市 | 竜ヶ岬、ポンマイ崎 |
| ◎積丹半島 | しゃこたん | 積丹町、神恵内村 他 | 神威岬、積丹岬、川白岬 |
| ◎渡島半島 | おしま | 渡島支庁、檜山支庁 | 尾花岬、茂津多岬、弁慶岬 先端部は亀田半島と松前半島に分岐 |
| **青森県** | | | |
| ◎下北半島 | しもきた | むつ市 他 | 大間崎、尻屋崎、北海岬 |
| ◎津軽半島 | つがる | 外ヶ浜町、中泊町 他 | 龍飛崎、高野崎 |
| 夏泊半島 | なつどまり | 平内町 | 夏泊崎 |

| | | | |
|---|---|---|---|
| **岩手県** | | | |
| 三崎半島 | みさき | 久慈市 | 三崎 |
| 重茂半島 | おもえ | 宮古市、山田町 | 閉伊崎、トドヶ崎、明神崎　閉伊半島とも |
| 船越半島 | ふなこし | 山田町 | 小根ヶ崎、大釜崎　陸繋島 |
| 筋山半島 | すじやま | 大槌町 | |
| 箱崎半島 | はこざき | 釜石市 | 御箱崎半島とも |
| 尾崎半島 | おざき | 釜石市 | 尾崎、大根崎 御崎とも書く |
| 物見山半島 | ものみやま | 釜石市、大船渡市 | 死骨崎 |
| 越喜来半島 | おっきらい | 大船渡市 | 首崎（こうべさき）首崎半島とも |
| 赤崎半島 | あかさき | 大船渡市 | 綾里岬、小路岬 |
| 末崎半島 | まっさき | 大船渡市 | 碁石岬 |
| 広田半島 | ひろた | 陸前高田市 | 広田崎、黒崎 |
| **宮城県** | | | |
| 唐桑半島 | からくわ | 気仙沼市 | 御崎岬 |
| 泊崎半島 | とまりざき | 南三陸町 | 歌津崎　歌津半島とも云う |
| 戸倉半島 | とくら | 南三陸町、石巻市 | 神割崎、金比羅崎、松崎 |
| 雄勝半島 | おがつ | 石巻市 | 大須崎、白銀崎 |
| 尾浦半島 | おうら | 女川町 | |
| 牡鹿半島 | おしか | 石巻市、女川町 | 黒崎、大室崎、寄磯崎　古くは遠島と呼ばれた |
| 七ヶ浜半島 | しちがはま | 七ヶ浜町 | 吠崎 |
| **秋田県** | | | |
| ◎男鹿半島 | おが | 男鹿市 | 入道崎 |
| **千葉県** | | | |
| 銚子半島 | ちょうし | 銚子市 | 犬吠埼、長崎鼻 |

◎房総半島　ぼうそう　館山市、鴨川市　他　野島崎、洲崎

**神奈川県**

三浦半島　みうら　三浦市、横須賀市　他　剱崎、観音崎

真鶴半島　まなづる　真鶴町、湯河原町　真鶴岬

**石川県・富山県**

◎能登半島　のと　七尾市、輪島市　他　禄剛崎、猿山岬

**福井県**

三国半島　みくに　坂井市　東尋坊が有名

敦賀半島　つるが　敦賀市、美浜町　立石岬 立石半島とも云う

常神半島　つねかみ　美浜町、若狭町　常神岬

黒崎半島　くろさき　若狭町、小浜市　黒崎、獅子ヶ崎

内外海半島　うちとみ　小浜市　松ヶ崎　蘇洞門が有名

大島半島　おおしま　おおい町、高浜町　鋸崎

内浦半島　うちうら　高浜町　今戸鼻

**静岡県**

◎伊豆半島　いず　下田市、伊東市　他　石廊崎、波勝崎

三保半島　みほ　静岡市清水区　三保の松原のある砂嘴

御前崎半島　おまえざき　御前崎市　御前崎

**愛知県**

渥美半島　あつみ　田原市　伊良湖岬

知多半島　ちた　南知多町　他　羽豆岬、鳶ヶ崎

西浦半島　にしうら　蒲郡市　御前崎

**三重県・和歌山県・奈良県**

| | | | |
|---|---|---|---|
| ◎紀伊半島 | きい | | 潮岬 |

**三重県**

| | | | |
|---|---|---|---|
| 志摩半島 | しま | 志摩市、鳥羽市　他 | 安乗崎、大王崎、伊勢半島とも云う |

**京都府・福井県**

| | | | |
|---|---|---|---|
| 大浦半島 | おおうら | 舞鶴市、高浜町 | 成生岬、博奕岬 |

**京都府**

| | | | |
|---|---|---|---|
| 栗田半島 | くんだ | 宮津市 | 黒崎 |
| ◎丹後半島 | たんご | 宮津市、京丹後市　他 | 経ヶ岬　奥丹後半島、与謝半島とも云う |

**兵庫県**

| | | | |
|---|---|---|---|
| 猫崎半島 | ねこさき | 豊岡市 | 猫崎 |
| 釜崎半島 | かまさき | 相生市、赤穂市 | 釜崎 |

**鳥取県**

| | | | |
|---|---|---|---|
| 弓浜半島 | きゅうひん | 境港市、米子市 | 弓ヶ浜（砂州）のこと　夜見ヶ浜、弓ヶ浜半島とも云う |

**島根県**

| | | | |
|---|---|---|---|
| ◎島根半島 | しまね | 松江市、出雲市　他 | 地蔵崎、日御碕 |

**岡山県**

| | | | |
|---|---|---|---|
| 児島半島 | こじま | 玉野市　他 | 久須美鼻、米崎　元は備前の児島と称する島が陸続きに |

**広島県**

| | | | |
|---|---|---|---|
| 沼隈半島 | ぬまくま | 福山市、尾道市 | 阿伏兎岬 |
| 休山半島 | やすみやま | 呉市 | 観音崎 |

**山口県**

| | | | |
|---|---|---|---|
| ◎室津半島 | むろつ | 上関町、柳井市　他 | 千葉崎　熊毛半島とも云う |
| 室積半島 | むろづみ | 光市 | 陸繫島 |
| 大島半島 | おおしま | 周南市 | |
| 江泊半島 | えどまり | 防府市 | 竜ヶ崎 |
| 秋穂半島 | あいお | 山口市 | 赤石鼻 |
| 本山半島 | もとやま | 山陽小野田市 | 本山岬 |
| 向津具半島 | むかつく | 長門市 | 川尻岬 |
| 仙崎半島 | せんざき | 長門市 | |

**徳島県**

| | | | |
|---|---|---|---|
| 椿半島 | つばき | 阿南市、美波町 | 蒲生田岬 |
| 那佐半島 | なさ | 海陽町 | 乳ノ崎 |

**香川県**

| | | | |
|---|---|---|---|
| 讃岐半島 | さぬき | 高松市　他 | |

**愛媛県**

| | | | |
|---|---|---|---|
| 高縄半島 | たかなわ | 今治市、松山市　他 | |
| ◎佐田岬半島 | さだみさき | 伊方町、八幡浜市 | 佐田岬 |
| 三浦半島 | みうら | 宇和島市 | 赤崎鼻　蒋渕（こもぶち）半島とも云う |
| 由良半島 | ゆら | 宇和島市、愛南町 | 由良岬（ゆらのはな） |

| | | | |
|---|---|---|---|
| 西海半島 | にしうみ | 愛南町 | 高茂岬、鼻面岬 |
| **高知県** | | | |
| ◎大月半島 | おおつき | 大月町 | 浅瀞崎（あさばえさき） |
| ◎足摺半島 | あしずり | 土佐清水市 | 足摺岬 |
| ◎千尋半島 | ちひろ | 土佐清水市 | 砥崎 |
| ◎三崎半島 | みさき | 四万十町 | 興津岬 |
| 野見半島 | のみ | 須崎市 | ノゾキノ鼻峰ヶ尻半島とも云う |
| 横浪半島 | よこなみ | 須崎市、土佐市 | 白ノ鼻 浦ノ内半島とも云う |
| 浦戸半島 | うらど | 高知市 | 桂浜が有名 |
| 種崎半島 | たねざき | 高知市 | |
| 室戸半島 | むろと | 室戸市 | 室戸岬 |
| **福岡県** | | | |
| 企救半島 | きく | 北九州市 | 部崎 |
| 若松半島 | わかまつ | 北九州市 | 遠見ノ鼻、八幡岬 |
| 草崎半島 | くさざき | 宗像市 | 草崎 |
| 渡半島 | わたり | 福津市 | 曽根の鼻 |
| 糸島半島 | いとしま | 福岡市、志摩町 | 大門崎、西浦崎 陸繋島 |
| **佐賀県** | | | |
| ◎東松浦半島 | ひがしまつうら | 唐津市、玄海町 | 波戸岬、土器崎 |
| **長崎県・佐賀県** | | | |
| 肥前半島 | ひぜん | 佐賀県太良町 他、長崎県 大村市他 | |
| ◎北松浦半島 | きたまつうら | 佐賀県伊万里市 長崎県松浦市 他 | |

### 長崎県

| | | | |
|---|---|---|---|
| ◎西彼杵半島 | にしそのぎ | 長崎市、西海市　他 | |
| 大崎半島 | おおさき | 川棚町 | 大崎 |
| 俵ヶ浦半島 | たわらがうら | 佐世保市 | 高後崎 |
| 長崎半島 | ながさき | 長崎市 | 野母崎、野母半島とも云う |
| ◎島原半島 | しまばら | 島原市、雲仙市　他 | 瀬詰崎、大崎鼻 |

### 熊本県

| | | | |
|---|---|---|---|
| ◎宇土半島 | うと | 宇城市、宇土市 | |

### 大分県

| | | | |
|---|---|---|---|
| ◎国東半島 | くにさき | 豊後高田市、杵築市　他 | 金比羅鼻、長崎鼻 |
| 佐賀関半島 | さがのせき | 大分市、臼杵市 | 関崎 |
| 長目半島 | ながめ | 臼杵市、津久見市 | 楠屋鼻 |
| 四浦半島 | ようら | 津久見市、佐伯市 | 蒲戸崎、観音崎 |
| 鶴見半島 | つるみ | 佐伯市 | 鶴御崎、女郎崎 |

### 宮崎県

| | | | |
|---|---|---|---|
| 遠見半島 | とおみ | 延岡市、門川町 | 鞍掛鼻 |
| 細島半島 | ほそしま | 日向市 | 日向岬 |

### 鹿児島県

| | | | |
|---|---|---|---|
| ◎大隅半島 | おおすみ | 鹿屋市、錦江町　他 | 佐多岬、立目崎、火崎 |
| ◎薩摩半島 | さつま | 指宿市、枕崎市　他 | 長崎鼻、坊ノ岬 |

### 沖縄県

| | | | |
|---|---|---|---|
| 本部半島 | もとぶ | 今帰仁村　本部町　他 | 備瀬崎 |

| | | | | |
|---|---|---|---|---|
| 勝連半島 | かつれん | うるま市 | カンナ崎 | 与勝半島とも云う |
| 知念半島 | ちねん | 南城市 | 知名崎、知念岬 | |

※入れ子半島（半島の中の半島）、島嶼（沖縄本島は除く）、内陸湖沼は削除した。

注

(1) 大村肇（一九八二）「序」『歴史地理学紀要』二四（歴史地理学会）二頁
(2) 網野善彦（一九九六）「半島社会の特質をめぐって」『半島・海と陸の生活と文化』（雄山閣）八三頁
(3) 同前　八七頁
(4) 同前　九五‐九六頁
(5) 同前　九九頁
(6) 同前　一〇〇頁
(7) 櫻井進（一九九五）『〈半島〉の精神誌‐熊野・資本主義・ナショナリズム‐』（新曜社）一〇頁
(8) 同前　一二頁
(9) 同前　五五頁
(10) 同前　七〇頁
(11) 同前　二一四‐二一五頁
(12) 同前　二三二頁
(13) 丸茂武重（一九八二）「丹後・安房二国設置について」『歴史地理学紀要』二四（歴史地理学会）一三一‐一四四頁
(14) 山田安彦（一九八二）「紀伊・房総両半島における地名分布の類似性と古代日本人の擬き的連想空間」『歴史地理学紀要』二四（歴史地理学会）一四五‐一八一頁。
(15) 横田幸八（一九八〇）「日本列島本州弧の北端と南端の地理的性格について」（『東北学院大学東北文化研究所紀要』一一　八〇頁
(16) 四津隆一（一九八五）「半島の地理学的特性‐津軽半島の例‐」『東北学院大学東北文化研究所紀要』一七　一‐一八頁
(17) 矢ヶ崎孝雄（一九七一）「能登半島の海と人」『歴史地理学紀要』一三（歴史地理学会）一九‐二七頁
(18) 横田健一・上井久義編（一九八八）『紀伊半島の文化史的研究　民俗編』関西大学出版部

# 半島論
## ——術語形成と景観・地理認識

山田直巳

## はじめに

たとえば、半島は「海に向かって細長く突き出た陸地。小さいものは岬《みさき》、崎《さき》、端《はな》などと呼ばれる」（日本国語大辞典・第二版）と定義される。さらに同辞典は、『訂正増訳采覧異言（一八〇二）』の二「和蘭語に法児弗・厄乙蘭土（ハルフ・エイランド）と云これ半島と云る義にして三面海に臨み一面大陸に連るの地を称するの言なり」と出典を挙げる。また中村正直訳『西国立志編（一八七〇～七一）の九・二四「ペニンシュラ〈半島と訳す　ここにては士班葡萄牙地を指して云ふ〉」を指摘し、『地理初歩』（一八七三）〈文部省編〉七「只一方の、細き所のみ、大地に続き、其他の周辺を皆、水の囲みたる地を、半島と云ふ」と確認する。[1]

半島という術語の形成史のポイントをおさえ、実に的確である。つまりはオランダ語由来の翻訳語という来歴が指摘され、江戸時代の末（一八〇二）には学術語として定義も正確に確認されていた。蘭学経由という導入経路もまた指摘された。詳細は後に述べるが、荒川清秀氏の『近代日中学術用語の形成と伝播』[2]に右のバックアップがきちっとトレースされている。

ところで、この地理学用語の半島は『日本風景論（一八九四）』に到って日常化する。つまり普通に地形を形容する語彙として半島といえば、誰にでも通用するものとなった。その普及に力あったのが他ならぬこの『日本風景論』だった。本書が爆発的に売れたからである。その著者志賀重昂について、明治中・末期に活躍した地理学者山崎直方は次のように評した。[3]

明治の初年、地理学の黎明期に於て斯学の為に烽火を挙げたるものとしては、先ず指を内田正雄の『輿地誌略』と福沢諭吉の『世界国尽し』とに屈せねばなるまい。前者が如何によく当時の知識階級の為に歓迎せられ、後者がまた津々浦々の児女にまで愛誦せられて、それが開国後の国民に向かって先ず外国地理の観念を与えたと云うことに於て其の功績は共に永く没すべからざるものがあるのである。之に次いで地理学の鼓吹を力められたるものとしては小藤博士の『地文学講義』、矢津昌永の『日本地文学』、そして我が志賀重昂君の『南洋時事』『日本風景論』『地理学講義』等を挙げなければならぬ。極めて厳格に云えば志賀君の此等の著は前者程には科学的ではなかった。又其後の研究も恐らくは純科学的ではなかったかの如く見える。然しながら君の学界に於ける偉大なる功績は実に地理学の民衆化であり国民化であったのである（以下略。傍線は稿者による）。

とあり、志賀重昂の地理学者としての功績は、このような学問的パースペクティブの中に評価すべきだといっていた。

ところで志賀は、『日本風景論』の「日本には流水の浸食激烈なること」の条で、[4]

すでにしてこの岩の流水に浸食せられ、ついに粉砕となるや、その成素なる雲母、石英、長石、角閃石は各個分離して、下流所在に雪のごとき白砂を散布し、青松その間に点綴していわゆる白沙青松の活画図を描き出し、中国、瀬戸内諸島の美を添え来る。その夜見ケ浜半島（伯耆会見郡）、幅一里、長さ四里、出雲の島根半島と相対して日本海に斗出し、一線の白沙、亭々たる青松これをよそおい、藍碧の海水は東、西、北の三面を彩り、真個一盆の大蒔絵、人をして遊賞低徊措くあたわざらしむものは、実に日野川の流下運搬せし花崗岩砂の日本海の浪濤と中ノ海（出雲）の水勢とのために、東西両側より駆り揚げられ、ついに砂州を化成せしもの（以下略。傍線は稿者による）。

と述べる。

出雲の島根半島の形成について、後章で詳細に触れる必要上、長きを厭わず引いたが、志賀は先にも触れたとおり明治二十七年（一八九四）段階で、ごく日常的な地理用語として半島を用いていた。地理学者山崎直方が志賀重昂を評して「地理学の民衆化であり国民化」をなした人物と、特筆していたことを右に確認したが、地理学の勃興という気運の中に、志賀の『日本風景論』もあったのだった。

さて次に本稿では、景観・地理認識の具体的あり方を、『古事記』神話の島産みの記述に辿ってみたい。そこでは神話としての国産み・島産みという地理認識が語られる。その記述には半島という地形・地勢の捉え方はないが鳥瞰的・立体的空間把握が見られる。次いで『出雲国風土記』の「国引き」という地形・地理形成の記述を検討したい。右に志賀重昂の近代地理学による半島形成論を引いたが、八世紀の日本古代の風土記のそれは記紀の「生む」に対し「引き・縫う」という国土創成観を見せる。本論ではそれらを具体的かつ詳細に検討してみたい。さらに八・九世紀の万葉の歌から、岬《みさき》、崎《さき》、端《はな》といった海岸地形の描写のあり方に説き及びたい。当時の海旅は、当然のことながら沿岸航行であった。従って、船は常に岬を経めぐっていくこととなる。鳥瞰・俯瞰という捉え方がない以上船旅の客は沿岸を見続ける他はなく、その沿岸は常に岬の連続を越えることができない。最後に半島を内側から捉える場合と外側から捉える場合とに分けて見てみたい。道路事情の近代化以前では、半島は沿岸をたどる船の方が移動容易であった。北前船[5]を引例するまでもなく、荷物の運搬も早さにおいて重量において船に優る手段はなかった。

記紀の島産み、『出雲国風土記』の「国引き」はいわば鳥瞰・俯瞰的な視点からの地理地形認識であった。しかし、万葉はひたすら沿岸を嘗めるように岬を追う景観・地理認識でしかない。この違いは何に由来するものであろうか、大変興味深い。「智の遠近法」とでもいい得る認識のあり方に関わるものであろうが、右を具体的にたどりつつ、半島とは何かというテーマを考えてみたい。

## 一　語彙「半島」の形成

荒川清秀氏『近代日中学術用語の形成と伝播—地理学用語を中心に』に「半島」という語彙の形成にかかって興味深い指摘がある。

一般に日本語から中国語への漢語の移入は日清戦争後の中国人留学生の日本派遣（一八九六）以降と言われている。（中略）また、ロプシャイト『英華辞典』にあれば中国で先にできた漢語と考えるゆえんである。ただここに一つ例外がある。「半島」である。

〈半島〉peninsulaは、19世紀以降の英華辞典の中では、モリソン、ウィリアムスになくメドハーストでは、

peninsula　連地之島　有頸之洲　水流未周之嶼

のように句形式の説明文でしかない。ところが、ロプシャイトには、

連州之地　連州之島　半島　水不全周之島

のように、句による説明とともに「半島」という訳語が出てくる。

ところで、ここでこの語を問題にするのは、ロプシャイト（一八六六〜六九）以前の日本側資料にも「半島」という語が出てくるからである。すなわち文久二年（一八六二）の堀達之助『英和対訳袖珍辞書』がそれで、森岡一九六九によれば、この辞書の訳語の六割強の語は蘭学の伝統からきているという。これはつまり「半島」が蘭学の伝統の中に既に存在することを大いに暗示する。はたして佐藤亨一九八三、二四八頁によれば、「半島」

はわが国では江戸の蘭学者大槻玄沢門下の俊英、地理学者山村才助の『訂正増訳采覧異言』にあらわれるという(同著、一九頁)。

荒川氏によれば、日清戦争後の状況は別として、右のような経過があり、冒頭掲出『日本国語大辞典』の山村才助『訂正増訳采覧異言』に「和蘭語《オランダゴ》に法児弗・厄乙蘭土（ハルフ・エイランド）と云コレ半島ト云ル義ニシテ」云々という文に連なるのである。山村才助の『訂正増訳采覧異言』は「増訳万国航海図説に曰く、弟那瑪尓加《デエ子マルカ》ハ王国ニシテ其地幅員頗廣シ其海中ニ鋭出セル処ヲ西多蘭土《ユトランド》ト云古ハ星蒲里加設尓宋涅蘇斯ト名ケリ」とこの文の前に記し、この「設尓宋涅蘇斯」に注して「按ニ設尓宋涅蘇斯《セルソン子シス》ハ厄勒祭亜《ギリシア》国ノ語ナリ和蘭語に法児弗《ハルフ》」[6]云々と続く内容であった。

荒川氏は、整理して次のように記す。

> こうしてみると、「半島」は「ハルフ（半分）エイランド（島）あるいはシキールエイランド（schiereiland?意味はほとんど島―筆者）という、オランダ語からの逐語訳でつくることができる。あとでも述べるが「半島」は一七世紀のマテオ・リッチから一九世紀のロプシャイトまでの中国側文献には出てこない。したがって和製漢語であるといっていいだろう。(同著、一二一頁)

かくして、術語「半島」が蘭学の系譜の中で訳語として求められたことを知るのであり、地理学の比較的早い段階での日本浸透が進んでいたこともここに確認することができるのである。そしてまさにその嚆矢が、山村才助『訂正増訳采覧異言』という一八〇一年刊の著書であった。

なお「自然」とネイチャーとの訳語関係に見られるように、しばしば訳語形成で複雑なネジレを体験することがある。また逆に『外国語になった日本語の事典』[7]にみられるように、言葉はコミュニケーションとして文化の翻訳という側面がついて回る。訳語形成の背後にはつねにそういった諸々がうずたかく積まれ、ことの困難さを教えてくれるのでもあった。

## 二　『古事記』の島産み――鳥瞰認識

半島というか、地形・地勢を考えていく時、どのようなポイントから対象を捉えるか、という認識の問題は大きな示唆を与えるのではないか。特に地形・地勢はヒトの視点で見るか、鳥の視点で見るかで著しい差異が出て来ると思われる。そこで、『古事記』を素材にこの点を検討してみたい。『古事記』は、島々の生成をどのように考えていただろうか。

　ここに天つ神諸の命以ちて、伊耶那岐の命伊耶那美の命の二柱の神に詔りたまひて、「この漂へる国を修理め固め成せ」と、天の沼矛を賜ひて、言依さしたまひき。かれ二柱の神、天の浮橋に立たして、その沼矛を指し下して画きたまひ、塩こをろこをろに画き鳴して、引き上げたまひし時に、その矛の末より垂り落つる塩の累積りて成れる島は、これ淤能碁呂島なり。その島に天降りまして、天の御柱を見立て八尋殿を見立てたまひき（武田祐吉・角川文庫による。傍線は稿者による）。

「この漂へる国を修理め固め成せ」と、まず流動漂泊する〃陸地よう〃のものを、このままではいけないとし、これを固定することが求められる。またそのために「天の沼矛」という道具立てが必要であり、「天の浮橋に立た」してともある。ということは、垂直に、つまり立体が想定・成り立っていなければこのような表現は成立しない。浮橋から下に向けて矛を差し降ろし、上空からかき混ぜるということではないか。そして、「その矛の末より垂り落つる塩の累積りて成れる島」といっている。上空から下に滴り落ちているのであろう。その結果「淤能碁呂島」が形成されたというのだから、状況からみてその対比を想定すると、行為者は何とも巨大な神[8]である。

　そして、この想定を可能とするには、鳥瞰・俯瞰といった認識が必要である。対象を捉える力であり、まさに想像力（イマジネーション）である。ここに興味深い表現がある。すなわち「天の御柱を見立て八尋殿を見立てたまひき」だ。つまり、「見立て」と言っていた。物理的に存在しているということではなく、そう呪的に認定することだ。マジカルな所為なのである。「見立て」という呪的所為が御柱や八尋殿を現出させてしまう、という認識構造なのである。すなわち「見顕わし」といってよい。

そこではあたかも鳥がはるか上空から見下ろす如く、対象を捉えている。天の浮橋に降り立ち、そこを足がかりとして二柱の神が矛をもってかき混ぜる。滴り落ちる塩が固まって、最初の島「淤能碁呂島」ができる。このあたかも臍のような島に降り立ち、次なる展開を促す。

天上界

↓ クダル

天の浮橋

↓ クダル

淤能碁呂島

国土はこのようにして、形成されるという考え方で、巨神の天の浮橋でのパフォーマンス、次いで淤能碁呂島でのそれというふうに、まさに壮大なドラマ展開といえよう。かくして二柱の神は、ヒトの如く婚姻の儀式を行なう。つまり、ここに語られていることは、儀礼の展開であり、そのようなプロセスを辿ることで、空間と時間が区切られ、組みあげられ構築されるというのである。その結果、そこに御柱や八尋殿が顕現してくるわけである。これは神話的思考の問題であり、幻視だったといえるだろう。

その後は、ヒトの夫婦のなせるが如くに、「美斗の麻具波比」をして、水蛭子を初めとして次々に島を生んでいく。ここでは「半島」は話題にならないが、島の形成を遥か上空から見下ろすという立体・鳥瞰認識をもって語っている点が、この表現構造の留意すべき点である。

## 三　「国引き」（＝半島の形成）

『出雲国風土記』の「国引き」は国土創成の神話ではあるが、記紀とは違った形の語りだ。「生む」ではなく「引く」という構築原理がここに提示される。この原理は、『出雲国風土記』にもっぱら語られるが、まさにこれは出雲半島の地形形成プロセスを克明に語るものでもあった[9]。要点は、綱を掛けて土地を引き寄せるということである。そこでは、どれほどの規模の綱が準備できるか、それほどの規模の土地を引き寄せることができるとは、極めて巨大な神の姿を想定しなければならない。さて、それでは半島はどのようにして形成されるものなのか、またその具体はどのように展開するものか、詳細を見ていきたい。

A　意宇と号くる所以は、国引き坐しし八束水臣津野命、詔りたまひしく、「八雲立つ出雲の国は、狭布の稚国なる哉。初国小さく作らせり。故、作り縫はむ」と詔りたまひて、

B　栲衾志羅紀の三埼を、国の余り有りやと見れば、国の余り有り」と詔りたまひて、

C　童女の胸鉏所取らして、大魚のきだ衝き別けて、はたすすき穂振り別けて、三身の綱打ち挂けて、霜黒葛くるやくるやに、河船のもそろもそろに、国来国来と引き来縫へる国は、

D　去豆の折絶より、八穂爾支豆支の御埼なり。此くて、堅め立てし加志は、石見国と出雲の国との堺なる、名は佐比売山、是也《これなり》。亦、持ち引ける綱は、薗の長浜、是也。

（中略）

E　「今は国は引き訖へつ」と詔りたまひて、意宇の社に、御杖衝き立てて、「意恵《おゑ》」と詔りたまひき。故、意宇と云ふ。〔所謂《いはゆる》意宇社は、郡家の東北の辺、田の中にある塾、是也。周り八歩許、其の上に一つの木有りて茂

れり。」

右の構造、組立を見ると、「意宇と号くる所以は」という、地名由来への問いかけで始まっている。地名起源譚の構造の中に半島の組成由来を解くという構図になっている。Aはその始発として出発し、Eの「故、意宇と云ふ。」で閉じられる。

これを呪文のように織り込んで半島のでき方を説くのである。その始原性は、「稚国なる哉《かも》。初国小さく作らせり」といった個々の表現（語彙）に凝縮されている。「稚国」「初国」という語彙は、草創起源譚であることをシンボリックに表現したもので、この文の筆者がそこに力点を集中させていることを示している。

Bの部分で、「栲衾志羅紀の三埼を、国の余り有りやと見れば、国の余り有り」と言っていた。「栲衾志羅紀の三埼」を捉えてどんな地形かと問えば、「国の余り有り」なのである。つまり一塊の、陸地から飛び出した地形とまず認定（半島認識）する。それが第一段階の作業である。次がCで、「大魚のきだ衝き別けて、はたすすき穂振り別けて」と「衝き別け」「振り別け」の土木作業が必要となる。さらに「三身の綱打ち挂け」て、「国来国来と引き来縫へる」と展開する。つまり「綱」が準備され、「引き来縫へる」作業を経て、半島形成の第一ブロック（「去豆の折絶より、八穂爾支豆支の御埼」）工事が終了する。Dに固定のための「堅め立てし加志（杭）」が指摘され、それは「佐比売山」である。綱は、「薗の長浜」である。杭や綱は、「佐比売山」「薗の長浜」とあることから、この記述が巨神の営為を想定させる壮大な比喩、つまりイマジュネーションの作法の産物だとわかる。全て呪的な作業であることは、「くるやくるや」「もそろもそろ」といった呪文のような繰り返し語のありさまからも納得いく。「国引き」という呪的儀礼の展開によって、半島が形成されていく。その第一ブロックが出雲郡であった。

（中略）の部分に楯縫郡、秋鹿郡、島根郡の部分が国引きされる。呪的儀礼の過程は各郡ともに同一形式で語られ、半島形成は、最も東の出雲郡から開始され、これが半島の根本となり、順次、東にむけて国引きされ、最も東の島根郡の美保郷の先端が最後に国引きされて、島根半島は完成すると語られる。なお楯縫郡＝北門の佐伎国、秋鹿郡＝北門の良波国、島根郡＝越の都都の三埼という対応で国を千切ってきたのであるが、佐伎国・良波国ともに不明で、越の都都の三埼も能登半島の珠洲かとも言われるが未詳。ここで想定・確認されることは、越文化圏及び朝鮮半島南部文化圏との比較的濃厚な関係であろう。森浩一氏等の考古学的研究の成果でも日本海を利用しての朝鮮半島や北陸地域との交流が指摘されている[10]。

出雲人にとっての半島形成は、他の地域の陸地のやや突き出た箇所（つまり「国の余り」＝半島）を認定し、そこを千切り、それに綱を付け、あたかも洋上の氷山を引くが如に引き寄せ、それを縫いつけることで形成されると捉えた。そういう理解が半島形成に成り立っていたのであり、つまり半島とはそのようなものであった。これを近代地理学の目で捉えれば、冒頭に引いた『日本風景論』の島根半島形成プロセスとなるのであった（冒頭「日本には流水の浸食激烈なること」の条参照）。

なおこれらの作業をなした巨神のことを先に記したが、柳田國男、石母田正が頻りに指摘するように、「特定の山や丘を引いてきたり、作ったりするダイタラ坊的な巨人の山作りの世界から、国作り、国引きの物語」を創造することと、「民間伝承に廣い普及を見せている蹴裂伝説や土木工事が、つねにその土地の国土創成の物語と結びつきやすいことは民俗学の早く指摘したところである。[11]」という石母田正の指摘がある。なお、巨神という視点は、もとより俯瞰認識そのものであった。

## 四　「記紀・万葉」の岬・碕・端

さて、ここに、岬を詠む記紀歌謡を引用してみよう。

八千矛の神の命や　吾が大国主　汝こそは男にいませば　うち廻る島の佐岐邪岐（埼々）　かき廻る磯の佐岐
（埼）落ちず　若草の妻持たせらめ　吾はもよ女にしあれば……　（記五）

おしてるや難波の佐岐（埼）よ　出で立ちて我が国みれば　淡島淤能碁呂島　檳榔の島も見ゆ　佐気都島見ゆ
（記五三）

……天皇の命畏み　玉鉾の道に出で立ち　丘の佐岐（岬）い廻むる毎に　万度顧みしつつ　遥々に別れし来れ
ば……　（万葉20・四四〇八）

右の歌謡及び万葉の例からも、「うち廻る島の佐岐邪岐」「かき廻る磯の佐岐」とあり、「埼」を廻っていく様が描かれる。島の「先」、それは当然「岬」であるだろう。「かき廻る磯の佐岐」ともあり、そこには磯浜が想定され、そこは磯、すなわち岩礁のような海底地形を想定しなければならなかった。即ち難所である。コンパスを持たない船旅（いわば有視界飛行）は、沿岸航行でなければ旅ができないのである。しかし、あまり岬に近づくと、磯に潜む岩礁に船の底を突き破られる。だから船人は、ひたすら岬に意識を集中させるのである。当然描写の対象は「佐岐（埼）」に絞られていくのである。「記五三」の「おしてるや難波の佐岐（埼）よ」という呼びかけも、まずは船の行く手として目指すのが、外ならぬこの先端であるからである。万葉の「丘の佐岐（岬）い廻むる毎に　万度顧みしつつ」にもあるように、岬を越えて廻るたびに、顧みをするといっていた。岬を目指し、それを越えると経過してきた岬を視線は捉える。岬を目指し、岬を振り返り、その数限りない繰り返しが船旅であった。また、

三崎（岬）廻の荒磯に縁《よ》する五百重浪《いほへなみ》立ちても居ても我が念へる君　（万・五六八）

妹がため玉を拾《ひり》ふと紀の国の由良の三崎《みさき》（岬）に此の日暮しつ　（万・一二二〇）

などのように、三崎（岬）が詠み込まれる。白川静『字訓』は、「みさき」を次のように説く。

海や湖などの中に突き出ている陸地。「み」は接頭語。「さき」は突出している先端のところ。そのような岩鼻

のところは海難などが多く、これをうしはく神がいると考えられていた。道・宮・峰なども同じような構造の語。さらに、「夫《そ》れ朝貢《みつきあ》ぐる使者《つかひ》、恆《つね》に嶋曲《みさき》を避るごとに、海中ノ嶋ノ曲ノ崎岸ヲ謂フ、俗、美佐祁ト云フ。毎に風波に苦しぶ。（継体紀二十三年）」を話題とし、割り注をもって、岬が難所であるという認識があったことを指摘していた。

記紀・万葉人は、沿岸航行の船旅をする人々であり、そこにあるのは常に岬を廻る航行であった。だから、彼らは常に岬を問題とした。地形の全貌を捉えられるような距離にまで船を陸から離すことはなく、従って地形のありようを客観的に描くことはできなかった、ということではないか。鳥瞰・俯瞰といった認識をここに求めることはできない。

記紀（神代を除外）・万葉人は、現実を見えるがままに、ありのままに捉えることはできたが、それを越えて、地形・地勢を捉えるところにまで到らなかった。つまりイマジネーションを羽ばたかせることができなかった。それを可能とするには、神話的想像力が不可欠で、それなくして俯瞰・鳥瞰認識は得ることができない。それが万葉と記紀・風土記神話との違いであった。

## 五　半島の現象学

半島とは何かという問いを発することは、海と陸との交渉をどのようなものとしてとらえるかということと繋がる。海と陸は比較的短く視線を限れば、渚として〈海と陸〉が〈面で出会う〉のを原則とする。これに対して、半島・岬・島は何等かの関係で、海と陸が〈包摂（subsumption）関係〉となるのを特徴とする。陸側を軸に置くならば、陸性が海性に包摂ないし侵蝕され、島性を限りなく持つという傾きで理解されよう。海に突き出した岬は少し島的性質をおび、半島においては半ば島といった環境となるであろう。さらに海に侵蝕されれば、モンサンミッシェルのように満潮時には島となり、干潮時には半島といった状況を呈する。そして、完全に海に包摂されたならば、まさに島であろう。

いってみれば、渚を介して海と陸が出会う海岸線において、陸側が海に突き出し、湾曲をなし、ずんずん突き出して岬となり、さらに突き出し、面積規模が一定の水準となれば、それは半島であろう。岬や半島や島は、渚のありようの無限の変異の中の孰れかにあたる。

その自然（人文）地理学的性質も、海への陸の突出度／面積的規模の大小の変異として、さらにはそこに関わる人間の問題として把握することができよう。従って、岬・半島・島はそれぞれ様々に、性格を異にしているわけであるが、海への突出度の問題として、その陸塊としての規模の問題として、さらにはそこに集住する人の生活の問題として、さらにいうなら、それら全体がどのように絡まりあうのかという構図で組みあがっているといえるであろう。

コンチネンタル（大陸）からみれば、突き出したペニンシュラ、更に突出して陸と切れたアイランドという理解が成り立つであろう。cape〈promontory・headland〉から peninsula へ、そして island へという変異で考えるということである。そしてそこは、コンチネンタル＝中心に対して、周縁に外ならない[12]。もちろん物理的な自然地形だけでこれをとらえることはできないから、そこに人がどう関わるか（人文地理）を問うておくことが重要となる。

コンチネンタル（大陸）という発想は、地平線の発想の中にあり、視界を遮って一部の海しか見せない陸の広がりである。アイランドは逆に水平線の発想であり、陸を僅かしか見せない思考の産物である。大陸は内部に海路を抱え込むことはできないし（紅海のスエズ運河、南北アメリカの地峡パナマ運河は別として）、島はその中に長大な道路を抱え持つことはない。これが経済社会的にも様々な形で影響を与えることになる。

【モデル】

大陸／亜大陸――その空間をとらえるのに海を問題としない。

←

渚（浜）――海と陸がほぼ並行的で、海岸線に突出部が少ない。

←

岬――突出度／突出面積が極地的、部分的。→岬（碕・埼）・先・前・端・鼻

←

半島――三方を海で囲まれた地形。文化的に一纏まりの内容を持ち、区切られたエリアがある。

←

島――四方を海で囲まれた。

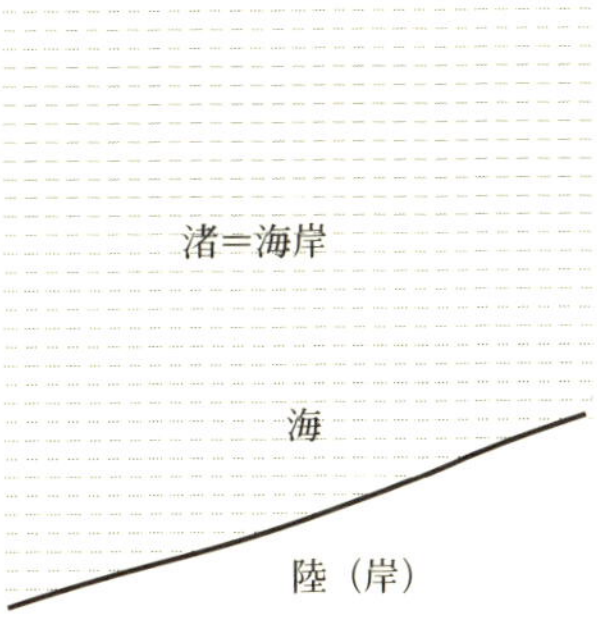


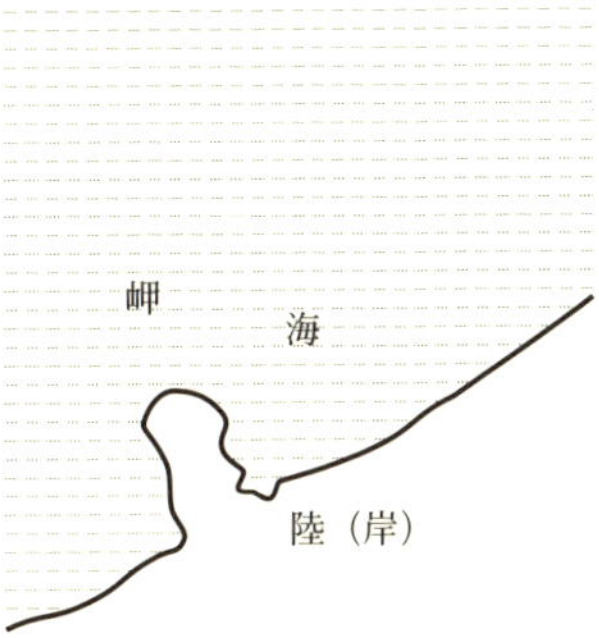

さて、日本で単に半島といえば、朝鮮半島で、ユーラシアへの橋の役割をしている。つまり半島は、常にその先に一定の陸塊を想定していることとなる。ユーラシアあるいは中国という大きな文化的纏まりがあり、くびれて朝鮮半島にいたり、その先端に日本列島がある。そういう構図である。

ヨーロッパで単に半島といえば、イベリア半島を指す。イベリア半島は、ピレネー山脈をくびれとして、フランスとスペインに区切られている。そして、その先にはジブラルタル海峡をへて北アフリカに続く。

そしてまた、アラビア半島は世界最大の半島であるが、西に紅海、東にペルシア湾をもつ。マレー半島は先にインドネシアのスマトラ島がある。マレー半島を含むインドシナ半島は、様々な島嶼国家をもち、あたかも〝島波海道〟のような様相を呈する。

## 結び

『古事記』に見られたような垂直・立体認識が与えられると、あたかも上空から見下ろしたような鳥瞰・俯瞰認識という視点が成立する。すると島なり半島なりの総体を捉えることができ、地形の認識が可能となる。つまり全体地形が把握されたということだ。すると、こんどは何故この地形はでき上がったのか。つまり形成はどのようにして行なわれたか、という問いが生じる。その解答は、『出雲国風土記』『常陸国風土記』等に見られるように、偉大な巨神がある作業を行なった結果なのだという解釈・理解へと導かれる。たとえば、余りある土地を引いてきて、縫いつけると考え、想定する。千切って引っ張って来ては縫いつけると捉える。こうして島根半島が形成されたというのである。それを可能とするのが偉大な巨神の存在であり、『出雲国風土記』であれば、八束水臣津野命（神）の行為として半島形成（天地創造）がなされたと〈語る〉のである。そのような景観・地理認識が半島を規定していくのである。

そしてまた、このような認識の形成プロセスを経て、近代地理学の認識も定着していくこととなるのであろう。「半島の現象学」の章に記したことどももまさに右にかかって、重要な結びつきを持つものと思われる。

注

(1)『日本国語大辞典（第二版）』（一九九八・小学館）はこの後に「オランダ語のhalf eiland（半分の島）、あるいはschiereiland（ほとんど島）」の訳語とされる。」と補注を付ける。

(2)『近代日中学術用語の形成と伝播—地理学用語を中心に』（一九九七・白帝社）に詳細な地理学用語の起源研究が記されている。詳細は、これを検討する章に言及する。

(3)『日本風景論（下）』（一九七六・講談社学術文庫）に、土方定一氏の詳細な解説があり、そこに山崎直方の「志賀重昂を弔す」という文章が掲載されている。そこでは、志賀の『日本風景論』を初めとする業績の先駆性を指摘している。

(4) 注（3）著の二〇頁を参照。

(5) 高田宏『日本海繁盛記』（一九九二年・岩波書店）

(6) 注（3）著の二〇頁に影印されていたものに基づき翻刻した。

(7) 加藤秀俊・熊倉功夫編（一九九九年・岩波書店刊）

(8) 巨大な身体を持った神が大地を創造するという神話は、『常陸国風土記』『出雲国風土記』、あるいはダイタラボッチの伝承にもしばしば登場する。これに関わる詳細な論考は柳田國男『山島民譚集』（定本二七巻）等ダイタラ坊に関する言及は夥しい。そしてその古代史への援用を企図された石母田正『日本古代国家論　第二部』（一九七三・岩波書店）の冒頭論文に詳しい。

(9) 注（3）著の一一一頁に地形形成のことが書かれ、それは近代地理学の立場から見ても妥当なものであった。ここに神話は何を語るものかというテーマが生ずる。

(10) 森浩一『日本海と出雲世界—海と列島文化—』（一九九一・小学館）

(11) 注8の石母田の著（五九～六〇頁）に詳細が説かれている。同著の六六頁に「ダイタラ坊不的民間伝承の世界を基盤とし、旧辞の段階を経て国造的文学に結晶した出雲風土記の国引きの詞章は、古代文学の成立の一つの過程をしめしている貴重な例証である。しかしこれがただ一つの例証ではない。国引きの物語は、異なった形と道程をもって、延喜式所載の祈念祭の祝詞のなかにあらわれてくる。」とある。

(12) ポルトガルのロカ岬は、「ここに大陸果つ」として、観光客に大陸（コンチネンタル）の末端に来た人として、証書を発行している。シントラーの端、ここから大西洋が始まるのだと記念しているようだ。ヨーロッパ人はそのような認識を持っていた。

# 半島の「半島」化
## ――開かれた空間から閉ざされた空間へ

松田睦彦

### はじめに

我々が半島について語るとき、半島にはどのようなイメージが付与されているであろうか。半島は決して開放的で希望に満ち溢れた空間とは認識されていないはずである。交通の未発達、最果ての地、現代社会からの孤立。このようなイメージを拭い去ることはできない。中上健次が『岬』で「彼は、ことごとくが、うっとうしかった。この土地が、山々と川に閉ざされ、海にも閉ざされていて、そこで人間が、虫のように、犬のように生きている[1]」と故郷の紀州を描くとき、我々は、中上の作品世界に没入するだけの半島に対するイメージを共有している。

たしかに、現代の半島は実際に多くの問題を内包した土地である。しかし、半島の実態は古くからこのようなイメージに象徴されるものだったのであろうか。これまでの研究が明らかにしてきたように、多くの半島はその地理的特性から船の寄港地となり、漁業の中核地となってきた。また民俗学の世界では、折口信夫が海の彼方に異郷の存在を確信し、柳田國男が半島の海岸で先祖の来た道に思いを馳せた。つまり、半島は海を媒介として開かれた空間であり、そこでは現在の閉ざされたイメージでは切り取り得ない世界が展開していたのである。

それでは、半島はいつから現在のような閉ざされた空間となったのであろうか。筆者は、陸上交通の整備による海上交通の衰退と、それにともなう半島に隣接する都市への依存度の高まりがその背景にあると考えている。

小稿では、古くは陸路での本土の都市との結びつきに大きく依存せず、海を越えて多方面へと開かれていた半島が、陸路への依存を強めて近代的で周縁的な空間としてのカッコ付きの「半島」へと変化していく過程を、知多半島および架橋が進む芸予諸島西部の島々の事例から分析することによって、半島が半島たる所以、つまり、海に囲まれた陸地が陸路で本土とつながっていることの意義について考察してみたい。

## 一　半島性と架橋離島

半島とは、地理学的にはどのような特徴を有する概念なのであろうか。

田中啓爾は「半島性」について、「離島性や、島嶼性は、孤立性を有するが、半島性は半孤立性であることは、本土と地続きであるからである。多くは三面海によって遮断されてあるから島について孤立性のあることは認められる。但しその基脚部《ききゃくぶ》の幅の広狭性の大小によって孤立度が変化し、又そこの障壁度によっても孤立度が変る」と述べている。(2)

つまり、半島は孤立的であるが、本土と地続きであることによって島のような完全な孤立を免れ、また、その孤立の度合いは、基脚部(3)の幅や山などの障壁度の大きさによって左右されるというのである。これはあくまでも陸上における地形的条件からの視点であるため、半島性の閉鎖性ばかりが強調されているように感じられるが、田中は半島の開放性について指摘することも忘れない。田中は「房総半島、三浦半島、紀伊半島、大隅半島、薩摩半島等を対比すると多くの共通性を見出すことができ、そこに半島性が明らかになる」とした上で、「気候は本土よりも海洋性であり、水産業者の比率が多く、遠洋漁業の根拠地になりやすく、近海及遠洋両漁港が発達し、避難港及風待港《かざまちこう》も発生することが多い」と半島の特徴を具体的に挙げている(4)。

つまり半島は本来、地形的には本土から孤立しながらも、人々の生活は外部に対して開かれるという特徴を有しているのである(5)。

それでは半島の生活はいつから孤立したものとなったのであろうか。小稿では近代的な陸上交通の発達に伴う海上交通の衰退を半島が孤立化する契機と捉え、知多半島および現在架橋が進められている芸予諸島西部の島々の事例から、半島が孤立していく過程について考察するが、なぜ半島について考えようとするときに架橋離島を取上げるのか。その理由には二点ある。

一番目に、半島と島とでは地理的条件、あるいはそれに起因する生活の諸相において共通点が多く、場合によっては半島を見るよりも島を観察した方が、より半島的状況を捉えやすいということが挙げられる。半島とは「陸地が海に長く突き出した所」であり、島とは「周囲が水によって囲まれた小陸地」である。両者はある程度の海抜がなければ、半島や島として存立し得ず、ともに山がちである。したがって、集落は海岸近くの比較的狭い平地に展開し、陸上交通よりも海上交通への依存度が高い。また、そのために複数の対岸都市との結びつきが確立されている。このことは次節以降の地図を参照していただければ明らかであろう。

二番目に、筆者が想定するような半島の近代化、つまり半島の「半島」化が、今現在進行している半島が無いということが挙げられる。筆者は、半島はそもそも海路を通じて外部に開かれた地域であり、陸上交通への依存度の高まりという近代的な環境の変化が、半島を閉ざされた空間としての「半島」へと変質させたと考えている。したがって、すでに海路が廃れ、陸路が主要交通手段となっている多くの半島では、半島が「半島」として周縁化する様相を見出すことはできない。それに比べて、今まさに本土と橋で結ばれようとしている、あるいは、近年結ばれたばかりの島々は、周囲を水で囲まれた土地が陸路でより大きな陸地とつながっていることの意味や、陸上交通の発達に伴う生活の変化などを、同時代の現象として我々の目の前に提示してくれるのである。

## 二　知多半島の「半島」化

知多半島は古くから廻船の往来が頻繁な地域であった。近世の知多半島における半島外との交流については、青木美智男が報告している(6)。青木は『寛文村々覚書』の「尾州知多郡覚書帳」によって十七世紀後半の状況を、『尾張徇行記』の「知多郡の部」および『知多郡之記』によって十八世紀後半の知多半島の市場圏の状況を分析しているが、とくに近世後期の海を介した交流については詳しい。

青木は知多半島を伊勢湾に面した西浦と、三河湾に面した東浦に分けて考察している。西浦について青木は、酒・瓶・食品（素麺・菓子）などの販売と薪などの仕入れを通した伊勢および紀州熊野地域との日常的な交流や、瓶・食品（素麺・油など）・燃料の名古屋への輸送、酒の江戸への輸送を指摘すると同時に、半島南部沿岸における三河とのつながりについても言及している。また、東浦については三河沿岸へ酒や塩といった産物を送り、三河沿岸からは薪などを買い入れる交易が挙げられ、さらに、酒や塩と灰や下肥の交易が江戸や伊勢・紀州沿岸との間で行なわれていたことが指摘されている。その上で青木は、「西浦も東浦も、半島北部を除けば伊勢湾岸の諸都市に比較して、意外なほどに城下町名古屋や玄関口熱田湊との結びつきが少ない」と記しているが、その理由として「主要な商品は、伊勢湾岸諸都市を媒介にして名古屋と結びついていたため」との見解を示している。

さて、知多半島において動力船による定期航路が整備されたのは、明治三十年代半ばと早い。この時期の航路には、知多半島基脚部の西岸に位置する亀崎から大浜・半田・一色・大井・師崎・日間賀島・篠島を経由して渥美半島の福江に至る「東浦航路」、同じく知多半島基脚部の西岸に位置する熱田（名古屋）から大野・常滑・野間・内海・豊浜・師崎・篠島を経由して福江に至る「西浦航路」、牟呂（豊橋）あるいは蒲郡から福江・篠島・日間賀島・師崎を経由して伊勢の神社《かみやしろ》や鳥羽に至る「蒲郡・鳥羽航路」の三種類があった（図1）。これらの航路は、複数の会社によって競い合うように運行されていた。また、記録には残りにくいが、大井や武豊と三河の一色を結ぶような直線的な航路も複数存在していたようである[7]。その後、大正期には企業間の統合が進み、航路は安定したものとなるが、陸路の発達や戦争による船の徴用によって、海路は縮小されていく。

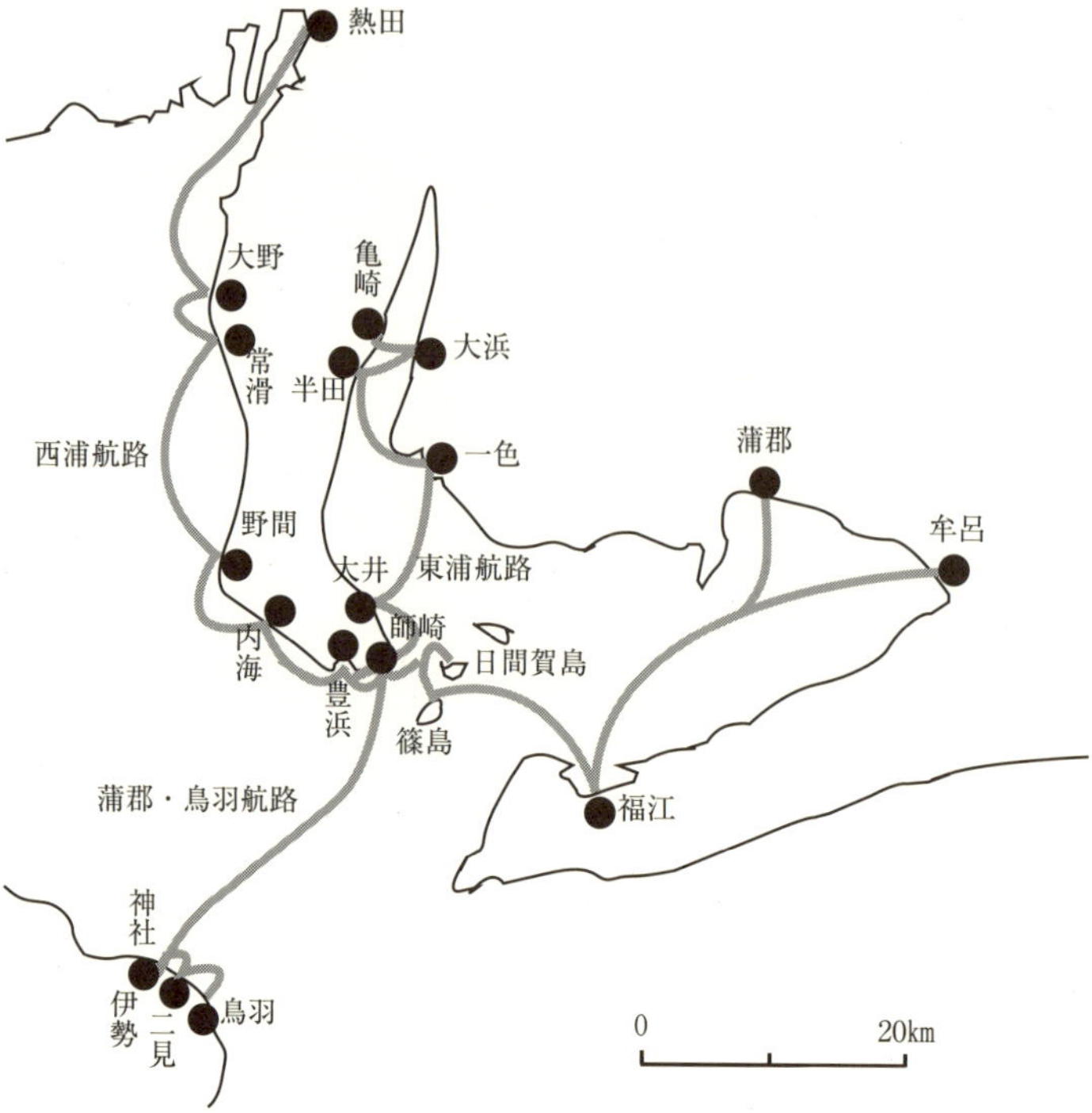


図1　戦前の知多半島を取り巻く航路

　戦後は、「東浦航路」や「西浦航路」は廃止され、離島と半島を結ぶ生活路線を中心に航路が継続した。現在では、日間賀島・篠島両島と師崎を結ぶ「島定期」や、両島や伊良子と河和を結ぶ「河和航路」、師崎と伊良子を結ぶ航路等が運行されている。

　一方、こういった航路の整備と衰退の裏で、陸上交通の発達も知多半島では早かった。特筆すべきは明治十九年の武豊・熱田間の省線（国鉄）の開通であろう。しかし、これは当初、知多半島沿岸の港からの、中山鉄道工事のための資材運搬を目的とした路線であったため、旅客を乗せはしたものの、便数が少なかったこともあり、日常の足としての役割は小さかった。また、大正二年には常滑まで延びていた名古屋鉄道が、昭和七年に河和口、昭和十年に河和まで開通した。その後、昭和五十五年には富貴と内海を結ぶ知多新線が開通している。

それに対してバス路線は、戦前から半島内の集落を細かく結んでいたが、半島先頭部に関しては主に武豊を中心としてバス網が整備され、その後、名古屋鉄道が河和まで延びることによって、河和がバスターミナルの役割を担うようになる。現在でも河和が半島先頭部東側の玄関口となっている。

こういった陸上交通の構造を大きく変えたのが、半島中央部を縦貫する幹線道路の開通であった。知多半島道路の半田・阿久比間が昭和四十五年に、阿久比・大高間が昭和四十六年に開通し、昭和四十五年には南知多町豊丘と半田を結ぶ南知多道路が開通している。現在では、この縦貫道が半島先頭部と半島基脚部とを結ぶ主要交通手段となっている。

このように知多半島の交通は、海・陸ともに早くから整えられていたが、便数や料金、あるいは結びつく地域の多様性などを考えると、戦前においては海上交通が主役であった。一方、戦後は陸上交通のさらなる発達によって海上交通は衰退し、現在では離島部や一部の航路を除いて、陸上交通に主役の座を明け渡している(8)。

それでは、海上交通から陸上交通への移行は、どのような生活上の変化をもたらしたのであろうか。資料の制約上、その変化を数値的に示すことはできないが、陸上交通の発達が、半田や名古屋といった半島中央部または基脚部に隣接する都市の役割を増大させたことは確かなようである。

試みに、昭和六十三年の南知多町民の買い物場所を挙げてみよう。南知多町民の買い物場所は、買回り品二五・八パーセント、準買回り品四六・三パーセント、最寄品七八・一パーセント、贈答品三三・四パーセントが町内となっており、半田が買回り品四八・九パーセント、準買回り品二三・一パーセント、最寄品八・二パーセント、贈答品四二・一パーセント、名古屋が買回り品一一・八パーセント、準買回り品六・三パーセント、最寄品〇・四パーセント、贈答品一二・一パーセントとなっている。(9)

このように、昭和後期の段階では、半田、あるいは名古屋といった半島中央部または基脚部に隣接する都市との結びつきが強く、聞き取り調査でも、陸上交通を介しての半田や名古屋との近さを強調する発言をたびたび耳にした。しかし、右でも見たとおり、近世後期には三河や伊勢との交易が盛んに行なわれ、戦前の航路も、海を介した広域における人的・物的交流の存在を物語っている。戦前と現在との間の状態について、筆者は具体的な資料を持ち合わせていない。しかし、聞き取り調査では、かろうじて昭和中期における海路を通じた半島外部との交流を確認することができた。

たとえば、南知多町の東浦にあたる大井・山田・乙方といった地域には三河から来た、あるいは三河から嫁をもらったという家が多数存在する。乙方の大正十年生れの男性は、祖母が幡豆郡一色から嫁いできたといい、伊勢湾台風の際には、一色の親戚に薪を届けたというが、その反対に、半田から来たという家や嫁は聞かないと語る。(10)さらに、乙方では夏に山からウバメガシを伐り出し、昭和二十五年頃まで海苔養殖用の篊《ひび》として一色や高浜に向けて輸出し、一色や高浜などからは乙方などの山で採れたヤマモモなどを買い付けに来たという。一方、大井に住む大正十四年生れの男性は、大井の漁師には一色・蒲郡・碧南・佐久島など、三河から来た家が多いと語る。

右の乙方の男性は、昔は半田より三河の方が近かったと話してくれた。これは、海上交通が陸上交通に対して優勢であったことを示すと同時に、海上交通から陸上交通への移行が、半島先頭部の広がりを制限したことを裏付けている。このように、元来知多半島の重要な交通手段としての役割を担いつつ、半島先頭部と各地を結んでいた海路は、戦後になってから必要最低限度まで減少し、それと入れ替わりで、鉄道・バス・そして自家用車といった陸上交通が発達してきた。この現象によって、半島先頭部の人びとの生活や意識は、半島基脚部周辺の都市に集約され、半島は閉ざされた空間へと変質したと推測できるのである。

## 三　大崎下島の「半島」化

半島部の生活が陸上交通の発達に伴ってどのように変質していったのか、その具体的様相を半島自体から見ることは難しい。なぜなら、半島の変質はすでに完了し、その変質の形跡は人びとの記憶のなかに、わずかにとどめられているにすぎないからである。そこで、主に海上交通に依存してきた地域の生活が、陸上交通の発達によってどのような変質を被るのか、その実例を、架橋によって海路から陸路への転換の渦中にある芸予諸島西部の島々の事例から分析してみたい。主に取り上げるのは呉市豊町大長（大崎下島）である。

安芸灘諸島連絡架橋は広島県呉市川尻町と、その南東に連なる六つの有人の島々を八つの橋梁で結ぶ計画である（図2）。六つの島々とは下蒲刈島（広島県呉市下蒲刈町）、上蒲刈島（呉市蒲刈町）、豊島（呉市豊浜町）、大崎下島（呉市豊町）、岡村島（愛媛県今治市関前岡村）、大崎上島（広島県豊田郡大崎上島町）であり、平成十九年三月の時点で下蒲刈島と上蒲刈島はすでに本州と結ばれ、豊島と大崎下島、岡村島の間も橋が完成しており、上蒲刈島と豊島を結ぶ豊島大橋が建設中[11]、岡村島と大崎上島を結ぶ八号橋は未着工である。また、岡村島から大三島（愛媛県今治市大三島町・上浦町）への架橋の構想もあり、しまなみ海道への接続の期待も高まっている。

平成二十年十一月には豊島大橋が完成して、五つの有人島が陸路で結ばれる。つまり、もうすぐこの海域には広島市という大都市と呉市や広《ひろ》といった中規模都市を基脚部周辺にひかえた、二〇キロ以上におよぶ半島が出現し、大長はこの半島の先頭部となるのである。

さて、この安芸灘諸島連絡架橋の効果について、事業主体である広島県は次の四点を挙げている。

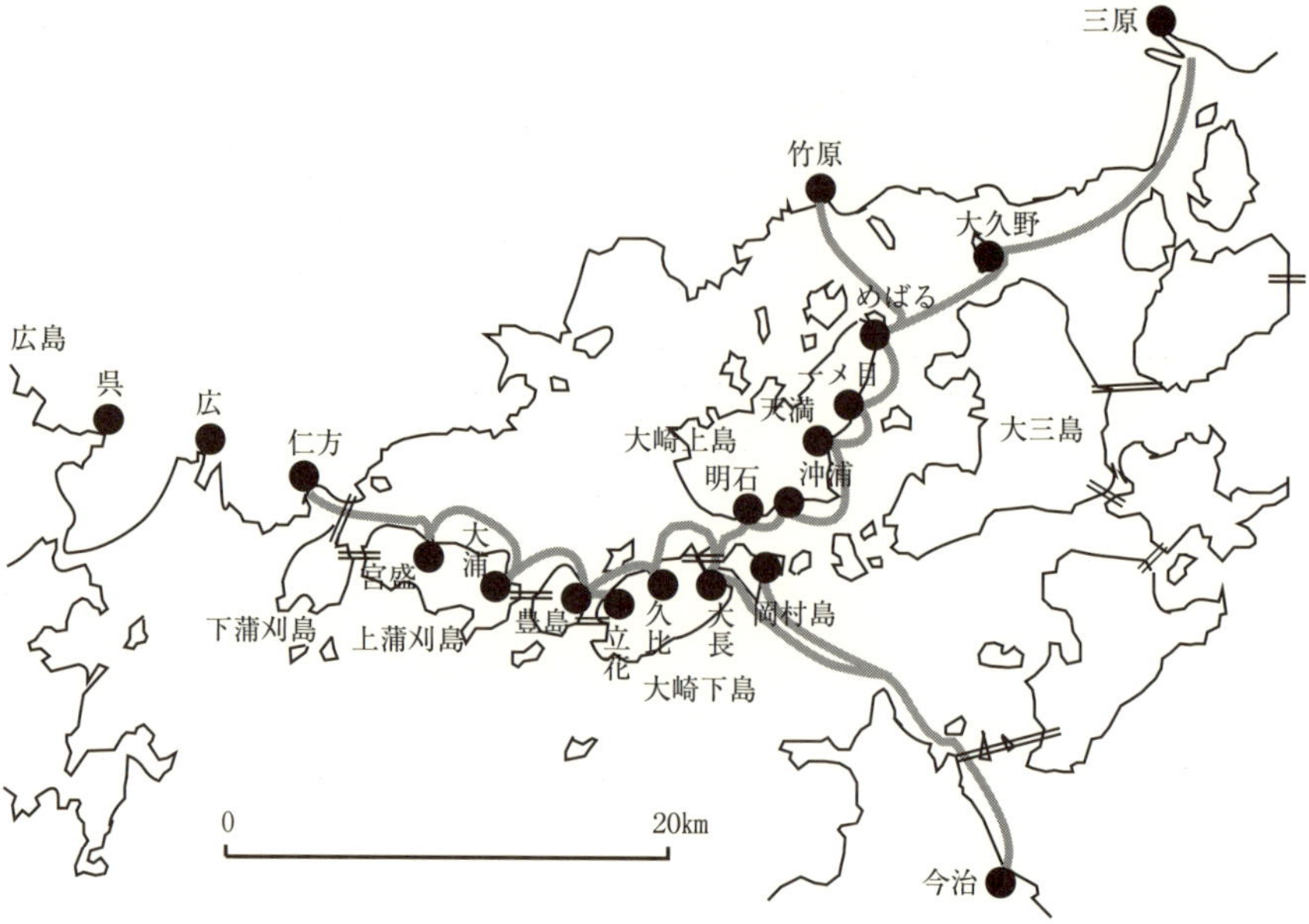

図２　安芸灘諸半島連絡架橋と現在の大長の航路

一．救急車や消防車が二四時間行き来できるようになり、医療、消防などの緊急時に迅速な対応が行える。

二．本土への通勤・通学や買い物、通院、レジャーなど日々の暮らしの利便性が向上する。

三．特産のミカンなどの農作物や海産物の出荷・流通に要する時間やコストが縮減される。

四．観光客数が増加し、観光施設や観光関連産業の振興につながる。

以上の四点は同時に住民自身の期待ともなっているが⑫裏を返せばこれが離島生活、つまり、陸路での本土との結びつきがないことの問題点と捉えられていると考えられる。住民から架橋に対する期待や、架橋後の満足度についての話を聞くと、必ず救急体制や通院、買い物の利便性、観光客流入の効果などが話題にのぼる。しかし、それは必ずしも肯定的な意見ばかりとは限らない。その意見については、後ほど検討したい。

それでは、安芸灘諸島連絡架橋計画の進行に伴う交通体系と商圏の変化について、筆者の調査段階ではまだ陸路で本州と結ばれていなかった広島県呉市豊町大長（大崎下島）を例に考察してみたい。

大長は、十七世紀中頃から沖乗り航路の風待ち港として発達した御手洗《みたらい》の母村であり、古くから航海上重要な位置を占めてきた。また、四国から瀬戸内海に突き出た愛媛県の高縄半島と本州との間に挟まれた狭い海域に位置しているため、島外への交通手段としての航路は非常に充実し、大長は本州と四国を結ぶ連絡船の寄港地となり、また、本州、四国双方の複数の中規模都市と定期航路で結ばれていた。

平成十九年三月現在、大長は広島県竹原市、三原市、呉市仁方、愛媛県今治市と海路で結ばれている。竹原へは一日六往復（所要時間約三〇分）、三原へは一日二往復（所要時間約一時間）、仁方へは一日四往復（所要時間約三〇分）、今治へは一日四往復（所要時間約一時間）の高速船が就航している。今治と大長を結ぶ航路は、本来は今治と広島を結ぶものであった。したがって、以前はこの航路で広島市街まで直接出ることも可能であった（写真1）。

また、陸路を併用した場合、立花港までバスまたは自家用車で行き、立花港から蒲刈町大浦（蒲刈島）までフェリーで渡り（一日八往復）、大浦からバスまたは自家用車で蒲刈大橋、安芸灘大橋を経由して仁方へ渡り、広、呉、広島方面へ向うルートと、自家用車で愛媛県今治市関前岡村（岡村島）へ渡り、関前岡村から今治へフェリー（一日四往復）または高速船（一日二往復）で渡るルートがある。大浦から広島方面への直通バスは、往路が労災病院行き一六本、呉駅前行き四本、広島バスセンター行き五本、復路が労災病院から九本、呉駅から四本、広島バスセンターから五本となっている。

さて、こういった多方面に開かれた航路を活用して、大長の人びとは様々な町とのつながりを持ってきた。表『安芸灘諸島の対本土トリップ終点』からも理解されるように、下蒲刈や蒲刈が仁方に、大崎、木江、東野といった大崎上島の集落が竹原に極端に生活を依存しているのに対して、豊浜や豊の人びとは、前者が広島と仁方に、後者が広島

写真１　橋をくぐる高速船

と竹原に大きく依存してはいるものの、呉、長浜、仁方といった、その他の多くの本州の地域とのつながりを形成してきたのである。

一方で、大長の人びとと愛媛県今治市との結びつきは強く、買い物や通院を今治に頼る人も多かったという。今治までは船便も多く、何よりも今治は愛媛第二、四国第五の都市であり、港から駅に向って伸びた大規模な商店街は近隣島嶼部の人びとの生活を支えてきたと同時に、この商店街は島嶼部の人びとの購買によって支えられてきた。

『広島県商圏調査結果報告』によると、平成六年度の購買力の豊町外への流出は、一位の今治市が二四・〇パーセント、次いで広島市が一五・六パーセントとなっており、買回り品に限れば今治市が三二・五パーセント、広島市が二二・三パーセントと今治市への依存度が高くなっている(13)。その痕跡は大長港の待合所の壁にかけられた今治の商店の看板にもうかがうことができる（写真２）。しかし、陸路の整備が進み、交通路が「半島」の基

| 町名 | 対本土トリップ終点 | | | | | | | | | | | 構成比 | 調査対象人口比 | 本土トリップ発声指数 | 仁方からの時間距離 | 竹原からの時間距離 |
|---|---|---|---|---|---|---|---|---|---|---|---|---|---|---|---|---|
| | 岩国 | 広島 | 呉 | 長浜 | 仁方 | 川尻 | 安浦 | 安芸津 | 竹原 | 三原 | 計 | | | | | |
| 下蒲刈 | - | 10 | 100 | 4 | 3074 | 86 | - | 4 | - | 4 | 3282 | 26.6 | 10.1 | 26.6 | 15 | - |
| 蒲刈 | - | 60 | - | - | 2596 | - | - | - | - | - | 2656 | 21.5 | 13.1 | 1.64 | 35 | - |
| 豊浜 | 8 | 414 | 48 | 12 | 230 | 8 | - | 20 | 38 | 4 | 782 | 6.4 | 10.3 | 0.62 | 60 | 120 |
| 豊 | - | 524 | 120 | 102 | 80 | 40 | 32 | 12 | 600 | 8 | 1518 | 12.3 | 20.3 | 0.60 | 80 | 80 |
| 大崎 | - | - | - | 4 | - | - | - | 412 | 1086 | - | 1502 | 12.2 | 17.4 | 0.70 | - | 60 |
| 大江 | - | 16 | - | 8 | - | - | - | - | 984 | - | 1008 | 8.1 | 14.5 | 0.56 | - | 170 |
| 東野 | - | - | - | - | - | - | - | - | 1596 | - | 1593 | 12.9 | 14.3 | 0.90 | - | 30 |
| 計 | 8 | 1024 | 268 | 130 | 5980 | 134 | 32 | 448 | 4304 | 16 | 12344 | 100.0 | 100.0 | - | | |
| 構成比 | 0.1 | 8.3 | 2.2 | 1.1 | 48.4 | 1.1 | 0.3 | 3.6 | 34.8 | 0.1 | 100.0 | - | - | - | | |

（注）『広島県島嶼の交通特性に関する調査研究』（財団法人日本離島センター、昭和46年）より引用

脚部へと集約されつつある現在では、船便の減少によって今治市への依存度は低下し、広や呉、あるいは広島といった地域の吸引力が強まっている。

このように、大長から島外への現在の交通路を概観してみると、その選択肢の多さに驚かされる。しかし、以前と比較すると船の便数は激減しており、廃止された航路もある。こういった状況の背景には、歴史ある港町として、あるいは柑橘の一大産地としての大長の衰退や、過疎高齢化などが存在すると考えられるが、平成二十年十一月にひかえた豊島大橋の供用開始が、海路から陸路への転換を促していることを指摘できるだろう。豊島大橋の完成によって大長は陸路で本州と結ばれることになる。だが、見切り発車ともいうべき陸上交通への切り替えは、島の生活に対して大きな影響を与えている。

それでは、以上のように広がりを持った通行圏を築いてきた大長の生活は、陸路で本土と結ばれることを前にして、どのように変化してきているのであろうか。右で挙げた、広島県による安芸灘諸島連絡架橋の効果に沿って考察してみたい。

一点目の救急・消防における迅速な対応については、たしかに、島嶼部において大規模な火災が発生した場合、陸路は重要な役割を果たすであろう。島外からの応援の消防隊が早急に対応することができるからである。もちろん、救急についても救急車がフェリーの時間に関係なく患者を本土の大病院まで搬送することができる。以前は、大長より本土に近い蒲刈島の大浦であっても、急

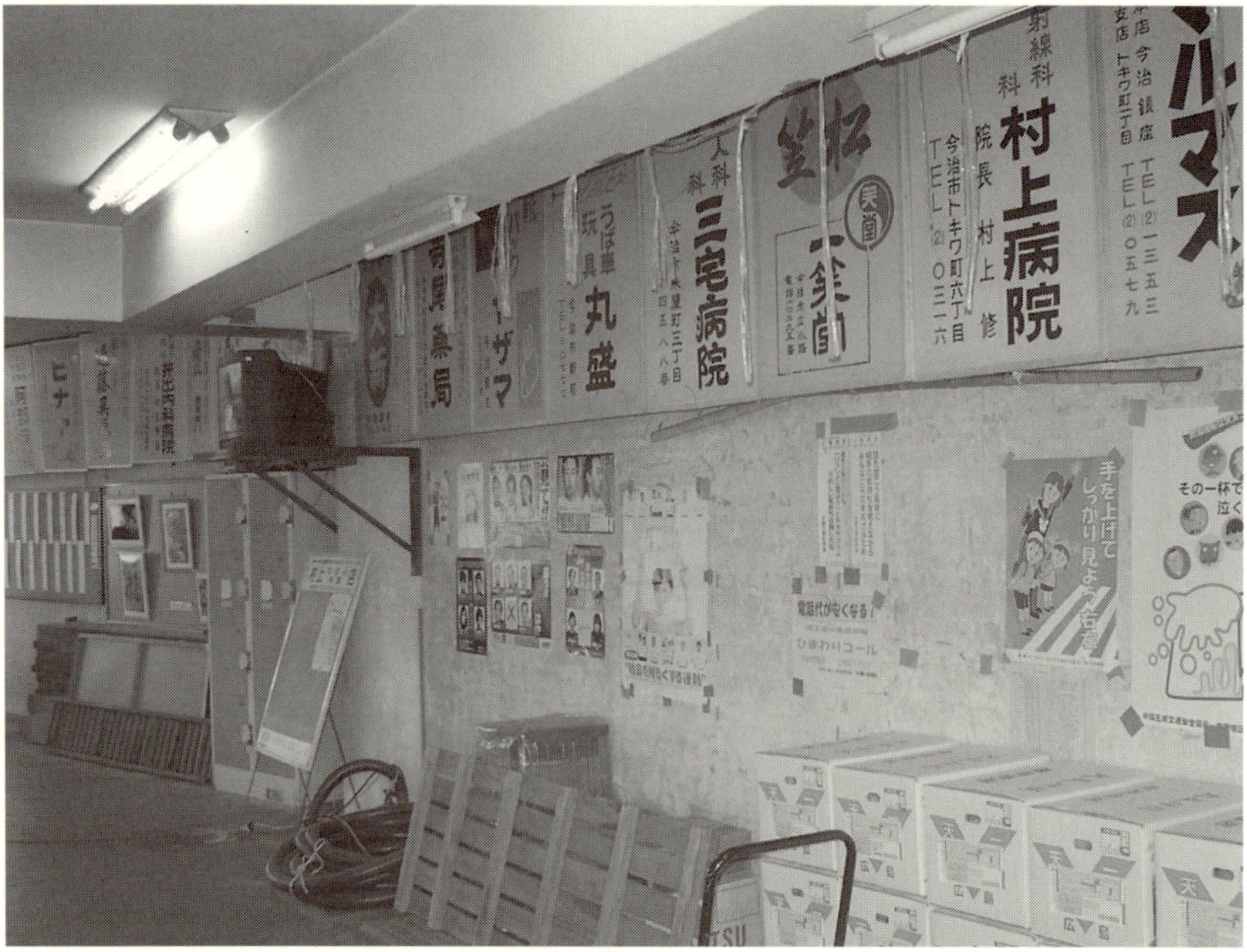


写真２　今治の商店や病院の看板ばかりが並ぶ大長港の待合所

患はフェリーの時間を待って、救急車ごとフェリーで搬送されたという。現在、大長の急患は救急艇で大浦まで搬送され、大浦から救急車に乗り換えて、陸路を搬送される。豊島大橋が完成すれば、救急車で直接病院まで行くことが可能である。しかし、大長のある豊町が呉市と合併する以前には[14]、救急艇で直接今治の病院まで、県を越えて搬送されていたという。なぜなら、これが最も早く患者を搬送する手段だったからである。現状ではどちらが早いかは分らない。しかし、実質的な利便性とは必ずしも関係なく、合併や陸路の整備が搬送ルートの決定に大きく影響していることは事実である。

　二点目の日々の暮らしの利便性についてはどうだろうか。買い物や通院の利便性向上に対する期待は大きい。すでに橋で本土と結ばれている大浦では、呉の大病院に通院する高齢者が増えているという。また、昭和六年生まれの男性は、橋の回数券を買って、月に一、二回は妻と広まで車で出かけるという。広には大型スーパーや家電量販店、百円ショップなどがあるからである。このように、自ら車を運転できる人にとっては、架橋によって大きく利便性が向上したと言えるだろう。しかし、大長のある女性は、架橋が始まる以前の方が便利だったと語る。船便の減少に対して、それに代わるバス便の充実が図られていない状況下で、車の運転ができない老人などが不便を被っているのだという。実際、ある高齢の男性は「橋が通るが、私ら年寄は本土までよう車で走らん」と語っていた。また、別の女性は竹原や三原、今治へ行く船便の減少で「不便もきわまる」と訴える。曲がりくねった道を長時間走るバスは体力的な負担が大きく[15]、トイレに行くこともできないという不便さがある。のんびりと知り合いとの会話に花を咲かせながらの船での移動に慣れた人びとにとってみれば、バスでの移動の苦痛には耐えがたいものがあるのかもしれない。

一方、通勤については大きく期待が裏切られているようである。大浦の住民の期待は、島から本土に通勤できるようになれば若者が戻ってくる、というものであった。しかし、通勤時間や交通費の面で、島からの通勤は不利であった。車で呉まで通勤する場合、通常であれば三、四〇分で行くことができる道を、渋滞する朝の通勤時間帯には一時間以上かけて通わなければならない。また、橋代と燃料代を合わせると、月に五万円程度かかるという。それならば本土に家を借りた方が安いという計算になる。結局、「橋が架かったら、いつでも戻れる」ということでみんな安心して出て行ったのだという。大浦からさらに遠い大長からの通勤には、橋の開通前から限界が見えていると言わざるを得ない。

三番目の特産物の流通については、効果が期待できる。従来のフェリーの四分の一の金額で本土に渡れる橋の開通を心待ちにしている人は多い。たとえば、大長は「大長みかん」のブランドで有名だが、大規模な選果場を経営する男性は、関西方面へ出荷する際には多少の遠回りにはなるものの、フェリー代に比べて料金の安い橋が開通すればミカンの輸送費が年間数百万円削減されると語っている。

四番目の観光産業の振興についても、大きな期待が寄せられている。平成十二年一月の安芸灘大橋の開通によって本土と結ばれた蒲刈町では、開通前年に六万六四五八人だった入込観光客数が、平成十六年には二〇万六八九〇人と三倍にも延びている。[16]「観光客は金を落さず、ゴミを落として帰るだけ」との批判も聞かれるが、御手洗という歴史的遺産を有する大崎下島にとっては、工夫次第では大きなチャンスとなるであろう。

以上、芸予諸島西部の島々の架橋の事例について検討してきた。そこで顕在化した問題は、海に囲まれて地理的に孤立した地域が陸路によって本土と結ばれる場合、陸上交通という新たな交通手段が整備されることによって、一定の利便性が向上する反面、これまで海を介して多方向へと広がっていた人びとの生活が、強制的に一方向へと集約され、島が閉ざされた空間へと変質したということである。つまり、大長という複数の都市へと広く開かれた生活空間は、閉ざされた「半島」の先頭部として周縁化しつつあるのである。

## おわりに

海で囲まれた地域が本土と陸でかろうじてつながっているという状況は、そこに住む住民にとってどのような意味を持ってきたのであろうか。「島」化を防いでいる陸での結びつきは、彼らを孤独から解放したであろうか。また、より具体的に、陸路は交通路として人や物を結んできたであろうか。ここまでの考察で、この問い自体が無意味なものであることは明白である。

そもそも、半島部の生活は陸地によるつながりが無くとも孤独ではなかったし、陸路の交流の手段としての役割もかならずしも大きくはなかった。つまり、半島、とくに先頭部の生活において、半島が陸で本土とつながっているということの意味は、我々が想像するほど大きくはなかったのである。それは、戦前の知多半島の事例からも、また、架橋をひかえた大長の事例からも明らかである。

では、半島はいつから我々が知る、閉ざされた「半島」となったのであろうか。それは、陸でつながっていることが意味を持つようになってから、すなわち、陸上交通の発達以来であろう。知多半島の先頭部が陸上交通の発達により、半田、名古屋といった半島中央部や基脚部に隣接する都市へと結びつきを限定されたように、また、大長が豊島大橋の完成を間近にして、多様な外部地域との結びつきを失い、呉や広島といった都市との結びつきを強めつつあるように、近代の陸上交通の発達は、海路によって多方向との交流を発達させてきた半島や島という海に囲まれた空間を、閉ざされた空間へと変質させた。柳田國男は『都市と農村』の「文化の中央集権」と題した章でつぎのように述べている。「鉄道が山を貫く場合には、数多き峠路の一つだけを採用して、其他は悉く無類の僻村と化し去った。次には海岸線の幾らともない彎曲に、それぞれ成長して居た村や小さな港町が、背後を汽車に通られて船の運送が成り立たなくなった」[17]と。知多半島も、現在大長が向っているのも、近代的産物として周縁化された「半島」なのである。

それぞれの地域は、近代ほどドラスティックなものではなくとも、各時代背景のもとで盛衰を繰り返してきた。しかし、そこに住む人びとは、ただ指をくわえて変化を眺めているわけではない。知多半島であればベッドタウンとして、また、観光地として新たな立ち位置を獲得した。大長も歴史と美しい自然を売りとした観光地という道を模索するであろう。つまり、どちらの「半島」も、近代的な環境のなかで、新たな半島性の活用を試みているのである。

我々は、固定化された地域イメージを前提としてそこに住む人びとの暮らしを描くのではなく、変化し続ける地域のなかで人が生きる様そのものを描かなければならない。

注

(1) 中上健次『岬』文春文庫、昭和五十三年、一八八頁

(2) 田中啓爾『地理学の本質と原理』古今書院、昭和二十四年、九一頁
(3) 田中は半島を根元から順に「基脚部」「中央部」「先頭部」の三つに分類している（注(2)同書　九十一頁）。小稿もこの分類に倣いたい。
(4) 注(2)同書　九二頁
(5) このような半島の開放性が明らかにされるならば、「遺制とか遺習」が「特に離島とか半島部」に「残存しやすい」とする半島に対する一部の民俗学的前提は再考されなければならないだろう（和歌森太郎「国東半島調査の問題と意義」［和歌森太郎編『くにさき―西日本民俗・文化における地位―』吉川弘文館、昭和三十五年、二頁］）。
(6) 青木美智男「近世の尾州知多半島沿岸村落と伊勢・三河湾岸諸都市―伊勢湾内市場圏形成に関する素描―」（日本福祉大学知多半島総合研究所『知多半島の歴史と現在』No.6、校倉書房、平成三年）
(7) 南知多町誌編集委員会『南知多町誌』南知多町、昭和四十年、一五六～一五七頁
武豊町誌編さん委員会『武豊町誌』本文編、武豊町、昭和五十九年、五五八頁
(8) 青木は「海を介した知多半島からの物的・人的な働きかけが、いつ大きく転換し現在に至ったのだろうか」という分岐点について、「海上輸送に代わって陸上運輸手段による大量輸送が可能になった段階」としての東海道線の開通を挙げている。たしかに、海上交通から陸上交通への移行の発端は東海道線の開通（明治二十年代前半）と考えることができるだろう。しかし、知多半島においてはその後も海上交通の整備が進み、第二次世界大戦の激化まで、定期航路は安定したものとして運行された。この事実をふまえるならば、知多半島先頭部における陸上交通への移行は、戦後の現象と考える方が妥当であろう（注(6)同書　一六三頁）。
(9) 南知多町誌編さん委員会『南知多町誌』本文編、平成三年、六八三頁
(10) これは知多半島において、半島先頭部がより基脚部に近い地域から周縁部として位置づけられてきたことにも一因があると考えられる。この問題に関しては、八木橋論文を参照されたい。
(11) 豊島大橋は小稿校正中の平成二十年十一月十八日に開通した。
(12) これらの期待が、もともと住民の側から行政に寄せられたものか、それとも、行政の側の主張が住民に受け入れられたのかは定かではない。
(13) 広島県商工労働部『広島県商圏調査結果報告書』平成六年度、平成七年
(14) 平成十七年三月に豊町は呉市に編入された。
(15) 現在、大長から仁方までは三〇分程度の船旅だが、バスの場合、一時間弱かかることが予想される。
(16) 蒲刈町調べ。
(17) 柳田國男「都市と農村」（『柳田國男全集』第四巻、筑摩書房、平成十年、二二二頁）

# Ⅱ　知多半島の概要

# 知多半島の歴史

田中　宣一

知多半島は名古屋市から南に向けて突き出た半島で、伊勢湾の東側を画している。半島の東にはさらに三河湾が広がり、知多半島は伊勢湾と三河湾に突出しているともいえる。半島付け根は東海道に近接し、先端部は、いくつかの島を擁しながら伊勢方面や渥美半島部とも交流を持ち、歴史的に孤立した半島では決してなかった。南北の距離は約四五キロ、東西の最大幅は約一四キロ、面積は約三五〇平方キロである。

知多半島部は、近世末までの尾張国知多郡と重なる。現在の半島部地域には、大府市、東海市、知多市、常滑市、半田市の五市と知多郡の阿久町、東浦町、南知多町、美浜町、武豊町という五町の合計一〇自治体が存在しており、人口は約六〇万である。

## 一　原始から中世まで

縄文・弥生時代の遺跡が多数あり、早くから人の居住のあったことが明らかになっている。古墳群もみられるし、半島南端部には製塩遺跡も発見されている。生産された塩は畿内にも送られていたらしい。『延喜式』神名帳には入見神社・阿久比神社・羽豆神社の三社が登載されている。奈良時代以前の創建と推定される廃寺の跡が存在するほか、奈良・平安時代の作という仏像を持つ寺院も数ヵ寺あり、仏教の伝来と定着も早かったと思われる。『萬葉集』巻七には、知多の浦が「年魚市潟潮干にけらし知多の浦に朝漕ぐ舟も沖に寄る見ゆ」（一一六三）と詠まれており、中央にも早くから知られた地であった。

平安時代末には、平治の乱に敗れた源義朝が再起をはかって東国に落ち行く途次、頼ったこの地の荘官に容れられず、野間（美浜町）で謀殺されている。

中世には熱田神宮の社領が多かった。南北朝以降は尾張の守護土岐氏の支配下にあったが、のちに三河の守護一色氏の勢力が及んできたり、佐治氏や水野氏が勢力を張るようになったりし、政治的軍事的攻争は絶えなかった。桶狭間の合戦には、水野氏その他が織田信長方に従って戦った。また、海路の支配権をめぐる争いもあった。このような争いとは別に、半島内丘陵地帯に窯業の発達をみたことが（中世末にはなくなる）、多くの古窯跡の発掘の結果によって明らかになっている。

## 二　近世期

近世になると、地域内のほとんどが尾張藩領に組み込まれた。村数は、近世を通じて一三〇ヵ村前後で推移した。戸数・人口は、近世前期には戸数約一万三〇〇〇、人口約七万五〇〇〇だったが、近世末になると戸数約二万五〇〇〇、人口約一一万四〇〇〇に増えたという記録がある。戸数・人口の増加は、次にみるような諸産業の発達があったからであろう。

農業については、田畑は概して少なく、海岸近くの低地では常に小規模の新田開発が進められていた。見るべき河川の少ない地域であるために水には苦労し、それらの田畑での穀物の生産は、半島の大部分を占める中央部の細長い丘陵地に早くから設けられていた多くの溜池に頼っていた。溜池の数は八六〇ほどあった。木綿の生産は近世前期からみられたが、後期になると伊勢晒という技術が導入されていっそう盛んになり、婦女子の有力な副業にまで成長した。そして知多木綿として江戸市中においても知られるようになり、その生産は近代にまで引継がれていった。男子の場合には、耕地が少ないため出稼ぎに出る者が多く、黒鍬師として各地で土木工事に従事していた。

醸造業や野鍛冶の発達もみ、常滑には窯業の発達もみたが、海に突き出た半島部であるため、何よりも廻船業や漁業にみるべきものが多い。

半島尖端の師崎（現・南知多町）には、尾張藩によって九鬼氏支流の千賀氏が配され、居館を構えて伊勢・三河両湾内を中心とした海上警備を担当し、藩の船奉行もつとめた。その統制下に廻船業が発達したのである。半田・亀崎や師崎・内海をはじめ廻船の基地は一〇数浦におよび、名古屋と大坂間、名古屋と江戸間に就航し、半島部の物資はもちろん、尾張や伊勢地方の米穀類なども運漕していた。また、湾内各所間の物資交流に従事する船も多数あったのである。浦々には、このような廻船業者を中心として戎講組合が結成されていた。

漁業は各浦々に発達したが、特に半島南部沿岸および篠島・日間賀島において盛んであった。鰯網・地引網をはじめとする網漁や釣漁や蛸漁などさまざまな漁法がみられ、海藻の採取も行われていた。これら漁獲物の多くは干物として移出されていたのである。産業としての漁業ではないが、特異なものとして篠島に伊勢神宮の御贄所があり、ここから神宮の神事用に多くのオンベダイ（御幣鯛）が供進されていた。

古代の製塩遺跡が発掘されている地域らしく、大規模なものではなかったが、近世記においても塩業に従事する村は少なくなかった。年貢として塩を納める村もあったようである。

これらの漁村部に若者中心の寝宿習俗の発達していたことも、この地域の特色として挙げられる。寝宿は近代に入ってても継承されていた習俗であり、さらには遡って中世以前にも存在した習俗かと思われるが、とにかく近世期に盛んであったことは間違いない。

尾張万歳のひとつ知多万歳が各地に門付に歩いていたり、現在の半田市城をはじめ各地において屋台・曳山を持つ風流化した祭りが盛んにもなっていた。

## 三　近現代

近代に入ると、半島部は愛知県知多郡となり、明治初期の大区小区制をへて明治二十二年の町村制施行時には四町六四ヵ村にまとまった。その後、町村合併や市制実施が繰り返された結果、戦後の昭和二十八年当時には一市二〇町五ヵ村になり、現在は冒頭に述べたように五市五町となっている。

近・現代の大きな変化としては、半島部の北部（すなわち半島付け根の地域）を中心に近代重工業が発展し人口が急増していったこと、電車網・道路網の整備が徐々に進み、北に大都市名古屋を控えて観光地としても開発されていったこと、それに昭和三十六年に愛知用水が完成して農業や生活面に恩恵がおよんだことなどが挙げられよう。陸上交通の発達とは逆に、廻船業は衰微していかざるをえなかったのである。

紡績工業その他近代工業の発達は早かった。第二次大戦中には中島飛行機工場が建設されるなど軍需産業が多くなり、ついで戦後は大手鉄鋼会社をはじめ各種企業の進出があいつぎ、北部の市や町は工業都市の性格も持つようになった。それと同時にそれら地域では海岸の埋立てが進み、港湾の整備もなされた。近年の特筆すべきこととして、常滑市の沖合いを埋立てて中部国際空港の建設されたことが挙げられ、半島部は年々変貌をとげているのである。また、各地に工業用団地の造成もなされていったのである。

近世の産業を継承し発展させたものには、知多木綿の生産をもとに紡績工業の発達があったほか、常滑市の窯業がある。窯業の生産品としては、土管や甕などから、陶器技術の導入や近代建築の発展に伴って建築用のタイル・衛生陶器類の生産が多くなり、さらには電纜管の生産などへ進んだ。半田市を中心に醸造業も発展し、酒造のほか、全国的な製酢業の地となって現在にいたっている。

このような近代産業の発展は、国鉄（ＪＲ）・私鉄網の発達と無縁ではない。名古屋を基点とする私鉄網の充実や、昭和四十年代以降の道路網の整備充実は、大正期以降観光化されつつあった知多半島、特に南部の沿岸部・島嶼部を一気に一大観光地に変えていったのである。現在、ホテル・旅館が立ち並んで季節を問わず観光客が訪れており、夏季の海水浴シーズンには特に賑っている。

昭和三十六年に、木曽川からの引水による愛知用水が開通した結果、農業は、溜池に頼る農業から大きく変わっていった。半島中央丘陵部の農地化が進み、従来の穀物・蔬菜栽培に加え、果樹や畜産・園芸も盛んになったのである。愛知用水は飲料水としても利用されるほか、工業用水にもなったのである。

漁業も昭和初期には多くが動力船となっている。主漁場が伊勢湾・三河湾内であることは変わらないが、渥美半島の外海などでも操業しており、漁獲物の加工も進み、水産業も栄えているといえよう。

近年に入っても屋台・曳山などの出る祭礼は賑やかに繰りひろげられているが、祭りとは別に知多四国巡拝や半観音霊場巡りなど島内を聖地とする巡礼が盛んであることも当地域の特徴といえる。知多四国巡りは近世に起源を持つものだが、近代に成立した巡礼も少なくない。

# 知多半島の民俗を知るために

八木橋伸浩

知多半島という地名は民俗学を志す者にとって特別な響きがある。それは半島先端沖に位置する日間賀島の存在によるところが大きい。財団法人民俗学研究所の大規模事業として調査が実施され、全国規模の民俗誌作成の一貫として公刊された瀬川清子の『日間賀島民俗誌』（刀江書院、一九五一年）が、この地を民俗学と強烈に結び付けている。瀬川が同島の調査を実施したのは一九三八年のことで、島の生活を総体的に捉えた良質な民俗誌として知られている。その後も竹田旦が『離島の民俗』（岩崎美術社、一九六八年）のなかに取り上げ、宮本常一は「日間賀島・佐久島のもらい子」（『宮本常一著作集』8、未来社、一九六九年）を記し、今和次郎も日間賀島の漁家を調査している（「尾張・日間賀島の漁家」『民家論　今和次郎集』3、ドメス出版、一九七一年）。また、日間賀島小学校で校長を勤めた田辺泰は私家版ではあるが『日間賀島むかしがたり』（ガリ版、一九七二・一九七四年）を著してもいる。近年では畑聡一郎が同島の両墓制を取り上げた「葬儀と葬制の変化」（『日本民俗学』二三一、二〇〇二年）や「愛知県日間賀島の現在」（田中宣一・小島孝夫編『海と島のくらし』雄山閣、同年）という興味深い調査報告が特筆される成果であろう。

市町村誌類は充実している場所といってよい。半島に属する五市五町のすべてにおいて揃っている。例えば武豊町では『武豊町誌』（一九六〇年）、東浦町では『新編東浦町町誌』（全七巻、二〇〇一年）、半田市では『半田市誌』（全八巻、一九七一年）、『新修半田市誌』（上中下、一九八九年）、知多市では『知多市誌』（全五巻、一九八三年）、常滑市では『常滑市誌』（全五巻、一九七六年）といった具合である。南知多町では『南知多町誌』（一九八一年）が刊行された後、再び一九九六年に全七巻の『南知多町誌』と補遺版三巻（一九九八〜二〇〇〇年）を公刊するなど積極的な取り組みが確認され、いずれも資料編や民俗編などで民俗に関する記述がなされている。

愛知県による成果報告も行なわれている。古くは一九六九年に刊行された『三河湾・伊勢湾漁撈習俗緊急調査報告』（愛知県教育委員会）などがあり、広域的な視点から愛知県を捉える試みが続けられてきた。一九九四年度に編纂に着手した『愛知県史』では二〇〇八年現在、民俗関係では三河と尾張の二巻が刊行されている。また、県では民俗に限定した報告書の公刊も民俗部会が中心となり県史公刊以前から実施しており、知多半島に関しては『篠島』（愛知県民俗調査報告書1、一九九八年）が、尾張地方に関しては『津島・尾張西部』（同前4、二〇〇一年）、『犬山・尾張東部』（同前5、二〇〇二年）の二巻が刊行されている。伊勢に鯛を献上してきた篠島の歴史は古く、同島に関しても日間賀島同様、多数の関連書籍が出されている。一例を挙げれば、篠島刊行委員会・南知多町観光協会篠島支部が作成した『知多半島・篠島』（非売品、一九八三年）がある。

また、山車を中心に構成される知多半島の祭礼は全国的にも知られるところであり、地誌類や県史にも取り上げられている。半島でもとりわけ規模が大きく盛大な祭礼が執行されている半田市では、『半田の山車』（半田市立博物館監修、半田市、二〇〇六年）、二〇〇六年に国指定重要無形民俗文化財となった市内亀崎の潮干祭に関する『亀崎潮干祭』（亀崎潮干祭保存会、同年）が刊行されている。祭礼（山車）を核に据えた半島全体の研究も今後はなされなければならない課題といえるだろう。

個人が半島に興味を持ち著されたものも少なくない。例えば、古いところでは河和町出身の鈴木規夫が一九三三年に著した『南知多方言集』（土俗趣味社）があり、半島各地の地誌類における方言関連の記述のベースになっている。半田市の本美信車による『知多いまむかし（足で書いた郷土の歴史）』（知多文化、一九七四年）、南知多町師崎の山本嘉彦が著した『知多の海』（非売品、一九八二年）などは知多半島で暮らす地元の視点から描かれた内容になっている。斎藤善之は『内海船と幕藩制市場の解体』（柏書房、一九九四年）や『海の道、川の道』（日本史リブレット四七、山川出版社、二〇〇三年）で南知多町内海の廻船問屋に焦点をあてた研究を行なっている。また、最近も河合克己が『知多半島歴史読本』（新葉館出版、二〇〇六年）を刊行するなど、知多半島に対する興味は失われていない。

知多半島に拠点を置く郷土史の研究者による研究成果報告もみられる。例えば、社会科の教員たちが集った知多社会科研究会（社会科同好会）が主体となりシリーズ的に刊行されたものもある。『知多半島のみどころ　観光と歴史』（一九七一年）、『知多のまつり』（一九七七年）、『知多半島の民具』（一九八一年）、『知多半島風土記』（一九八五年）など、多面的な視点から知多半島を捉える試みがなされてきた。また、特筆される郷土史の研究会として南知多郷土研究会を挙げることができる。同研究会では一九六六年以来、定期的に会報『みなみ』（郷土研究誌）を刊行し続けている。ここで個別の成果を紹介する余裕はないが、南知多町を中心に知多半島全域を対象とした報告がなされており、大変興味深い郷土史の視点に立った報告が毎号掲載され続けてきた。

半田市に本部がある日本福祉大学に設置された同大学知多総合研究所には、歴史部会と民俗部会が置かれており、知多半島のアカデミックな研究拠点となっている。半島に関する成果報告を多数公刊しており、そのいくつかを紹介しておく。まずは、研究所の紀要として『知多半島の歴史と現在』があり、一九七九年以来、研究成果が定期刊行されている。研究所開設一〇年の節目には『知多半島歴史研究の十年』（校倉書房、一九八八年）が出され、その後も地元・半田市の大企業ミツカンの関連施設である博物館「酢の里」との共編著で『中埜家文書にみる酢造りの歴史と文化』（全五巻、中央公論社、一九九八年）と題した成果を送り出し、二〇〇二年には一般向けの知多半島入門書とでもいえる『知多半島が見えてくる本』を刊行している。日本福祉大学知多半島総合研究所は知多半島を一つの「かたまり」と捉えて学問的に分析する唯一の機関であり、今後の研究活動が大いに注目されるところであろう。

名古屋女子大学生活科学研究所が編んだ『三河湾をめぐる海村地域の生活文化』（非売品、一九八七年）のように、三河湾を一つの文化圏として捉えた刺激的な論文集もある。知多半島は渥美半島と対面して三河湾を抱え込む構造となっており、半島から東に目を向ければ、この成果報告書の意味は半島単体を捉える以上の重さを持つものといえるだろう。内容は伝承、生活実態、生活圏の構造特性（地域社会と自然環境）、近世の漁業・塩業、海のくらしと仕事着、木綿、漁村の食生活、海浜地区の食具など多岐にわたるもので、知多半島を考えるうえで示唆的な内容になっている。同じように広域文化圏の視点のなかに知多半島を含めたものとしては、例えば、海の博物館と石原義剛による共著『伊勢湾―海の祭りと港の歴史を歩く―』（風媒社、一九九六年）がある。こちらは知多半島の西に位置する志摩半島とで作り上げる文化圏である伊勢湾を対象としたものであり、今後も、こうした海側からの視点で文化的連関性を思考する試みが継続されていかなければならないだろう。

同様に半島南端（先端）と向き合う渥美半島との関係性のなかから、知多半島の独自性を読み取ることも必要になってくるだろう。もちろん知多半島、特に南知多町ではそうした関係を踏まえた地域性の分析が町誌などで行なわれてきており、それは前述の町誌のなかでも展開されている。両半島の間に位置する日間賀島や篠島を含め、海路で結ばれた文化を論じれば、渥美半島における研究成果は知多半島を知る貴重な手がかりとなるのである。例えば、昭和初期に松下石人が著した『三州奥郡風俗図絵』（復刻版、渥美町教育委員会、一九八五年）、『三州奥郡産育図絵』（同前）、『三州奥郡漁民風俗誌』（復刻版、同前、一九八九年）は民俗学にとって貴重な文献であるとともに、この地域を知る重要な資料となっている。近年では渥美町農業協同組合がまとめた『渥美町むかし探訪』（一九九二年）、『渥美町の民俗探訪』（二〇〇一年）も、知多半島と海を挟んで近接する文化交流圏内の民俗的報告書として貴重である。柳田國男も若き日の一八九八年（明治三十一）に当地・伊良湖を訪問し、田山花袋とともに帰京した。その際の体験や入手情報が柳田の著作に多数反映されていることは周知の事実である。渥美町（現、田原市）教育委員会でも『伊良湖と柳田國男』（一九九二年）をまとめている。『渥美町史』歴史編（上）のなかには伊勢・尾張・三河の各地を結ぶ海上の道に関する記述、尾州商人との関係に関する記述などもあり（渥美町史編産委員会編、渥美町、一九九一年）、また、渥美町郷土資料館編『研究紀要』3（渥美町教育委員会、一九九九年）には、近世の渥美半島西部畠村と知多半島大野との結びつきを渥美側の木綿需要から考察した石川洋一の論考「知多木綿と渥美」が収められている。半島や湾を一つの文化圏・文化交流圏として捉える広域的視野は不可欠のものであり、山内藤雄も渥美町郷土資料館編『古道～海の道・陸の道～』（特別展図録、渥美町教育委員会、二〇〇三年）のなかで石川と同様の指摘をしている。常滑の大野商人が出店を渥美半島の下地（福江）に開き、農家に原綿を貸出し、機織をさせて工賃を出すようになって現金収入の道が開かれた結果、これが福江の商店経営の基盤となり、商店街が広がるようになっていった。知多半島の西側に位置する常滑市大野とは距離的には遠い渥美半島との関係を伝えるこうした交流は、まさに広域的視点が欠かせないことを教えてくれるだろう。そしてそれは近年のことばかりでない。『藤原古墳群』（渥美町教育委員会、一九八八年）によれば、古代の石室の壁材の一枚岩は佐久島のものであり、舟で運ばれたと想定されるという。海路を通じての広域的な交流は古代から盛んだったのである。

最後になったが、知多半島に関する雑誌類も何種類か発行されている。そのなかには民俗的な資料となり得る記事を掲載したものも少なくない。地元再発見を謳い二〇〇一年から発行され続けている季刊情報誌『エディト知多半島』はその代表的なもので、毎号特集を組んで知多半島の文化を多角的に紹介している。こうした雑誌類にも目を向けなければならないだろう。

半島を一つの「かたまり」として捉える視点は、行政単位を超えた一つの文化的まとまりを民俗的に把握しようとする試みである。それは、研究者にとっての新たな課題であるのみならず、半島に住む人々の新たなアイデンティティ形成にもつながるものであろう。さらに、半島を取り囲む湾や近接する他の半島との交流を視野に入れ、海側から半島を見た場合、交流・交錯する広域的な文化圏のなかからそれぞれの半島独自の民俗を描き出す必要も出てくるはずである。そうした関係性を踏まえながら、管見で知りうる文献の一部を紹介してみたが、随分と偏りのあるものになってしまった。知多半島を知るために必要な文献を網羅的に紹介することは筆者の能力では果たせなかったことをお詫びしておきたい。

# Ⅲ　半島全域を対象とした問題

# 知多半島の方向認識
## ――生活感覚としての「カミ」と「シモ」

八木橋伸浩

### はじめに―問題の所在

平成十八年から知多半島を歩き、多くの方々との出会いがあった。「半島を単位とした民俗誌」の作成を念頭に置きながら会話を重ねていくうちに、ある事実に気づかされた。それは、北西から南東の方角に伸びる半島全体のなかで度々耳にする表現で、「カミ」と「シモ」という言葉の存在である。当初は渥美半島や志摩半島、さらには日間賀島や篠島との文化的連関性に大いに魅了され、これをテーマに調査を進める腹づもりだったのだが、二度目の訪問でこの表現を耳にし、この表現が半島全体を貫く感覚、さらには方向認識であるとの仮説のもと、以後はこれに絞って聞き取りを進めてみた。

「武豊は半田よりシモの方だよ」「南知多のなかでは内海はカミだね」「東海からみたら南知多はシモだけど、半田は特別かな」……。こうした会話はごく普通に聞くことができた日常表現である。高校生の場合、少々過激な言い回しもあったが、当人たちは大きな侮蔑とは意識せず、むしろ親近感の表れと受け取れる表現として使用されていた。

京都生まれ（昭和六十一年生）で一時は大府市に住むなど何度か引越しをした後、半田市に居住するようになった知多半島育ちの女子大学生Y・Tさんの事例を紹介しておこう。彼女によれば、半田の人は半田以南を指してシモと称するという。半田市内の高校を卒業した彼女は、高校時代、半田の人間からみると武豊、南知多、美浜、河和などから通学する同級生はみなシモの出身だと考えていたし、これに類する発言も日常的なものであった。この高校には北は大府、南は南知多からの通学者がいた。同級生でバレーボール部に所属していた南知多町出身のKさんは自ら「自分はシモなので…」とよく言っていたが、富貴から通学していた友人は自分の住む場所はシモではないと言っていたという。先輩が言うには、自分の住む場所を基準に、そこより半島の突端側（南側）をシモと呼ぶのだという。自分はシモは「田舎」の意味だと思っているが、確かに少し馬鹿にした意識もある。なお、カミという言葉はほとんど使わないが、敢えてどこかと聞かれればカミは名古屋だと思う。なぜならば、名古屋の友人は知多半島全体をシモと呼ぶからだ。そして、シモの最南端は日間賀島だと思う。シモには観光地のイメージもあり、お土産はシモから貰うという感覚がある。また、半田からみると常滑側は半島の裏側という意識もある。学区もそうなっていて、半島の中央部で切れている。ＪＲも半島の東側を中心に発達している。

この事例は青年層のものだが、同様の表現は世代的な限定なしに使用されている。この事例の場合、カミという表現にはあまり馴染みがないようだが、半田以南をシモと感じ、知多半島全体をシモと称する名古屋にカミ的位置を感じている。ただ、富貴はシモではないと語る友人がいるように、一概に半田以南をシモとは断定できない。シモには「田舎」「観光地」といったイメージがあることもわかる。

カミとシモという表現は、時として差別的な感覚に通じる場面がないわけではない。しかし、聞き取りを重ねていくうちに、差別という切り口だけではこの語の正しい理解ができたとはいえず、この表現のなかには地理的かつ文化的・民俗的な感覚や意識の所在が認められるのではと考えるようになった。いわば日常的な生活感覚を反映した表現として捉えられないかという予感であった。

ありがたいことに、知多半島に位置する行政単位においては市町村史（誌）の類がすべて刊行されており、民俗や言語（方言など）に関する記録も豊富である。だが、当該地誌類、書籍・雑誌類等、地域性を反映したいずれの文献をみても、筆者が日常会話のなかで耳にしてきたカミとシモに関する記述は見当たらなかった。筆者の見落としも当然あるとは思うが、残念ながら見出すことができなかったのである。となれば、限られた時間と範囲のなかではあるが、自身で調べて当該表現の文化的・民俗的意味を解明する以外に手段はない。これまで知多半島を調査対象地とした研究者が敢えて取り上げなかったのであれば、そこには何らかの理由があるであろうし、自明のことすぎて取り上げなかった可能性も否定できない。そんな思いを抱きながらの聞き取り調査であった。日常的に使用されるこの表現をとおして、知多半島という「文化的かたまり」に迫ってみたいと思う。

## 一　半田市で語られるカミとシモ

半田市は知多半島の中心的位置にあるといってよい。紙幅の関係から本稿では詳細な地理的概況は省略するが（以下、他の市町についても同様）、半田市は各種の県の出先機関や公共機関が半島内で唯一置かれ、全国的な大企業・ミツカンの本社所在地でもある。また、半島内唯一の旧制中学の伝統を受け継ぐ県内屈指の進学校である半田高校がある。柊の校章で知られ、卒業生は柊会と称する同窓会に所属し、これが出身者のプライドになっているといわれる。東京には出身者で作る東京柊会もある。そして、半田市には高校五校が集中する状況にある。さらには半島では唯一の大学所在地として日本福祉大学がある（同大学は南知多町にも施設を有するが、本拠地は半田市）。つまり、半島内における政治・経済・文化・教育の中心地に位置づけられ、半島内で他を圧倒する優位性を持っているといえよう。このためと考えられるが、知多半島内で半田をシモと呼ぶ事例にはほとんど出会わなかったほどである。

《事例1／半田①》［公共団体職員／Y・Sさん／男性／昭和二十七年生］

半田市の文化や観光面の活動推進を支える団体を切り盛りするY・S氏は、半田生まれで半田育ち、地元を愛する「半田っ子」とでも呼べる方である。S氏は知多半島全体のなかでの中心地は歴史的にも地理的にも半田であるとの自負を常に持っている。半田の優位性を示す事例は多々あるが、例えば愛知県の祭礼では山車が登場する形態が少なくないが、その数でみた場合、県内の山車の三分の一が知多半島にあり、さらに知多半島の山車の三分の一（三一台）が半田市に存在しているという。また半田は教育面でも半島の中心的役割を果たしてきた。

S氏は、たとえ武豊に大きなショッピングセンターができたとしても、半田の人間は買い物には行かないという。半田市民のプライドは高く、買い物でシモに行くことはない。買うなら名古屋に行くという。また、結婚式は南に行けば行くほど派手になるという。それはシモがそれだけ田舎だということなのだとS氏は考えている。

なお、常滑市や知多市は半田市からみれば裏側の意識があり、こうした半田市優位のプライド意識が多くの半田市民には存在しているという。

実は調査で初めて耳にしたシモという言葉は、このS氏からであった。半田市が半島内で優位な立場にあること、シモは半田市以南を示し、冒頭の事例同様、シモは「田舎」を意識させる表現であることがわかる。また、半島の西側に位置する常滑市や知多市に対しては別の地理的感覚があることもわかる。

《事例2／半田②》［主婦／M・Tさん／女性／昭和三十二年生］

神戸生まれ。二才で半田に来た。ご主人は半田の出身で、祖父の仕事の関係で一時京都にいたが、その後結婚して半田で所帯を持った。通っていた大府市内の高校では、大府より南はシモと言われた。シモという表現は親しい間柄にならないと使わない。友人同士だと冗談のようによく言うが、初対面の人にはシモとは言わない。言ったら失礼。なお、半田市内ではカミ、シモの意識はないと思う。

この事例では、大府では大府より南はシモと意識されていたことがわかる。だが、親しい間柄で使用される表現だとされている。また、半田市域内を対象としたカミ・シモの意識はないとコメントしている。だが、半田には昔から市内を区分するカミとシモの感覚が明確に存在していたという意見もある。そこで事例3をご覧いただきたい。

《事例3／半田③》［商店主／Ｍａさん／女性／六〇歳代］

東京生まれのＭａさんは親戚が武蔵野市吉祥寺にあり、年一、二回は東京に行くという。Ｍａさんによれば、半田は元々、ＪＲ線の東側をシモ（下）半田、西側をカミ（上）半田と呼称し、市内には独自のカミとシモの意識があるという。シモ半田は伊勢湾台風でやられた場所で、元来は海だったそうだ。埋立てされた開発地であり、だからカミの人はシモには住まないという。Ｍａさんは個人的には知多半島全体でカミとシモを意識することはないが、半田市内に限定したカミとシモの感覚はあると語る。

Ｍａさんが語るこの半田市内のカミ・シモの認識は事例2では否定されていた感覚で、シモ半田側に居住するＭ・Ｔさんが敢えて口にしなかったのかどうかは不明である。事例2・3はともに半田市生まれの方のものではないが、同じ市内でもカミとシモに居住する違いが意識のなかにある可能性は否定できない。知多半島という広域空間ではなく、限定された半田市内を対象にカミとシモに区別する意識の存在が確認できる。

《事例4／半田④》［他市町公務員／Ｍｂさん／男性／四〇歳代］

半田生れのＭｂ氏によれば、シモの意識は確かにあるが、他の市町の人に直接言う言葉ではないという。ただし親しい間柄なら別。半田の人間なら、南知多のことをシモと表現することが多い。ただしカミという言い方はない。半田は亀崎、乙川、成岩、半田の旧町単位のまとまり意識が大変に強い。現半田市では、そこにさらに新住民が加わり、今でも「ホンモノ」（旧来の住民）と新参者の意識が微妙に絡みあっている印象があるという。新参者でも色々と飛び込む人は元からこの地に住む住民と馴染むが、そうでない人も居住できる空間が半田には今できつつある。

《事例5／半田⑤》［主婦／氏名不詳／女性／五〇歳代］

自分は今、半田の乙川の新開地に住んでいて、そこの人間は旧町の人々（旧来の住民）とのつきあいは薄いが、自分は元々カミ半田に住んでいたので、カミ半田の人々は自分をカミ半田側の人間として扱ってくれる。まとまり意識は非常に強い。特に亀崎はすごい。南知多町は半田からみればシモ。しかし、南知多の人も、日間賀島や篠島など島の人間をシモとみている。「シマ」という言葉には、差別的な意味があるように思う。

事例3同様、半田市内にはカミとシモ、あるいはホンモノ（旧来の住民）と新住民といった双分的感覚、換言すれば対置的地域概念のようなものが存在すること、さらには半島先端であるほどシモであることを示唆している。

《事例6／半田⑥》［大学生／Y・Tさん／女性／昭和六十一年生］

自分たちの年齢ではシモという言葉は使うが、カミはほとんど使わない。だが、シモの意味は曖昧で自分でもよくわからずに使っているところがある。同年齢の仲間内では「田舎のほう」というニュアンスでしか理解していない。南知多町の師崎に住んでいる友人は「田舎の子」という意味合いで「シモッコ」と呼ばれていた。どこからがシモなのかも曖昧で、知多半島では南部に行くほど「シモ度」が上がるような感覚がある。だから半島先端の印象は「ど田舎」という感じ。いずれにしても、あまり良い意味では使わない。馬鹿にしたり、ちょっと侮辱する感じがある。だが「おまえ〜シモに帰ってまえよ〜！」といった表現をしても、それほどの侮辱という感じではなく、シモの人もあまり気にするそぶりはない。また「武豊は半田よりもうちょっとシモのほうだよ」というように場所を表わす時にも普通に使う。友人たちはみな適当に、自分の住んでいる場所より南、田舎を指してシモと呼んでいると思う。

武豊町に住む祖母の話では、町内でもカミ・シモの意識はあったようだ。今ではあまり意識しなくなったらしいが、例えば、町長が立候補する時、カミの土地の人はカミの土地の候補者を応援し、シモの土地の人はシモの候補者を応援する。これは対抗意識というよりは仲間意識といった感じだという。富貴に住む祖母と祖父の話では、やはり名古屋に向かってカミなのではないか、とのこと。ただ、祖父は東京が一番のカミだとも言う。シモの子が馬鹿にされるのと同様、昔は、カミの子がシモの学校に行くのも仲間はずれにされていたらしい。富貴からしたら半田はカミだが、名古屋のほうがもっとカミのような意識だと思われる。

自分の同年代でカミやシモという表現を意識して使ってる人は少ないと思うが、しかし、絶対に誰でも使う。そして、祖父母の年代よりも、カミやシモの意識は少しずつ薄れてきているようにも思う。

事例6は本稿冒頭で紹介したY・Tさん本人に気付いたことを記していただいたメモを整理したものである。半島を南に行けば行くほどシモの感覚が高まること、シモには「田舎」の意味合いが濃いことがわかる。また、若年世代から老年世代まで等しくこの言葉を使用しており、自分の居住地を基準として北を相対的にカミと認識する感覚も確認できる。そして何より興味深いことは、武豊町内を限定したカミ・シモ感覚の存在だ。武豊の場合の詳細は未確認だが、半田市同様、限定された区域内においてもカミとシモの対置的地域概念のような感覚が存在している。

## 二　常滑市で語られるカミとシモ

常滑市は半島の西側に位置し、中部国際空港を擁している。半島東側の拠点・半田市に対し、常滑市は西側の拠点ともいうべき地で、同市大野町は室町時代、半島で初めて城が築かれるほどの重要拠点であった。また、全国的に知られる常滑焼の本拠地で、市内中心部には窯業関係の会社や工房が多数存在し、窯の所在を示す煉瓦の煙突もそこここに見られる。常滑ボート（競艇）の施設もあって常滑駅周辺は都市整備が進んでおり、駅には大きなショッピングセンターが隣接している。市内には新築の新興住宅地も目立ち、古い窯業関係の建物や一般住宅を取り巻くかたちでマンションやアパートが多数建っているが、空港関係者のための新たな住居という性格もあるものと思われる。

《事例7／常滑①》［公務員／Wさん／男性／五〇歳代］

常滑市内では矢田・久米（旧三和村区域）が最北部でありカミになる。市の中心部からみたら、市内の南部はシモ。その意味では知多市や阿久比町の方がカミになる。半田市は大府市などさらに北側の場所からみたらシモではないか。知多半島では名古屋が一番のカミで、南知多が一番のシモ。その先の島はただのシマ。ふだん「シモのかたですか」という言い方はするが、本人に面と向かって言うことはない。シモという言い方は何の気なしによく使うが、カミはあまり使わない。こうした表現は高齢者の言い方で、今はあまり使わないのではないか。また、常滑から名古屋に行くことをノボルと言うが、岐阜方面に行くのはクダルと言う。だから、意識としてはやはり尾張は名古屋が中心。鉄道でもノボリとクダリがあり、東京に向かうのはみなどこからでもノボリだし、同じことだと思う。

知多半島には室町時代、大野町（常滑市）にのみ城があった。ここが重要拠点だったことの証である。その後、半島各地に築城されるにしたがい、大野城主・一色氏の文化が伝播した可能性は高い。内海（南知多町）の城も一色氏。また、当然、名古屋（尾張）の言葉や文化が知多半島全体に広がった痕跡は多々認められる。

話者のW氏は地元の歴史や文化に通じた方である。この事例でも半島全体を対象に北がカミ、南がシモという意識は同様だが、シモの意識が窺えなかった半田に対しても、地理的な南北関係を基準として大府からみればシモではないかという指摘は興味深い。つまり基準はあくまでも名古屋を頂点として半島の先端を末端と考える地理的認識にある。また、注意すべきは、常滑市内においても半田市や武豊町と同様、限定された空間内で成立するカミ・シモ感覚が存在することであろう。さらに、尾張側の核である名古屋へはノボル感覚があり、三河側へはクダル感覚が存在していることも忘れてはならない。戦国期以来の尾張文化・三河文化と知多半島がどのように関わるのか、半島を全体として理解するためには欠かせない視点であろう。

《事例8／常滑②》［公共交通機関勤務／氏名不詳／男性／六〇歳代］

普通に「カミに行く」「シモに行く」という言い方をする。カミに行くのは名古屋方面に行く場合。また、名古屋に行く時はノボリだが、三河方面に行く時はクダリと言う。一番のカミは名古屋で、すべて名古屋が中心。カミとシモに上下関係の意識はなく、ふつうに地理的な北（カミ）と南（シモ）の意識でカミとシモの表現を使っている。だから市の北に位置する矢田や久米からみたら、市内中心部はシモになると思う。カミとシモという言い方は年齢的に上の人しか使わないかもしれない。半田と常滑の両者の関係はカミでもシモでもない。ただ東西の位置関係。半田のようにカミ半田、シモ半田というような言い方は常滑市内にはない。しかし、合併前の旧常滑町（市内六地区が該当）の地域は祭りの時だけは「旧常《きゅうとこ》」と言っている。また、合併のため、現在の常滑市の山車が出る祭りは旧町村単位で別の日に実施され、南から始まり、北にある大野町が五月で仕舞になる。

地理的な南北を純粋に反映した感覚であること、名古屋がカミの起点であることなど、この事例も事例7同様の意識がみられる。また、常滑市内のカミ・シモ感覚に関して、半田市のような感覚ではないとしながらも、半田市同様に旧来の地域区分に基づいた所属意識が反映されている可能性があることは興味深い。さらに、常滑と半田を別格扱いする感覚は、半島内における両地の歴史的・文化的さらには経済的な優位性を反映したものといえるだろう。

《事例9／常滑③》［公共施設非常勤職員／氏名不詳／女性／年齢不詳］

「シモに行く」という言い方は南知多町の方に行く場合に使う。常滑市内を意識して使ったことはない。シモは自然が多く、新鮮な物が色々とあるイメージ。実際に大きな店はないし、シモは「田舎」のイメージ。

《事例10／常滑④》［公務員／氏名不詳／男性／五〇歳代後半］

カミとシモという表現は、あくまでも地理的に名古屋を最もカミに位置付けた言い方で、自分の居住地を拠点として名古屋寄りはカミ、南側はシモと言う。上下関係を示す言葉としては意識しておらず、普通に使う。

《事例11／常滑⑤》［ホテル職員／氏名不詳／女性／四〇歳代］

石川県からここに嫁に来た。嫁いでからシモという言い方を聞き、印象深く思っていた。今は「シモに行って…」と普通に使っている。シモは半島の南の方を指すようだが、自分は特に南知多のこととして使っている。

事例9～11はいずれも半島南端部の南知多町をシモとみる事例であり、事例10は地理的な南北感覚を反映した意識として理解している。次に常滑市内でも中世以来の歴史を誇る大野町での事例を一つ紹介する。個人商店が立ち並び生活感溢れるたたずまいをみせる大野町は、日本最初の海水浴場「潮湯治」の場所としても知られている。話者は名古屋市出身で、芸術系の大学を卒業後、陶芸作家を志してこの地に住むようになった女性である。

《事例12／常滑⑥（大野町）》［アルバイト／氏名不詳／女性／二〇歳代］

カミとシモという言葉は大野町では新参者の自分でもよく耳にする。常滑市でもここはカミとされ、大野町から見たら常滑の市街地はシモの感覚がある。常滑市全体でカミ・シモの意識はあり、市南部はシモと言われている。常滑という土地は独立心が強く、まとまり感があるが、他とあわせようとしない。だから市の有力者の政治的判断もあり、常滑までしか名鉄はこなかったとも言われている。常滑、知多、東海は名古屋通勤圏という意識があり、新興住宅地の開発は名古屋通勤者や空港関係者を意識したもの。名古屋から見たら知多半島全体がシモだが、名古屋にいてそう思ったことはなかった。大野は古い町でまとまり意識が特に強いと感じる。大野と半田は半島内の中核地という自負があるため、両地は町おこしや地域活性活動で連携している。

歴史ある大野町は常滑市でも特別という意識があり、市域ではカミに位置づけられるという感覚を住民は共有しているという。と同時に市域のなかで北をカミ、南をシモと意識する感覚が存在している点は前述の事例と同様である。

## 三　南知多町で語られるカミとシモ

南知多町は知多半島の最南端に位置し、半島の東西両側を含む半島先端部である。西は伊勢湾に、東は三河湾に面し、西側の名鉄・内海駅が半島における鉄道路線の南端終着地点となっている。内海より先は道路による交通手段によって突端の師崎へと至り、その先の日間賀島や篠島を挟んで渥美半島が向き合っている。内海は半島を代表する海水浴場としても知られるが、廻船問屋・内田家をはじめ、海路の重要な拠点として近世以来、半島南端部の中心地であった。半島最大の観光地である内海や日間賀島には宿泊施設が多数林立し、夏は最大の稼ぎ時を迎える。

《事例13／南知多①》［公共機関職員／K・Hさん／女性／四〇歳代］

半田市の亀崎出身。南知多町に嫁ぎ、町の観光関係の仕事についている。半田市の亀崎に自分のアイデンティティがある。亀崎は半田のなかでも特別にまとまりがあり、祭りの時には年齢の上下を反映した人間関係が重要視される土地柄である。

内海は南知多町のなかでも特別な場所。町内でも特に栄えてきた場所だけに住民には内海が中心という自負が強くある。南知多のなかでは内海がカミで、シモは師崎とされる。大井、山田、乙方など町の東側は農村的な田舎で、町の東側と西側にカミとシモの感覚はない。内海など西側が海水浴場として有名なのに対して、東側は砂が大きいため海水浴向きではなく、潮干狩り中心になっている。

半田の人も内海の人も、みな自分の土地が一番だと思っている。知多半島はそれなりに食べていける場所で貧しいという意識がほとんどないから、それぞれの生まれた土地が一番と考えるのではないか。

これまでの事例でみてきたように南知多町は半島内で田舎染みたシモという感覚で捉えられる場所である。しかし、この事例のように、町域で最も栄え半島内最大の観光地と呼べる内海を特別な場所、すなわちカミと捉える感覚が存在している。こうした内海の優越する感覚は以下の事例でも明らかである。

《事例14／南知多②》〔宿泊施設若女将／Ｓａさん／女性／三〇歳代〕

千葉県松戸市出身。東京でご主人と知り合い内海に嫁ぐ。

こちらに嫁に来てからカミとシモのことを知った。南知多町では内海が中心地。豊浜は確かに役場のある中心的土地だが、何といっても内海が最も開けた場所で、半島最大の観光地。豊浜の人の息子が嫁を貰う場合も、学校の関係からわざわざ内海に家を建てて移ってくる人も多いほど。だから内海が中心だと思う。

《事例15／南知多③》〔元教員／Ｓ・Ｉさん／男性／昭和二年生〕

内海出身。豊浜と内海は明らかに言葉が違う。豊浜は言葉がきたないが、内海は綺麗な言葉で「おおきに」「わしなぁ」など語尾が下がってやさしい感じがする。関西の言葉が入ってきていると思う。しかし名古屋に行って田舎の言葉を出すとペシャンコにやられたことがあり、ショックを受けたこともある。

半田高校（旧七中）は知多郡唯一の高校で、自分が若い頃は同校へ南知多町から行ったのは内海が最多だった。自分の時は六人。半田以南では内海が一番だ。半田に寄宿舎があったが、半分は河和から鉄道で通った。

《事例16／南知多④》〔宿泊施設女将／Ｓｂさん／女性／六〇歳代〕

内海は南知多町では最も栄えた場所で、江戸時代は「味噌だまり」などを江戸や方々へ船で運び、帰りには様々な物産を当地に持ち帰ったという。今も味噌を造っている家が一軒だけ残る。廻船問屋も多くあり、羽振りの良い檀那衆がいたため花街としても栄えた。内海にはまだ黒塀の面影が残っている。半田も「味噌だまり」が有名で、半田で造られた味噌だまりは内海川を使ってここまで運び、さらに船で江戸などへ運んだという。

今でも内海は昔からの雰囲気を残していて、行政上の中心地で町役場が置かれる豊浜の人は遊びに行くといえば今でも内海。そんな場所だから今もおおらかな人柄や雰囲気がこの町にはある。豊浜は昔から漁師町で、内海に比べると人間が堅く、しっかりした人が多い。隣町なのに性格は随分と違う。漁村だった豊浜には集団（地域）にまとまりがあるが、内海はヨコのつながりは強くなく、みな自分自分で好きなようにやる土地柄。

日間賀島など島では嫁がおらず、島内だけで縁づくのは無理。息子を名古屋に修業に出し、名古屋で嫁をみつけてくるケースが多いので、名古屋出身の嫁が多くなったと聞いている。内海あたりも名古屋出身の嫁が増えた。この辺でも嫁に出すのには一〇〇〇万はかかる。内海でも、それなりの人はみな名古屋と同じ。

このように、町役場の所在地である豊浜よりも歴史的・経済的・文化的な優位性を主張し、豊浜より北に位置して鉄道路線の終着点として観光地化も進んだ内海。半島全体のイメージとしてはシモの感覚で捉えられる南知多町にあって、内海は町内のカミとして意識されていることがわかるだろう。

## 四　知多市で語られるカミとシモ

常滑市の北に位置する知多市は、名古屋の臨海工業地帯として戦後、特に昭和四十年代から大きく変化した場所である。文化的・経済的にほとんど名古屋を向いて生活していると言われている。いわば名古屋志向で名古屋のベッドタウン的場所として位置付けてよい。これは東海市や大府市も同様である。

《事例17／知多①》［公務員／Y・Sさん／男性／昭和二十三年生］

知多市生まれ、知多市育ち。シモは普通に使う言葉。知多市内でも南側の場所を指してシモと言う。しかし、普通シモと言う場合は知多半島全体を対象にして使い、特に南知多を指す場合が多い。「シモに行く」ではなく

「シモに○○を食べに行こうか」という使い方を自分はよくする。新鮮な海産物をわざわざ食べに行く以外の目的でシモに行くことはほとんどない。が、カミという言い方はしたことがない。

半田はとにかくプライドの高い場所で有名。半田が知多半島で一番という意識を常に半田の人は持っていると思う。昔から西側は大野、東側は半田が中心地で、大野が寂れてきた現在は特に、半田中心の意識があるようだ。

《事例18／知多②》［公務員／氏名不詳／男性／五〇歳代］

自分は野間で生まれて子供の時に半田に越した。その時に学校で「シモ、シモ」と馬鹿にされたことを記憶している。半田はとにかくプライドが高い場所。

《事例19／知多③》［公務員／氏名不詳／女性／二〇歳代］

半田市出身、高校も半田市内の高校に通った。高校時代、南知多町から来ていた同級生が一人いたが、自分から「シモから来ているから…」と喋っていた。自分ではシモという表現はあまり使ったことはない。

この事例17〜19でわかることは、シモには南知多の自然豊かな「田舎」のイメージが付随すること、さらには知多市内でも南北の表現手段としてカミ・シモの感覚が存在することである。また、偶然的な結果であるが、半島における半田の優位性も確認される。だが、カミもシモも知らないという事例もある。

《事例20／知多④》［公務員／H・Iさん／男性／昭和三十三年生］

知多市生まれ、知多市育ち。自分はカミも、ましてやシモという言い方もしたことがない。昭和六年生まれの父親も知多市の人間であるが、これまで父からも聞いたことがない。

I氏によれば、知多市の生活環境の変化は大きく、臨海工業地帯化が進むにつれて緑が少なくなったという。住宅地も増えて名古屋のベッドタウン的位置にある。だがI氏は車で移動する場合、同じ時間がかかるなら買い物は半島南部に行くと語る。車が多い名古屋は気ぜわしくて嫌だという。常滑も名古屋通勤圏だが独自のスタンスを保っており、半島では常滑が一つの境目という感じがあるという。常滑に新たな住宅地が造成され現代風の住宅が目立ち始めたのはここ何年かのことで、以前の常滑は古い工場（窯場）が沢山ある場所という感覚でしかなかった。これが、空港開港の影響と名古屋への通勤地として開発され変化し始めた、と周囲ではみている。

半田には郡役所が置かれ、今も知多半島では半田だけに愛知県の出張所がある。半田は半島ではとても住民のプライドが高い場所。近年の市町村合併で知多半島全体を一つの行政単位にという話があり協議もなされたが、結局まとまらなかった。合併協議では知多半島だから知多市という名称案もあったが、半田も常滑も名称をめぐって反対した。それぞれ自分の地名でなければまとまらない状況だった。昔は東西を結ぶ名鉄（愛知電鉄）の敷設も計画されたが、地主の反対にあって頓挫したと聞いている。現在でも半田と大野（常滑）は陸路での人の交流があるが、作家・新美南吉の小説にも大野で仕入れて半田で売るというくだりがあり、両地の交流は昔からのことのようだ。半田の中心は昔はJRと名鉄の半田駅周辺だったが、今は旧中心地は随分と寂れてしまった。知多・東海・大府は名古屋弁に近いが、半田・常滑より南は三河弁の影響が強いといわれている。言葉の面でも上記三市は半島のなかでも名古屋文化圏といえる。

《事例21／知多⑤》［ホテル職員／氏名不詳／女性／四〇歳代］

東京生まれ。知多市に嫁に来て三〇年。夜は真っ暗で人も少ないこの土地に最初はショックを受けたが、今はこちらの生活に慣れてしまった。「勤務するホテルの前の道は、夏場はひどく渋滞する知多自動車道をさけてシモまでつながったため、通行量がすごく多くなった」と語る。このように、今では会話のなかで自然にシモという表現を使うようになったという。シモは南知多のことだと認識している。ただ、カミという言葉は使わない。

《事例22／知多⑥》［公共交通施設職員／Aさん／男性／年齢不詳］

シモの表現は普通に使うが、カミはほとんど言わない。シモは常滑のことを指していると思う。もちろん、南知多の方までシモになるとは思うが……。

事例20から窺えるように知多・東海・大府の三市は言葉の面からも名古屋文化圏と捉える感覚があり、半島への帰属意識は高くないようにみえる。これに対して、半島を代表する中核地である半田・常滑を別物と捉える感覚が存在することは、この地が名古屋志向であることを示唆していよう。

## 五　東海市で語られるカミとシモ

東海市は新日鉄の城下町とも称される場所で、新日鉄釜石が閉鎖されて釜石から移住した人も多く、釜石の盆踊りが行なわれる地域性も有している。東海市は名古屋市のベッドタウンでもあり、知多半島への帰属意識が薄い場所と言われる。市内中心地の一つ太田川駅周辺は名古屋市の近郊地らしい佇まいで、知多市の朝倉や新舞子とは異なり、広い道路沿いには地方都市に典型的な各種大型チェーン店が並ぶ。アパートや大手有名マンションも多数建ち、瀟洒な今風の住宅も沢山建ち並んでいる。ただし農地も散見するなど、近郊農村の風情も残している。

《事例23／東海①》［タクシー乗務員／J・Kさん／男性／六〇歳代］

九州出身。東海市に来て一〇年、タクシー運転手を始めて八年。シモは美味しいものを食べに行く場所。自分でもここに来てから普通に使う言葉になった。武豊から南や半島先端の場所を指すことが多く、内海、河和、豊浜、師崎など南知多の方をよく示す。お客さんも「シモに行きたいがどこが美味しい？」などと普通に使っている。それでシモまでお客さんを乗せることもあるが、南知多までタクシーだと一万円はかかる。

東海市は名古屋のベッドタウンではない。大企業やその下請けや孫請けの会社も多く、ほとんどの人は東海市内で働いていると思う。だから、この土地の企業に縁のある人々が生活している場所だと考えている。

《事例24／東海②》［公務員／A・Tさん／男性／五〇歳代］

名古屋出身。常滑と半田は固有名詞で呼ぶが、それ以南はすべて「シモに行く」の対象。多くの人は半島に行く時はすべてシモと言っている。シモは方角の南ではなく、知多半島の先端のことだと思う。大府はシモではないから「大府へ行く」と言う。また、カミとは言わず、名古屋に行く時は「名古屋に行く」と言う。南知多の人は、自分が南知多に住んでいるとは言わず、内海に住んでいるとか豊浜だとか、個別の地名で居住地を表現する。なお、市内の名和という場所は伊勢湾に沿って上名和、下名和と呼ばれる。上（カミ）名和は名古屋寄りの場所。

気持ちとしては太田川駅（東海市）から南はすべてシモだと思う。特に意識しないまま何気なく普通に「シモに行く」と言っていたが、南知多が一番シモの印象が強い。だが、シモという言葉にさげすむ意識はない。阿久比高校に通っていた娘が、高校時代に「今日はシモから来る〇〇ちゃんと遊びに行く」と言っていた。

知多半島のなかでは半田だけが街らしい街。だから子供たちも知多半島のなかで遊びに行くといえば半田という感覚がある。日常の買い物は東海市内ですべて間に合うが、阿久比の大型店も買い物の拠点の一つ。また、道の混む名古屋にわざわざ買い物に行くことはほとんどなく、高級なものを敢えて買う場合だけ。東海市で新たに造成された地区に住む人は名古屋に通勤する人ばかりだ。名古屋ではシモやカミという言葉は聞いたことがないので、自分としては知多半島独特の言い方だと思う。

《事例25／東海③》［公務員／氏名不詳／女性／四〇歳代］

三河出身。東海市に来る前は名古屋に居住。ここに来て初めてシモという言葉を聞いた。息子はドライブに行く時など「今日はシモの方をまわってくるかな」と言ったりする。息子は半田や南知多から来た友人のことはみなシモから来たと表現する。だが、半田は半島のなかでは特別な場所で、仕事柄、県の出張所に行くのは半田だし、自分には半田がシモという感覚はほとんどない。

《事例26／東海④》［主婦／氏名不詳／女性／八九歳］

東海市生まれで東海市育ち。名古屋に行くのは「カミに行く」と言う。シモはここより半島の南に行く時に使う。シモという言葉にさげすむ気持ちはまったくない。

これらの事例は、半島先端部にシモのイメージを持つことでは共通しているが、半田や常滑に対する意識にはバラつきもみられるようだ。名古屋のベッドタウンとして半島への帰属意識が低いとされるこの地では、シモは東海市以南を抽象的かつ漠然と示す言葉として機能している可能性が高い。また、半田と常滑をそのまま固有名詞で呼ぶのは、やはり半島における両地の優位性に基づくものだろう。そして、南知多の人は町域内の個別の地名で居住地を表現するという事例24は、シモで一括されることを避けている可能性もあり興味深い指摘といえるだろう。

## 六　カミ・シモとノボル・クダル――二元論的世界観

本稿で取り上げた事例が示すように、カミとシモは確かに差別的意味を包含した表現であるが、この優劣の感覚が地理的な関係性をもって語られることを考えたとき、地理的な解釈や見解も確認しておかねばならないだろう。

知多半島において刊行されている市町村誌に記された方言や方向感覚に関する記述は、管見では次の文献の記述を根拠にアレンジしているものと思われる。河和町出身の鈴木規夫氏が昭和八年に著した『南知多方言集』がそれである。同書のなかで鈴木氏は「上・下」に関する表現を取り上げているが、「地理」の項目に記された「上」は「イイ」、「下」は「ヒタ」と発すると記されているのみで［鈴木　一九三三：五八］、これは「うえ」「した」の方言と考えてよいだろう。また、「住居」の項目では「上り口」を「アガリ（ト）」、「下り口」を「オリ（ト）」［前掲書：八〇］とする表現を紹介し、さらに鈴木氏は山本格安著『尾張方言』（寛延元年）に記された語彙のなかの一例として「あがる（天気になる）」［前掲書：一二二］を記している。だが残念ながら、いずれもカミ・シモの感覚を反映した語彙ではない。知多半島の市町村誌類をみても、地名に関する記述は大体以下のような具合だ。例えば『常滑市誌』も「地名の分割とは一つの地名でさし示した区域をもっと詳細に表示するために区域を分割して新しい地名をつけることである。その場合たいていは、上・中・下や口・奥・脇、前・後などの位置関係または東・西・南・北の方位を示す言葉を旧地名に加えた。（中略）方位は客観的なものであるが、どちらが上なのか、どこが奥かといったことは、その土地特有のものであるから、（前者の命名法は）やや主観的といえよう。近世の村絵図に上・下と書かれていた小字名が今では東・西や南・北と変わっている事例もみられる」［常滑市　一九八三：七九一］といった程度であり、本稿で取り上げるカミ・シモに直結する記述は皆無といってよい。

『日本国語大辞典』では、「かみ」（上）は本来「流れの上流のほう」「ひと続きものの初め」などを意味したが、後には「土地の高い所」「ある地域で中央に近い所」「人間関係における長上」［日本大辞典刊行会編a　一九七三：一一二］の意を示すように転じたとされている。知多半島における事例を考えれば、当然、名古屋を視野に入れて「ある地域で中央に近い所」という意味を想定するが、広義では都あるいは京都、上方の略語としての京阪地方、近畿地方をさす語として知られるようだ。また、近畿地方においては特に「大阪から京都をさしていう」［前掲書：一一三］ようである。推測するにこの地においても、漠然とした広域内の中央というより、やはり都あるいは権威の象徴が置かれた中央（土地）をカミの起点と考えてよさそうである。「都から離れている地域でも、その内で都に近い所」［同前］とも解釈され、尾張という限定した地域で考えれば名古屋を中央の都と位置付け、そこにより近い位置をカミと比定する思考は成立するものと考えられよう。

となれば、カミの対概念であるシモの意味は明らかだ。「流れの下流のほう」「ひと続きのものの末」を意味することの言葉が「地位や価値の低いもの」「中心から離れた地域」［日本大辞典刊行会編b　一九七四：一一一］へと転じたのは、対語として当然だろう。こうした語意ゆえに、シモには「大小便」、下品なことや猥らなことがら、体の部位としての陰部や臀部、家屋における勝手や台所、座としてのシモなど多様な意味が付与され、様々な状況で身近に使用される言葉となっているものと思われる。

そして知多半島の場合は、象徴的な権威に通じる価値観や地位の高低、名古屋を核としての半島内の距離感などを時には漠然と、時には具体的に意識させられた感覚としてカミ・シモの感覚が存在すると考えられる。半島という地形を反映しながら、北を象徴的なカミとする感覚が漠然としているのに対して、南側のシモは明確に特定の場所や地域を示すことや、シモは意識してもカミは意識しない感覚の存在などがそれを暗示している。

ところで、カミ・シモと同様、多くの事例にみられたノボル・クダルの感覚についてはどのように考えたらよいのだろうか。『日本国語大辞典』掲載の「のぼり」の項には、「低い所から高い所へ移動すること」「地方から都へ向かって行くこと」「列車・バスなどが地方から中央へ、また、郊外から中心部へ向かうこと。また、その列車やバス」〔日本大辞典刊行会編c　一九七五：四七〕などの解釈が示されている。一方「くだり」には、「高い所から低い所へ移動すること。また、流れのかみからしもへ行くこと」〔日本大辞典刊行会編d　一九七三：五〇三〕とあり、半島を一つの流れとみれば、カミから下るのがシモになると解せる。また、「都から地方へ行くこと」「町のはずれの方。また、遠く隔たった土地。土地の名の下につけて用いる。くんだり」「程度が低くなること。劣ること」「進むにつれてだんだん下がってゆく道。くだりざか」「鉄道の路線で、各線区ごとに定められた起点から終点の方向。また、下り電車（列車）を略していう」〔同前〕など幅広い解釈が展開する。都から地方へと行くことの意から転じて、江戸時代には江戸で上方の産物を意味したり、上方から江戸に来ている人を示す場合があったことはよく知られたとおりだ。つまり、時代の推移を越えて上方は西にあり、東の江戸へ上るとは言わないのである。そうしたことを考慮すれば、知多半島の事例は、歴史的言語としても理にかなっている。

半田市の事例で、知多半島から名古屋（尾張）に向かうことをノボルと称し、三河方面に出ることをクダルと称する感覚は、まさにこの「地方から中心（中央）」のベクトルを意味しており、中心が尾張・名古屋だと意識されていることは明白だろう。尾張の先には京があり、半島からみた尾張方面は間違いなくノボリなのである。現代では東京へ向かうことをノボリ、その逆をクダリとする感覚が一般的であるが、近代以降の皇居の移転により「上京」という言葉が意味を転じた結果といえるだろう。半島の付け根から東にある三河の先に東京があっても、尾張を中心と捉える感覚があれば、三河方面はクダリなのだ。ましてや尾張の先に上方がある。半島で意識されるノボル・クダルの感覚は、歴史的な領国感覚を背景としたものと考えることも可能だろう。

現代的視点に立てば、クダリ方向の三河には世界のトヨタを擁する豊田市があり、その経済的存在感は絶大である。名古屋と豊田は尾張と三河を並立させる存在にみえる。しかし、相変わらず「京へノボル」感覚は知多半島の人間のみならず、広く全国で意識されている。知多半島の土地感覚、方向感覚はある意味で近代以前のものといえるが、一極集中化し東京中心主義に陥ってしまった東京人の感覚にはない根源性を備えているといえないだろうか。

なお、半島と尾張・三河をめぐる関係は言語的痕跡のなかにも認められるようである。『新修半田市誌』は「知多半島基部、ことにその半島の西側は尾張系の影響を強く受け、半島南部と、ことにその東側は三河系の影響を強く受けている。知多は北または西からの尾張方言と南または東からの三河方言が激しく交ざり合う地域ということができよう。そして半田はまさにその接点に位置している」［半田市誌編さん委員会編　一九八九：三九一］としている。また、「この知多は、尾張と陸つづきであるだけでなく、東、南、西の三方を海で囲まれている。かつて、交通は陸路よりも海上の道がむしろ便利であった。（中略）半田でいえば、造られた酒・みそ・たまりなどが千石船などに積み込まれて京・大坂や江戸へ運ばれた。そうした機会を通じての人々の交わりの中で、他国のことばが交流のための必要にせまられたり、時には、一種のハヤリことばとして伝えられたことであろう。（中略）こうしたかかわりとも関連して、通婚圏の問題がある。かつては南知多が主として三河と、西知多が伊勢との結びつきが色濃かったことは知られている。その地方地方のことばをもって嫁ぎ、母となって、その子へことばを伝える。こうして長い間にその地方のことばに影響を与えるわけである」［前掲書：二九一—二］とも記している。尾張に接する半島の北西部分には尾張方言の痕跡が、南東部分には三河方言の痕跡が残り、さらに渥美半島と対面する南知多は三河との通婚が色濃く、志摩半島と対面する半島西側は伊勢との通婚が色濃かった。海上の道を介しての生活文化の連関が存在してきたのである。

カミは「上」、シモは「下」と表記する言葉である。同時にノボルは「上る」であり、クダルは「下る」である。カミ・シモ、ノボル・クダルはいわば「上・下」の共通する表記であり、対概念としての意味関係にある。知多半島からみて尾張方向へとノボル感覚と、三河方向へとクダル感覚は、つまりカミとシモの感覚とも相通じるものともいえるものだろう。たまたま半島が北を根っこ部分として先端が南へ向かう地形であっただけのことであり、いわば東西についても半島人は根っこからの地理感覚としてカミ・シモの感覚を持ち、そこに歴史的・領国的感覚も加わったカミとシモ、すなわちノボルとクダルの感覚が成立していると想像するのは難しいことではないだろう。

## おわりに

『北小浦民俗誌』のなかで柳田國男は、「北小浦は又下の小浦とも呼んで居た。しもの小浦の十八曲り、思うて通へばつらうも無い。斯ういつた恋の歌が今も記憶せられて居る。佐渡では一般に、シモと謂ふのが北のことであつた」［柳田ａ　一九六四：四四七—八］と記している。柳田はシモとは佐渡の方言で北のことをいうとしており、佐渡の事例と知多の事例に共通性は認められないように思われるが、果たしてそうだろうか。佐渡島は北東から南西方向へ延びた二つの楕円をずらして連結したような形状からなる。そして内陸とは遠い島の北側の旧外海府村に北小浦は位置している。つまりある意味では、島における北東側の半島状に延びた部分の突端近くに北小浦はあり、島の中央からみれば、たとえ方角的に北に位置していていようとも中央（カミ）に対するシモだった可能性はある。

この点について柳田は何も記していないが、そうした外れに近い位置だからこそ島でも不便な場所であり、恋する思いがあればこそ通っても辛くないと歌われたのではないだろうか。柳田は『民間些事』のなかでデイと称される奥座敷の表現などを取り上げるなかで、「現に佐渡の島にはシモデという語があつて下座敷を意味し」［柳田b　一九六二：四九〇］と記している。シモデは北側の座敷ではなくシモ（下）の座敷なのである。このことを考慮すれば、北小浦をシモ小浦と称したのは、北＝シモの方言という側面と同時に、カミ（中央）に対するシモ（外れ）の感覚があってもおかしくないだろう。座順（座）における民俗語彙であるシモザはカミザ（横座）の対語で、カミザは一家の主人の座であり、シモザはキジリとも称されてヨメの座とされた。男女同権の時代にそぐわない差別的語彙といえるが、このシモには明らかに「身分の劣った」「社会的地位の低い」という意識が反映されている。

知多半島におけるカミ・シモ意識のなかに、こうした差別的感覚が皆無でないことは前述したとおりである。しかし、半島におけるこの表現にはそうした差別感だけでは釈然としない、半島という地形が無意識のなかに織り込まれ、さらには近世以来の領国的歴史感覚も加味された生活観が漂っているのである。単純に北と南の方向感覚を基底にして半島全体を一つの塊としてみた場合のカミ・シモ感覚もあれば、一つの地域内部で完結するカミ・シモ感覚も成立していた。半田市と常滑市太田町に特化される半島の東西の中心地的位置付けも意識のみならず実態として存在し、とりわけ人口増の傾向にある半田市の場合、合併した旧三町という重層構造を持ちつつも半島における優位性を確保していた。各地にみられた内部完結型のカミ・シモ感覚が基本的に方向感覚に基づくものと考えられるのに対して、半田の場合は南北という方向感覚を基盤としない文化的価値観の表れとして東西の関係で内部完結型のカミ・シモ感覚が存在していたことは興味深い。さらに、南知多町の内海の場合なども含め、鉄道や道路などの交通手段を背景とした優位性や経済・教育環境などの充実度が反映され、現代の半島におけるカミ・シモ感覚と結びついていることは想像に難くない。

ただ、近世の知多半島において、常滑の大野、東海の横須賀、半田の亀崎、南知多の師崎が重要拠点であったことを考えると、カミ・シモ感覚を歴史的感覚の反映と単純に位置付けるのには疑問点も残る。さらには名古屋文化圏に位置する熱田神宮の信仰との関係性、半島全体にみられる近世以来の海水浴場や新四国八八か所巡拝といった観光的要素の影響など未分析の課題も残されている。そして何より、カミとシモの感覚を相対化しようとするとき、中心となる核をカミと位置付けるならば、中心部から離れた位置を示すシモは本来その周囲にあまねく存在し得る。半島を内陸側に重心を置いてみたとき、内陸部から海側に延びた地形ゆえにカミ・シモは明確化するともいえる。逆に海路を通じて交流を重ねてきた半島の歴史から顧みれば、半島突端部は行き止まりの終焉の地ではなく、広く外社会と交流する拠点とも認識され、そのカミ・シモの関係性は逆転する。したがって知多半島におけるカミ・シモ感覚は、内陸側からの文化的視点を反映するものであり、半島という地形ゆえに完結するものと推察されよう。だが、他の半島部やその他の土地でのこうした感覚の所在を筆者は寡聞にして聞かないし、残念ながらそのデータは確認できなかった。そのため「上下」という根源的な表現を広く相対化し分析するまでにはとても至れない。課題は多々残るが、いずれ本試論を批判しさらなる検証を試みる考察が続いてくれることを願うばかりである。

参考文献
・鈴木規夫　一九三二『南知多方言集』土俗趣味社
・常滑市　一九八三『常滑市誌』文化財編、常滑市
・日本大辞典刊行会編 a　一九七三『日本国語大辞典』五、小学館

・日本大辞典刊行会編ｂ　一九七四『日本国語大辞典』一〇、小学館
・日本大辞典刊行会編ｃ　一九七五『日本国語大辞典』一六、小学館
・日本大辞典刊行会編ｄ　一九七三『日本国語大辞典』六、小学館
・半田市誌編さん委員会編　一九八九『新修半田市誌』本文編下巻、半田市
・柳田國男ａ　一九六四「23　旅と旅人」『北小浦民俗誌』（『定本柳田國男集』二五）筑摩書房
・柳田國男ｂ　一九六二『民間些事』（『定本柳田國男集』一四）筑摩書房

付　記

調査に際しては左記の皆様方はじめ多くの方々にお世話になりました。お名前を記し心より御礼申し上げます。（以下、順不同、敬称略）

　半田市観光協会、半田市商工会議所、中埜酒造株式会社・酒の文化館、南知多町図書館、南知多町教育委員会、常滑市民俗資料館、常滑観光プラザ、茶房「きょう屋」、知多市歴史民俗博物館、東海市郷土資料館・平洲記念館、東海市中央図書館、渥美町郷土資料館、日本福祉大学知多半島総合研究所、榊原泰裕、坂本ちひろ、森　啓貴、大橋明宏、山下勝年、伊藤定男、日比桂子、清水敏弘、内田吉泰、山本勝子、高部淑子、瀬戸口龍一、植田重章、田中磨佐子、田中陽子、松本亀男、相川久紀、千賀康雄、石川秀男、菊池順一郎、立松　彰、その他お名前を伺えなかった多くの皆様

# 半島を縦断する愛知用水と民俗の変化について
## ――南知多町を中心に

亀井　好恵

### はじめに

知多半島の産業面を中心に地域経済を分析した論考によると、当地はわが国の他の半島地域と比べ産業活動の活発な地域であるという[1]。それによれば、わが国の主要な二一の半島地域のうち、知多半島は面積では全国一七位ではあるが人口では六位で、人口密度は神奈川県の三浦半島に次いで全国第二位の、人口密度の高い半島である。三浦半島には首都圏が、知多半島には中部圏が半島の根っこにあたる地域に展開するという地理的な条件も人口密度の高さに影響を与えている。

そのような地理的条件のなかにあって、知多半島は統計的にみたとき農業生産が意外に大きい（表1）。半島地域の面積が小さく、人口密度が高いなかにあって、農業生産が大きいということは、効率的に耕地の利用がなされていることが推測される。

全国的にみても農業生産高の高い愛知県である。その愛知県下にあって、知多半島地域の農業の特色はというと、愛知県全体と比較して水田の比率がやや低く、樹園地等の比率がかなり高いとされ、中部圏の大消費地を近くにもつことから野菜や花き、果実などの生産が盛んであるという。

表１　主要11半島地域の人口密度・農業粗生産額

| 半島地域名 | 面積 1995年（km²） | 農業粗生産額 1994年（億円） | 知多半島100とする指数（面積） | 知多半島を100とする指数（農業粗生産額） | 人口密度 1km²あたり |
|---|---|---|---|---|---|
| 知多 | 383.3 | 403 | 100.0 | 100.0 | 1,481.3 |
| 渡島 | 7,443.5 | 648 | 1,941.9 | 160.8 | 73.2 |
| 房総 | 3,007.1 | 1,919 | 784.5 | 476.2 | 676.4 |
| 三浦 | 166.8 | 180 | 43.5 | 44.7 | 3,464.6 |
| 伊豆 | 1,576.6 | 370 | 411.3 | 91.8 | 458.0 |
| 能登 | 2,207.4 | 468 | 575.9 | 116.1 | 146.6 |
| 渥美 | 477.1 | 1,420 | 124.5 | 352.4 | 983.6 |
| 志摩 | 914.8 | 215 | 238.7 | 53.3 | 300.2 |
| 島原 | 733.1 | 726 | 191.3 | 180.1 | 401.9 |
| 長崎 | 735.0 | 321 | 191.8 | 79.7 | 816.1 |
| 薩摩 | 1,768.1 | 1,153 | 461.3 | 286.1 | 482.5 |

＊泉 俊衛「統計指標に見る知多半島の地域経済」（『知多半島の歴史と現在』NO.9 1998年）より作成

ところで、先の基礎資料となる統計データは、少し古いとはいえ一九九七年のものである。かつての知多半島は水に恵まれず、かなりの平たん部があるにもかかわらず高度な土地利用には適さない地域であったという。農業用水として構築された溜池の発達はみられたが、その低地面に水田が広がるものの十分な土地利用とは言い難かったのが現実であった。

今日の知多半島が効率的に耕地を利用できるようになった背景に、半島を縦断する愛知用水の存在がある。愛知用水の開通の当初の目的は、土地利用に遅れた知多半島の農業用水の確保にあったからだ。

知多半島が水に恵まれない土地であったというのは、降水量が少ないからというよりも、降った雨がすぐに海に流れ込んでしまう台地状の地形であるためといわれている。大きな河川もないことから干ばつの起こりやすい地域であった。そのため農業用水のみならず生活用水にしても、井戸を中心とした生活用水は地形的な理由からも不十分で、半島南端部に位置する南知多町師崎では常に水不足に悩まされていた。ソブまたは蛤水とよばれる、赤っぽく濁った鉄分の多い水質不良の井戸水の利用を余儀なくされていた師崎では、一九五二年頃から簡易水道敷設の動きが始まったものの、地区人口の二〇パーセント程度にしか行き届かず、多くは井戸水に頼った生活であった。水不足の生活からくる、赤痢やトラホームといった疾病に悩まされることも多かった。

愛知用水はいわば内陸部と知多半島の突端、はては島嶼部をつなぐ水の道である。木曽川を源とし、知多半島を縦断するように開通した水の道は、結果的にその受益地域へ十分な農業用水、生活用水を供給することになった(2)。この出来事は半島地域の人々に、半島の突端に生活の拠点を置きつつ、水の流れ来る上流地域を意識させることになったであろう。本稿は、一九六一年に開通した愛知用水を地域に生活変化もたらした要因の軸にすえ、愛知用水が受益地域の生活や民俗に及ぼした影響について考察するものである。地域を南知多町に選定したのは、南知多町が知多半島の先端部にあり、愛知用水の導水地から遠方に位置すること、さらに半島のなかでも生活用水に困窮していた地区、師崎を抱える地域であったことによる。

## 一　愛知用水の開設まで—地元民の運動から

愛知用水は木曽川上流の長野県王滝村の牧尾ダムより取水し、愛知県犬山市を経て知多半島先端まで、幹線水路一一二・七キロにおよぶ用水である。その水路は知多半島を縦断するように走っている。南知多町の生活変化の要因となった愛知用水の開設までの住民側の意識を中心に、愛知用水土地改良区編『五十年の歩み』（二〇〇二年刊行）を参考に概略をまとめる。以下、とくに断りにないものに関しては『五十年の歩み』を参考文献とする。

知多半島は水に乏しい地域であったという。知多半島の気候条件は、雨量が少なく、昼夜や夏冬の気温の差が大きいという内陸性気候にあたる。愛知用水開通以前の一九五一年の観測記録によると愛知県東部の山間地では年間の降水量は二六〇〇ミリを超え、知多半島と海を隔てた渥美半島でも一七〇〇ミリ以上あるのに対し、知多半島の大部分では一六〇〇ミリ以下であった。とはいえ、この降水量は当時の日本の平均値に近く、極端な少雨地域であるとはいえない。知多半島の乏水性の要因となるのは気候条件よりもむしろ地形条件にあるという。つまり、知多半島は台地丘陵地で大きな河川がなく、降雨があっても表流水の利用が難しい。その地理的条件が、比較的少雨の知多半島の乏水性をより深刻にした。(3) そのため愛知用水がなかった時代の農業は、溜池に頼る不安定なものであった。

明治末期から大正にかけ、当時、知多郡冨貴村の村長であった森田万右ヱ門は明治用水（一八八〇年開設）と同様の農業用水を知多郡にも開設することを提唱し、郡農会を中心とした篤農家、有識者、農村の青年男女を集め、水不足に悩む知多半島の農業振興についての講演を精力的に行った。このときの聴衆に、戦後愛知用水開設に尽力した久野庄太郎がいた。

昭和初期になると行政主導による用水建設の動きがあらわれる。愛知県木曽川疎水計画（昭和六〜十年）は木曽川上流の長野県木曽郡木曽村薮原にダムを建設し、犬山から現木津用水を利用して導水し、尾張東部を潤す計画であった。この計画は名古屋市の上水道の拡充が主で、知多半島の農業用水供給に関しては目配りの不十分な計画であったが、戦後の愛知用水事業につながる計画といってよいだろう。

農業用水の確保を目的に知多半島の農民の間に用水開設の意識が高まったのは、戦中・戦後の干ばつ年の米の供出割当であったという。さらに東南海地震（昭和十九年十二月）と三河地震（昭和二十年一月）の二回にわたる大地震は当地の食糧事情をさらに悪化させることとなった。愛知用水開設の尽力者である久野庄太郎が木曽川からの導水、愛知用水の開設に動きだしたのは昭和二十三年早春のことである。この動きは知多半島地域の農村同士会を中心に高まりをみせ、同年八月には愛知用水期成会が発足し、計画の練り上げと地域住民への説明会の実施、中央政府への働きかけを進めていく。

当時の愛知用水計画をみると、この計画の特色として①水田の畑地化②畑地のかんがい（一般畑作・果樹・蔬菜）③商工業・飲料水④溜池利用による洪水防御を旨とするものであった。また、これによる受益として、①田畑の増収②土壌水分の増加により牧草が繁茂し畜産業の発展が見込まれる③原料の増加と用水補給ならびに電力増加により農村工業の発展⑤工業用水・水道用水・防火用水・衛生用水の供給増⑥海産物の増加、ノリ・魚介類の増加⑦電力の増強、が掲げられている。そして、愛知用水の必要性等に関して地域住民に対しては各地の農村同士会が中心となって説明会を実施していく。知多半島の各地でおこなわれた説明会の様子は『五十年の歩み』に詳しいのでゆずる。南知多町では展開された愛知用水の説明会の様子を、啓蒙する側の一人として参加していた師崎の石堂久二氏は次のように述懐する。

　愛知用水が開通するという話は住民にとってにわかに信じられない出来事だった。岐阜の方から水が来る、という話は、いくら説明されても「本当に信じてよいものか」という、期待と不安の入り混じった複雑な思いを住民に与えたのだろう。

　愛知用水の水は、本管は町で敷設するが、本管から各戸へ水を引く支線は各戸負担となる。また、その場合は町の水道課（当時の呼称は不明）に加入しなければならない。

経済的な負担があることから、身近なところに井戸のある人は加入しなかった。

愛知用水の説明会はきちんとした集落の会合（師崎の全体会議）ではなくて、小さな集まりでのものだった(4)。愛知用水建設運動はその後、政府への陳情、TVA方式を取り入れた新しい時代の民主的な用水建設への熱気あふれる運動へと高まっていく。しかしながら、知多半島の先端部にあり、生活用水の欠乏を実感していたはずの師崎の住民にとっては、導水先の木曽川があまりに遠く感じられ、知多半島を縦断する愛知用水の計画が夢物語にしか感じられなかったのだろう。しかも用水の恩恵に浴するには各戸に経済的な負担が課せられる。今日となっては当時の冷

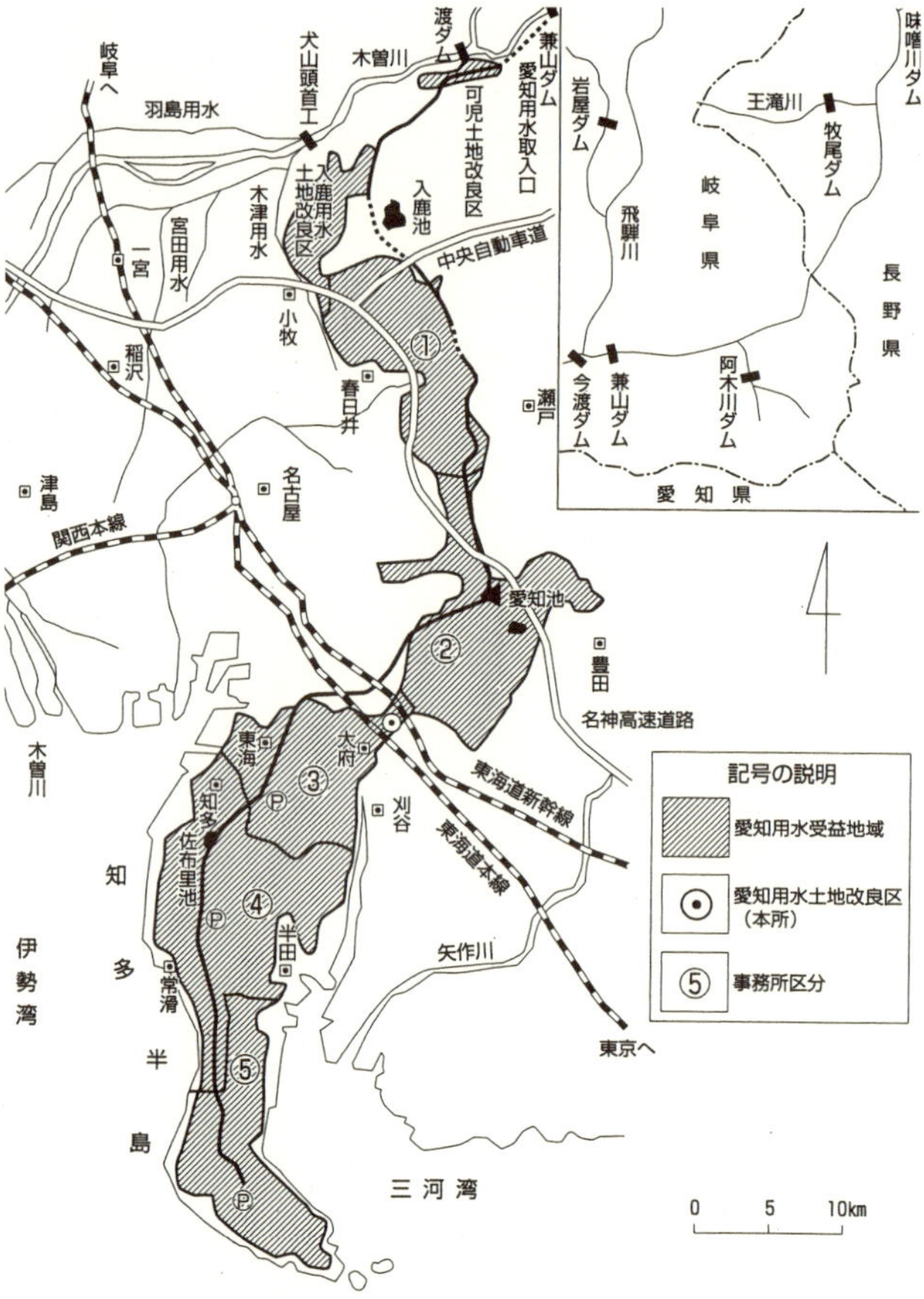


図1　愛知用水土地改良区概要図

注　『愛知用水土地改良区五十年の歩み』より

めた住民反応は想像しがたい出来事であるが、その後の住民生活を大きく変化させることになる愛知用水建設を前に、躊躇するさまがうかがわれる。

愛知用水建設の動きはその後、一九五五年に愛知用水公団が設立され、一九五七年牧尾ダム建設が着工、一九六一年九月に竣工、通水となる。愛知用水の建設運動当初は水田灌漑用水、生活用水の確保といった住民の生活利益を中心としたものであったが、計画が進むにつれ農業用水、上水道用水のほか、工業用水、発電の多目的水利用の国家的な開発事業となっていった。半田市周辺では、工業用水の確保を背景に産業の発達をみせた。

愛知用水の通水による南知多町の受益は、農業用水に関するものと生活用水に関するものと二別できる。以下では農村用水受益地域は豊丘地区の新屋敷を、生活用水受益地域は師崎を中心にして生活や民俗の変容について述べる。

## 二　農業の発展と愛知用水

### ①豊岡地区の県営ほ場整備事業と耕地の拡大

南知多町において、愛知用水は町を縦断するように通っている（図1）。もとより愛知用水は農業用水として将来の農業発展を期待するものであったが、南知多町では地形上の難点、農業用道路の不備などから農業の機械化が遅れ、十分な利益をあげることができなった。一九七〇年以降は知多中央道および南知多道路が開設し、大消費地である名古屋市との流通も容易となったため、南知多町では近代農業への転換を目的として農地開発事業が進んだ。開拓パイロット事業ともよばれる農地開発事業である。農地造成は農業用水の安定的な供給と並行する。ここでは愛知用水の二期事業によって広がる農地と給水の状況と、その後の生活変化について豊丘地区を中心にみていくこととする（写真1）。

写真１　内福寺ポンプ場　真ん中の太いパイプで水揚げし、山海工区・初神工区へ自然流下させる

豊丘・大井地区の農地整備事業は県営ほ場整備事業とよばれる。一九八一年に作成された概要書によると豊丘、大井の

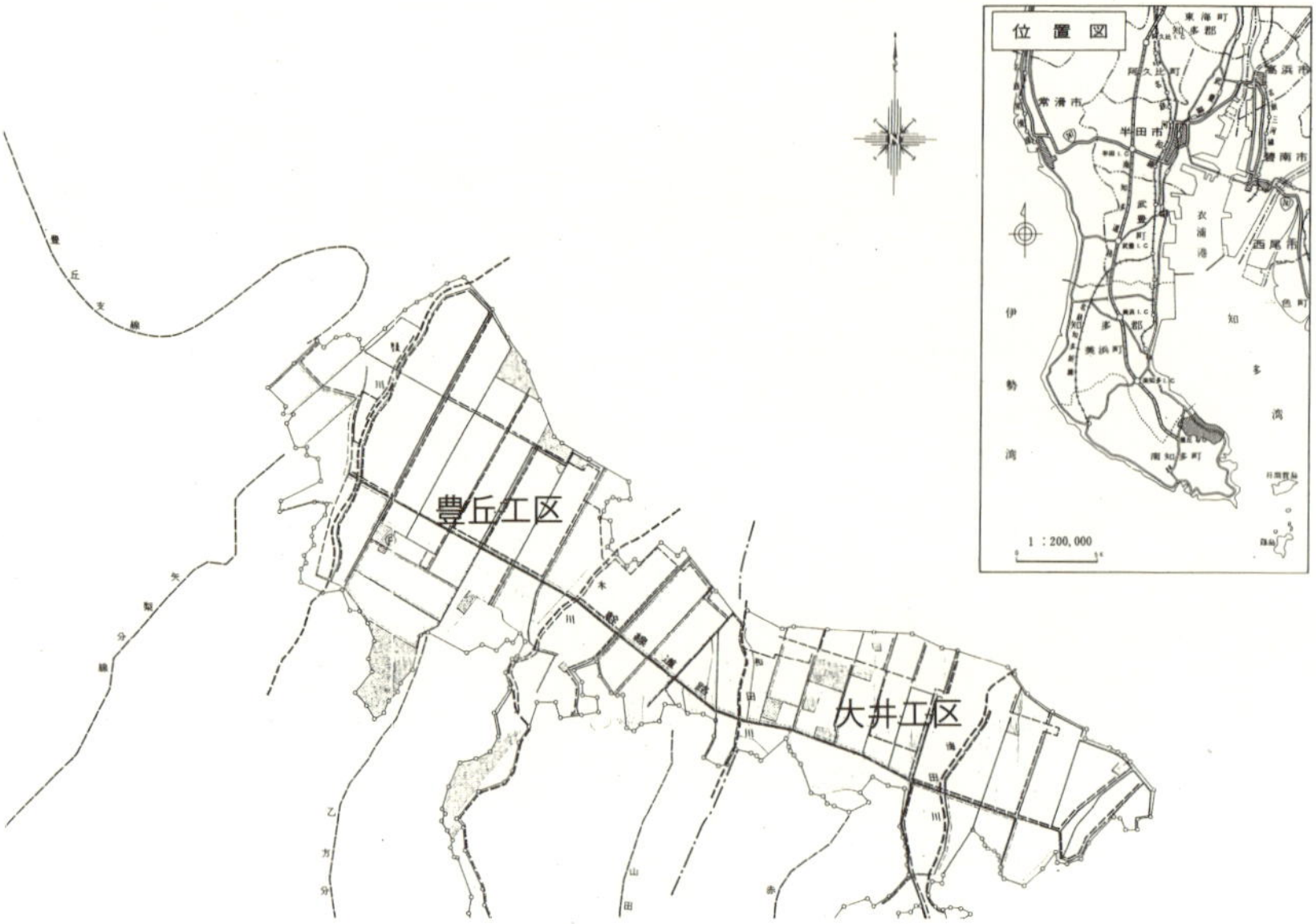


図２　計画概要図

用水は愛知用水の幹線導水路、豊丘、師崎支線や各分線によって達しているものの、地区内の水路は整備されておらず、配水に支障があった。図2は開発事業以前の地形図の上に計画概要が載せられた計画概要図である。この事業により、耕地整理とともに配水路の整備がなされたことがわかる。

　さて、知多半島では通水以前の灌漑設備は溜池を中心としていた。知多半島には約九六〇〇もの溜池があり、通水以前のその灌漑率は六八・七パーセントにも及ぶ[5]。溜池は谷頭に位置し、その谷にある水田に用水を供給する。愛知用水はこれらの溜池を積極的に利用し、幹線水路から延びる支線よりいったん溜池に貯水させた後、かつての用水路を利用して各水田へと供給された。県営ほ場整備事業による耕地整理のため豊丘地区にあった小さな溜池のいくつかは埋め立てられ水田となったが、乙方と新屋敷の二つの集落の中間の谷間に位置する布干新池では、この方式がとられている。すなわち師崎支線から分れる乙方分線によって運ばれた用水はそのまま布干新池に注ぎ込まれ（写真2）、その後は標高差を利用した自然流下のパイプラインによる貯溜灌漑方式がとられている（写真3）。水田への配水には写真4のような設備が整えられ、調整された。耕地にひく用水は従来開渠だったが、それだと用水の水が垂れ流しで海に流れてしまう。そこで暗渠にするさいは、パイプ管から蛇口をつけて必要な分だけ耕地に水が引きこめるようにした。

愛知用水の通水前と後の耕地変化の様子を地形図によって見比べてみると図3、4のようになる。乙方と新屋敷の集落から海岸線に伸びる地帯はかつて蟹川、木川の間に小さな溜池が点在し、小規模な水田が散見していたのみであ

写真２　布干新池（豊丘）

写真３　道の両側には、布干新池からのパイプラインが埋められている

写真４　水田への配水

図３　国土地理院発行　昭和24年
５万分の地形図利用

ったのが（図３）、整備事業後はまとまった面積の水田と畑地、丘陵地を切り崩して整備された果樹園がみえる（図４）。

② 字山田新屋敷の農業の変容

豊丘地区字山田には本郷と新屋敷のふたつの集落が含まれる。地名からも類推されるように新屋敷はかつて本郷から分れたものといわれている。ふたつの集落を合わせ、字山田には一三〇戸ほどあったという。愛知用水の通水前後の当地の農業、水にかかわる生活について聞き取りを中心にまとめてみることにする。

このあたりは各家に井戸があったため、生活用水に困るということはなかった。ただし、同じ山田でもその水質は異なる。本郷は師崎層とよばれる地質の上に形成されているため、井戸水は白く濁ったものになる。対して新屋敷は常滑層とよばれる地質上に形成されているため、無色透明の井戸水である。

地質の違いは景観や作物の種類に影響する。豊丘地区だけでは分かりづらいが、南知多町全域に目を向けるとこれはよくわかる。南知多町の地質は師崎層と常滑層に大別される。師崎層（群）は日間賀累層・豊浜累層・山海塁層・内海累層に細分される。砂岩・泥岩からなる地層で、凝灰質の部分の多いのが特徴である。層の名称からも知れるように日間賀・師崎・豊浜・山海・内海といった伊勢湾側の集落の多くは師崎層群に立地する。常滑層（群）は師崎層（群）を不整合におおい、知多湾側の大井から半島北方へ、知多半島の大部分を形成する地層である。下位は砂礫、上位は粘土・シルト・砂の互層からなる。[6] 南知多町を海岸に沿って移動するとき、東西で景観がことなるのは地層の相違による。住民の感覚では師崎層は岩盤層、常滑層は泥土の層と認識されている。

図４　国土地理院発行　平成３年
５万分の１の地形図利用

地層の違いは作物の生育にも左右し、町の西側で盛んなキャベツ栽培も内海側では中身にしまりのな

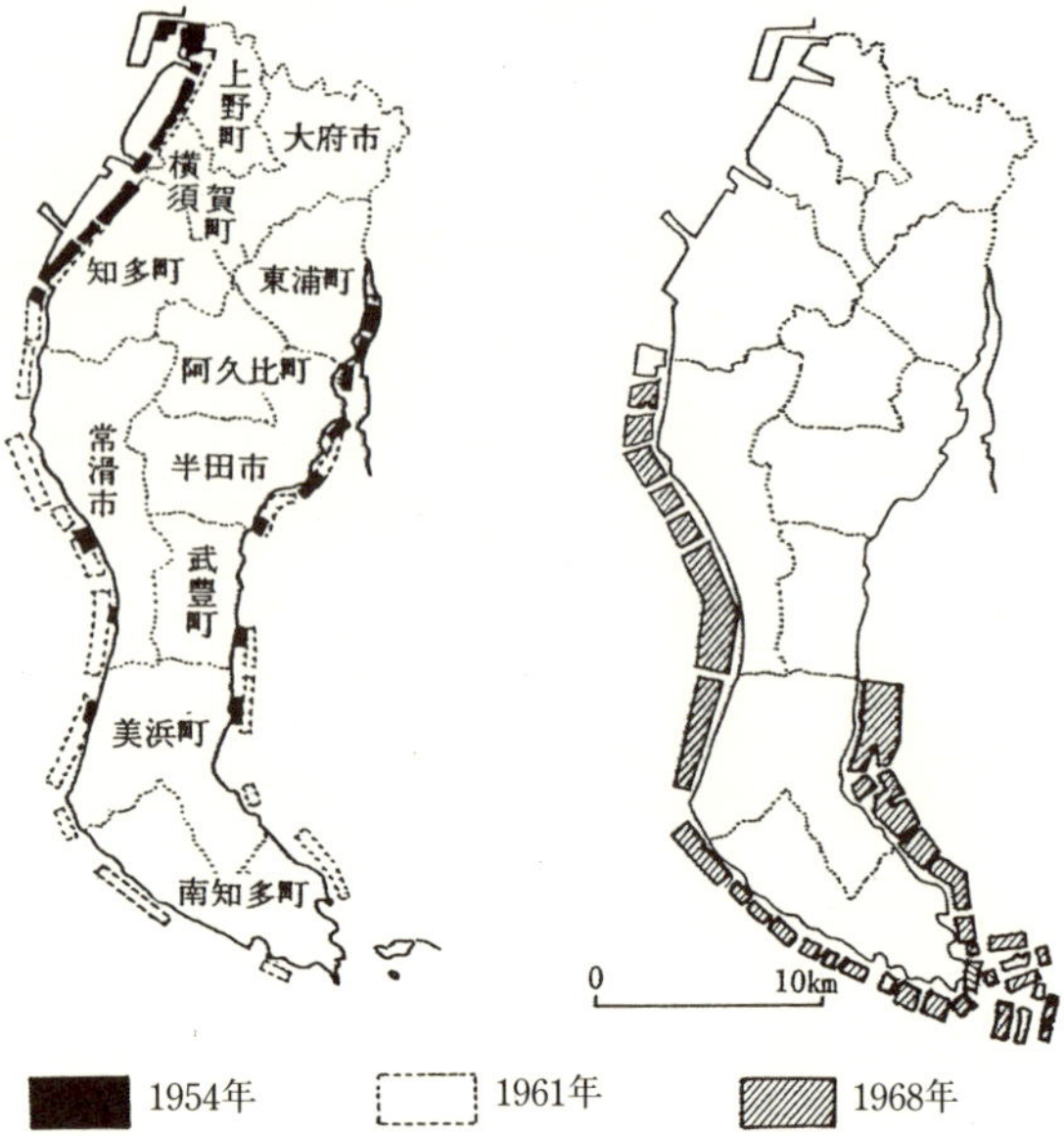


図5　知多半島沿岸のノリ養殖場の移動

『南知多町誌』より

い出来となってしまうといい、適さない。本郷と新屋敷の井戸水の水質の違いはふたつの地層がこのあたりでは入り組んでいることをしめしているよう。(7)

愛知用水の恩恵は新屋敷の場合、おもに農業用水にあった。新屋敷の農業生産物のおもなものはキャベツ、サツマイモ、カボチャ、ジャガイモであった。水田で二毛作をする家もあったが、天然の溜池に灌漑を頼っていたため、水量が不安定なため収量は安定しなかった。畑地への灌漑は溜池から水を汲み、天秤棒で担いで運ぶというもので、干ばつ時の多い土地柄では水田と同様に収量は安定しなかったという。

冬場になると溜池の堤の補強作業は普請で行われた。池普請といって一軒につき一人がでて作業をする。愛知用水以前はムラ普請であったが、今日溜池は町の管理下におかれている。(8) 管理が町に移行したため、かつての池普請の形は失われている。

農業生産高が低かったのと、漁場を抱えていたこともあって、豊丘では農業と漁業を兼業する家もあった。漁業では角立網が主であったようだ。ノリの養殖も一時盛んに行われた。知多半島南部のノリ養殖については大井漁協で開発された大井式浮き流し養殖が有名であり、隣接する豊丘でもこれを取り入れ養殖するようになったという。より盛んになったのは愛知用水通水後のことという。大井式浮き流し養殖の研究開発自体は、愛知用水通水以前から大井漁協を中心になされていたことではあるが、図5にみるように、通水後の一九六八年には南知多沿岸部でノリ養殖場が増加している。ノリの加工過程に必要とされる真水と愛知用水からの安定的な水の供給が、どのように関係していたかは今後の課題である。

畑作に関係したところではキャベツ栽培の発展がみられる。もともとキャベツはこのあたりではよくとれたというが、昭和三十年代初頭、春キャベツである「愛知大晩生」が改良、出荷されるようになると知多半島の栽培農家では栽培の六割方がこの品種を栽培するようになった。今は「愛知大晩生」をさらに改良してつくられた「サワーキャベツ」が栽培されている。

野菜農家にとって安定的な水の供給は農業経営に広がりももたらしたようだ。そのひとつに「こだわりの野菜」の提供があげられる。これは「あかつきグループ」と称される大井の農家の婦人グループの活動から始まる。一〇年ほど前からその活動は始まった。「こだわりの野菜」とは化学肥料を使わず、ボカシとよばれる有機肥料で育てた野菜のことを指す。ボカシとはこの辺りで盛んな畜産業で排出される糞尿をもとに、米ぬかと混ぜて発酵させた肥料である。今では南知多各地に直売所が設けられ、農家の有志婦人を中心に、消費者の反応をみながら先のキャベツ等、有機肥料で育てられた野菜の販売を行っている。農協へ出荷すると消費者は生産者にとって影の存在となってしまうが、直売所で消費者と直に向き合って野菜を販売することで、自分たちの農業に張りがでるとの農家の意見もあり、消費者にとっても食の安全が脅かされている今日、生産者の顔を見ながら野菜を手にとれるのは安心といってよいだろう。

畜産業もまた、愛知用水通水後、大きく発展したものである。通水前後では飼育農家数こそ減少しているが、飼養頭数の増加がみとめられ、自給飼料の増産対策として水田からの転作が試みられている(9)。このようにみていくと、愛知用水の通水は、直接間接に当地の農業の発展に寄与しているといってよいだろう。

## 三　生活用水の変容と民俗の変容

### ①　師崎の井戸と愛知用水

知多半島の先端に位置する師崎は古くから漁村として栄えた地域である。師崎では生活用水をもっぱら井戸に頼る生活が続いていた。愛知用水通水以前、師崎には約六五〇戸に対し、井戸は約二〇〇個と少なく、しかもソブ（蛤水）とよばれる水質不良の井戸水が大半であった。生活用水の慢性的な不足からか顔を洗わない子供も多く、トラホームに罹患するものも多かった。洗濯もままならない状態であったという。

水不足解消のため、簡易水道の施設がつくられた。しかし、一九五三（昭和二十八）年の師崎地区の給水人口はわずか六〇〇人で地区人口の約二〇パーセントに満たない状態だったので、その後昭和三十一年には大井南部地区、片名と順次つくられていったが、水源には限度があり、それでも夏季には慢性的な渇水状態であったという。[10] 師崎は師崎層と常滑層が複雑に入り混じっている地層で、そのため水質不良の井戸と、水質がよく比較的水量のある井戸と、隣家であっても井戸水の質が異なっているのが特徴である。

ここでは愛知用水の引き込みと井戸に関係する民俗を、愛知用水以前と以後の変容を意識してまとめておきたい。

愛知用水の通水が慢性的な水不足の解消を住民にもたらす歓迎すべき機会であったのに、説明会での住民の反応が鈍かったのは、先にもふれたように、本管から各戸に水道を引くのに経済的な負担がのしかかってくることへの懸念が大きかったことによろう。それでも蛇口を捻れば常に上水が利用できるという便利さから、通水後には徐々に水道を引く家が増えていった。

水道を各戸に引き込む際、どこに支線を通すか。某家では玄関下を掘って台所へ通すことになった。ところで師崎では、玄関（カド）にはドコウジンサマ（荒神）がいらっしゃると信じられていた。家の荒神様は寒い時分は家のカマドに入っている。しかし春先になると家の玄関（カド）に居を移す。カドに居る間はドコウジンサマと呼ばれていたという。子どもなどがカドの所におしっこをかけているのを見ると、「ドコウジンサマが居るから」といって別の場所に移動させ、夏の暑い時には「カドも暑かろうに、そんな時はドコウジンサマはどこにござるのだろう」と心配したり、カドがドコウジンサマの居場所であることはしっかりと認識されていたようだ。ところが水道の支線を通すとき、某家ではドコウジンサマの居るカドを掘らなければない。そこで塩でお清めをしてから掘ったという。

図６　現在残る井戸　2007年３月調べ

　水道が普及しても井戸をそのまま残すところもある。字荒井の共同井戸（図６中のA）は、近くに津島神社があるため「おてんのんさまの井戸」と親しまれている井戸だ。この井戸では、通水以前は年に一回、旧七月十六日に井戸替えを行うのが常であった。十六日はヤブイリで仕事が休みの日であるから共同作業をするのに適していたからだという。この共同井戸は口の部分が直径一・三メートルくらいだが、底に近づくにつれタコつぼ状に広がっている。深さは一・五メートルほどという。井戸替えの時は底の水を全部かきだし、まわりの石を洗う。「井戸替えは井戸に感謝する日である」との意識が強かった。井戸の底は岩盤で、水はまわりから浸みてきていた。

　水道を使うようになってからも「いつか水に困ったとき

に使わにゃならん」との考えから、消防訓練とタイアップしてここでは井戸替えを行っていた時期もあったという。しかしいつの頃からか、井戸替えはしなくなって今日に至っている。

町で指定し、管理されている井戸もある。個人の家の井戸も、使っていないようだけれども埋めてもいない井戸がいくつかある（図６）。その裏には「水道は一〇〇パーセント万全なのか」の考えもあるのではないかと思われる。[11]

一方、井戸を埋める家もあり、埋めるときはお祓いをしてもらってから埋めるという。お祓いしてもらうのはその家の主人の好みが反映しているとみえ、僧侶であったり神主であったりまちまちである。総じて効くと評判のよい方にお祓いをお願いする傾向にあるようだ。

② 浜井戸のお祓い

師崎には、水質もよく、涸れることのないといわれた共同井戸があった。字鳥東にある大きな井戸で、浜井戸または大井戸とよばれている（図6中のB）。師崎の各所にある井戸は個人持ちの井戸も共同の井戸もどちらかというと水質が悪く、水量も十分でないため、浜井戸の水を飲み水にするため、師崎の多くの人はここに水を汲みに集まったという。洗顔や洗濯の水は自分の家の井戸でまかない、飲み水は浜井戸の水を利用するという人も多かったときく。家の近くの井戸の水が涸れた時には、師崎中の人がここに水を汲みに集まったといってもよいくらいで、順番待ちして汲んだものであった。順番といってもただ並んで、井戸の底に少しづつ水をため、一杯汲んだら後ろに並び自分の番が来るのを待つといったもので、汲む時間帯や地域の順番が厳密に決められていたのではない。他の井戸が涸れていても、この井戸だけは一晩もすれば水がたまっていた、良い井戸だったという。浜井戸は「師崎の命の水」だったといってよいだろう。浜井戸に釣瓶は備えつけられていなかったので、各自が用意し、思い思いの場所から汲んでは天秤棒で担いで各家へもっていった。

師崎の命の水、浜井戸に異変が起きたのは伊勢湾台風（一九五六年）のときだった。この台風の被害で浜井戸は潮を被ってしまったため、それ以降は水質が落ちていったという。

愛知用水が通水するとしだいに浜井戸を利用するものもなくなった。利用されなくなってからしばらくの間、浜井戸はそのまま放置されていたという。井戸に上蓋がされていなかったことから、子供らがいろいろなものを投げ込んだりといたずらされ放題の状態であったという。

写真５　浜井戸のお祓い　平成20年７月12日

今日、浜井戸では年に一度、七月にお祓いが行われている。お祓いを行うようになったのは愛知用水通水以後のことである。井戸の囲いには浜井戸保存会によって奉じられた浜井戸の由来を記す額がある。奉納は昭和四十年九月である。奉納と前後して水の神として著名な奈良の丹生川上神社から分祀を受けている。それ以降はかつて「命の水」であった浜井戸に感謝を捧げることを旨とするお祓いが行われるようになり、今日に至っている[12]。お祓いは師崎の町の行事のひとつであるが、実際には浜井戸のある字島東の地区役員である顧問が取り仕切りをし、羽豆神社の宮司を招いて行われる（写真５）。
字荒井の共同井戸である「おてんのんさまの井戸」では、いつの頃からか井戸替えはしなくなってしまったという。かつて水の不自由な生活を経験した人の言に、「井戸への感謝の日でもある井戸替えがなくなってしまったことで、井戸や水の有難みを感じる気持ちも住民の間で薄れてきている」というものがあった。

対照的に浜井戸は愛知用水通水直後にはその管理や意識が淡白であったが、このお祓いは年々井戸への感謝を回顧する儀式として定着している。

## まとめとして

地図の上下を逆転させ南を上にした知多半島こそ、南知多町の住民の感覚的な認識世界だという。目の前に海があって、篠島、日間賀島があり、その視線の先には鳥羽、渥美半島がみえる。海の道を利用して、広く外へと活動の場を求めていたときの感覚は、まさにそのようなものであったろう。出かけていくだけではない。豊丘の農家ではかつて名古屋方面から「人糞尿船」とよばれた汚穢船がやってきて、豊丘付近のみならず島や渥美半島の農家に人糞尿を調達していたという。海の道を通して、自分たちの住まう地と遠方地がつながっているとする感覚は、強いものがあったと思われる。

本稿で取り上げたのは、半島を縦断する水の道であった。この水の道によって農業用水の安定的な供給が実現し、山を切り開いて農地の拡大や農業経営の広がりが期待されるようになった。干ばつに悩まされ、十分な土地利用に遅れをとっていた知多半島の農業生産を高めた背景に愛知用水のはたした役割は大きい。有機野菜の栽培はまだ発展途上のようであるが、広がりゆく農業の可能性のひとつではあるだろう。

二〇〇八年の今日、蛇口をひねれば当然のごとく水の出てくる生活は、生活用水に苦労した人にとっては夢のような生活といえる。だが、一度その生活に慣れてしまうとかつての水苦労は忘れられてしまうのもたやすい。師崎では、一度忘れられかけたかにみえた水苦労の日々を、年に一度のお祓いを機に思い出そうとしている。この行事は愛知用水以前にはなかったものである。そして、この行事は外部からの進言ではじめられた、というのが興味深い。愛知用水の導水後もしばらくの間行われていて、のちに消滅していった「おてんのんさまの井戸」の井戸替えの習慣と好対照である。

ひとつの民俗が、あるものは意識の薄れとともに消え、あるものは新たに意識され行われるようになる。その境目はどこにあるのか。本稿では充分にこれを考察するに至らなかったが、この後の課題としていきたい。

注

(1) 泉俊衛「統計指標に見る知多半島の地域経済」日本福祉大学知多半島総合研究所『知多半島の歴史と現在』No.9 一九九八年

(2) 一九九八年以降は長良川からも導水されるようになった。以降、本稿で扱う南知多町は家庭用の水道水は長良川の水によっている。

(3) 加藤武夫「愛知用水事業の歴史地理的考察」歴史地理学会『歴史地理評論』一九七一年

(4) 二〇〇七年調査による。

(5) 南知多町誌編さん委員会編『南知多町誌』一九九一年

(6) 注5に同じ

(7) 次節で取り上げる師崎の場合は、密集した集落にあって隣家と水質が異なることがままあり、複雑に交じり合った地層であることがうかがわれる。

(8) 南知多町には大小九五の溜池が存在した。二期事業のなかで埋められた溜池もあると思われるが、現在、町で管理する溜池は七六ヶ所である。

(9) 注5に同じ

(10) 注5に同じ

(11) この懸念は現実のものとなった。一九九四年、異常渇水のため、師崎は一九時間の断水にみまわれた。このとき、庭の花に水をくれていると近所の人に批難のまなざしでみられ、とても肩身の狭い思いをすることになった。「この水は自分の家の井戸の水だから…」と触れて水やりをしていた人もあったという。この経験を機に長良川からの導水が始まった。

(12) 愛知用水に関する記録映画のロケのためこの地を訪れたある俳優がその様子をみて町の観光協会の関係者に進言し、その進言を受けてお祓いが行われるようになったといわれている。

参考文献

愛知用水土地改良区　『愛知用水土地改良区五十年のあゆみ』二〇〇二年
泉俊衛「統計指標に見る知多半島の地域経済」日本福祉大学知多半島総合研究所『知多半島の歴史と現在』No.9　一九九八年
加藤武夫「愛知用水事業の歴史地理的考察」歴史地理学会『歴史地理評論』一九七一年
南知多町誌編さん委員会編　『南知多町誌』一九九一年

# 巡拝と観光

山崎祐子

## はじめに

知多半島には、江戸時代より西国巡礼や四国巡礼をうつした霊場があり、多くの巡礼者を集めてきた。名古屋からも近く、東海道から入ることのできる比較的大都市に近い風光明媚な場所であり、当初より、遊行の気分を伴いながら霊場巡りが行われてきた。そしてなお、戦後、新しい霊場がいくつも開かれている。ここでは、知多半島という地域性に留意しつつ、霊場巡りという信仰の行為と、観光という側面について考えてみる。

なお、巡礼と巡拝という言葉について、ほぼ同じ意味ではあるが、巡拝は歩く距離が短く、苦行性や聖性が巡礼よりも比較的薄い巡礼に対して用いられるという考え方（中山　二〇〇四）もある。知多四国霊場会の刊行物では、巡拝という言葉が多く使われている。本稿ではそれに準じて、巡拝と表記することにした。

## 一　知多四国霊場の盛行

### 知多四国霊場の沿革

日本の各地に四国八十八か所をうつした霊場がある。これらは、四国の霊場に対して新しくその地方にうつした霊場という意味で、新四国とよばれることが多い。新四国の創設がさかんになったのは、江戸時代後期になってからであり、西国三十三か所をうつした新西国よりも遅い。また、新四国は創設当初より、弘法大師信仰という本来の意味ばかりではなく、観光の側面も併せ持っていた（新城　一九八二年）。

知多四国霊場は、文化六年（一八〇九）に亮山上人に夢のお告げがあったことが始まりだという。以後、十六年の年月をかけ、関戸半蔵、武田安兵衛の尽力を得て霊場が整えられた。妙楽寺に亮山阿闍利、誓海寺禅林堂に関戸半蔵行者、葦航寺に武田安兵衛行者を開山として祀っている。

札所寺院は、知多半島の付け根の三河に近い方から半島の東海岸を南下し、日間賀島と篠島を廻って、半島の西側を北上するように分布している。八八か寺の宗派の内訳は、曹洞宗が三四か寺ともっとも多く、次いで真言宗三〇か寺、浄土宗・西山浄土宗一一か寺、天台宗六か寺、臨済宗三か寺、時宗二か寺、臨済宗一か寺、尾張高野山宗一か寺である。知多半島には、曹洞宗の寺院が多く、真言宗寺院のみでは札所すべてをあてることができない。知多四国の霊場は、コースをほぼ番号順に寺院に割り当てており、弘法大師ゆかりの寺院やとくに大きな古刹に特別な番号を割り当てることはない。つまり、札所の一番、二一番、八八番といった、ゆかりの番号も道順に従って割り振りされている。知多四国霊場会事務局長の大善院の外山杲見住職は、このことについて開山の亮山上人の見識の高さであろうという。一六年間という長い年月をかかったけれども、知多半島をバランスよく札所が配置されているのである。

さて、この霊場の景色の良さについては、江戸時代の文献の中でも触れられている。安政四年（一八五七）、尾張藩士の小田切春江忠近が著した『知多土産』の冒頭で、「尾張の国知多の郡は海へ長く張出たる地にして東西の浦々何れも海岸の村落多く東ハ境川の下流海となりて三河に向ひ西ハ伊勢志摩の南国に相對すされバ村毎絶景の地にして古たる寺社も少なからずバ四時遊人杖をひきてめくる者数をしらず」と知多半島の景色の良さと巡礼者の多さについて触れている。続けて、この文政の初めに、ある修行者が志を興して弘法大師の巡拝八十八所を定めて新四国と名付

## 表1　知多新四国八十八ヶ所霊場一覧

| | 山号 | 寺院名 | 宗派 | 所在地 | 札　所 |
|---|---|---|---|---|---|
| 1 | 清涼山 | 曹源寺 | 曹洞宗 | 豊明市栄町 | 四国1 |
| 2 | 法蔵山 | 極楽寺 | 浄土宗 | 大府市北崎町 | 四国2 |
| 3 | 海雲山 | 普門寺 | 曹洞宗 | 大府市横根町 | 四国3、西国27、大府七福神 |
| 4 | 宝龍山 | 延命寺 | 天台宗 | 大府市大東町 | 四国4 |
| 5 | 延命山 | 地蔵寺 | 曹洞宗 | 大府市長草町 | 四国5、大府七福神、くるま1 |
| 6 | 万年山 | 常福寺 | 曹洞宗 | 大府市半月町 | 四国6、西国28 |
| 7 | 彼岸山 | 極楽寺 | 曹洞宗 | 東浦町森岡 | 四国7 |
| 8 | 上世山 | 伝宗院 | 曹洞宗 | 東浦町緒川 | 四国8、西国29 |
| 9 | 浄土山 | 明徳寺 | 浄土宗 | 東浦町石浜 | 四国9 |
| 10 | 福聚山 | 観音寺 | 曹洞宗 | 東浦町生路 | 四国10、西国30 |
| 11 | 光明山 | 安徳寺 | 曹洞宗 | 東浦町藤江 | 四国11板東7 |
| 12 | 徳応山 | 福住寺 | 曹洞宗 | 半田市有脇町 | 四国12 |
| 13 | 板嶺山 | 安楽寺 | 曹洞宗 | 阿久比町板山 | 四国13、西国31 |
| 14 | 円通山 | 興昌寺 | 曹洞宗 | 阿久比町福住 | 四国14 |
| 15 | 龍渓山 | 洞雲院 | 曹洞宗 | 阿久比町卯坂 | 四国15 |
| 16 | 鳳凰山 | 平泉寺 | 天台宗 | 阿久比町椋岡 | 四国16、板東4 |
| 17 | 樫木山 | 観音寺 | 浄土宗 | 阿久比町矢高 | 四国17、西国33 |
| 18 | 開運山 | 光照寺 | 時宗 | 半田市乙川高良町 | 四国18、西国32 |
| 19 | 前明山 | 光照院 | 西山浄土宗 | 半田市東本町 | 四国19、くるま6 |
| 20 | 萬松山 | 龍台院 | 曹洞宗 | 半田市前崎東町 | 四国20、板東2 |
| 21 | 天龍山 | 常楽寺 | 西山浄土宗 | 半田市東郷町 | 四国21、板東1 |
| 22 | 御嶽山 | 大日寺 | 西山浄土宗 | 武豊町ヱケ屋敷 | 四国22 |
| 23 | 意竜山 | 蓮花院 | 西山浄土宗 | 武豊町ヒジリ田 | 四国23 |
| 24 | 慶亀山 | 徳正寺 | 曹洞宗 | 武豊町里中 | 四国24、直伝28、秩父33 |
| 25 | 法輪山 | 円観寺 | 天台宗山門派 | 武豊町富貴 | 四国25、秩父31 |
| 26 | 龍華山 | 弥勒寺 | 曹洞宗 | 美浜町北方 | 四国26、南2 |
| 27 | 天竜山 | 誓海寺 | 曹洞宗 | 美浜町古布善切 | 四国27、南5 |
| 28 | 浄光山 | 永寿寺 | 西山浄土宗 | 美浜町豊丘 | 四国28、秩父26 |
| 29 | 大悲山 | 正法寺 | 天台宗 | 南知多町豊丘 | 四国29、南9、七福、秩父24 |
| 30 | 宝珠山 | 医王寺 | 真言宗豊山派 | 南知多町大井 | 四国30、南10 |
| 31 | 宝珠山 | 利生院 | 真言宗豊山派 | 南知多町大井 | 四国31 |
| 32 | 宝珠山 | 宝乗院 | 真言宗豊山派 | 南知多町大井 | 四国32、秩父23 |
| 33 | 宝珠山 | 北室院 | 真言宗豊山派 | 南知多町大井 | 四国33 |
| 34 | 宝珠山 | 性慶院 | 真言宗豊山派 | 南知多町大井 | 四国34 |
| 35 | 神光山 | 成願寺 | 曹洞宗 | 南知多町片名 | 四国35、南11 |
| 36 | 天永山 | 遍照寺 | 真言宗豊山派 | 南知多町師崎 | 四国36、南14、七福 |
| 37 | 魚養山 | 大光院 | 真言宗豊山派 | 南知多町日間賀島 | 四国37 |
| 38 | 龍門山 | 正法禅寺 | 曹洞宗 | 南知多町篠島 | 四国38、七福、くるま/別格鶴 |
| 39 | 金剛山 | 医徳院 | 真言宗豊山派 | 南知多町篠島 | 四国39 |
| 40 | 普門山 | 影向寺 | 曹洞宗 | 南知多町豊浜 | 四国40、直伝69、南21、西国4、五色、七福、秩父15 |
| 41 | 松原山 | 西方寺 | 西山浄土宗 | 南知多町山海 | 四国41、南23 |
| 42 | 瑞岸山 | 天龍寺 | 曹洞宗 | 南知多町山海 | 四国42、南24、秩父14 |
| 43 | 大悲山 | 岩屋寺 | 尾張高野山宗 | 南知多町山海 | 四国43、南25、西国1、東海圏西国10 |
| 44 | 管生山 | 大宝寺 | 曹洞宗 | 南知多町内海 | 四国44、南27、五色 |
| 45 | 尾風山 | 泉蔵院 | 真言宗豊山派 | 南知多町内海 | 四国45、南30 |

| | | | | | |
|---|---|---|---|---|---|
| 46 | 井際山 | 如意輪寺 | 真言宗豊山派 | 南知多町内海 | 四国46、南31 |
| 47 | 井際山 | 持宝院 | 真言宗豊山派 | 南知多町内海 | 四国47、南33、西国9、七福 |
| 48 | 禅林山 | 良参寺 | 曹洞宗 | 美浜町小野浦 | 四国48、直伝53 |
| 49 | 護國山 | 吉祥寺 | 曹洞宗 | 美浜町野間 | 四国49、野間開運4 |
| 50 | 鶴林山 | 大御堂寺 | 真言宗豊山派 | 美浜町野間 | 四国50 |
| 51 | 鶴林山 | 野間大坊 | 真言宗豊山派 | 美浜町野間 | 四国51、七福、野間開運7、くるま5、秩父1 |
| 52 | 鶴林山 | 密蔵院 | 真言宗豊山派 | 美浜町野間 | 四国52、野間開運2、秩父2 |
| 53 | 鶴林山 | 安養院 | 真言宗豊山派 | 美浜町野間 | 四国53、野間開運6、秩父3 |
| 54 | 亀嶺山 | 海潮院 | 曹洞宗 | 半田市亀崎町 | 四国54、板東6 |
| 55 | 曇華山 | 法山寺 | 臨済宗天竜寺派 | 美浜町野間 | 四国55、野間開運1 |
| 56 | 祥雲山 | 瑞境寺 | 曹洞宗 | 美浜町野間 | 四国56、野間開運3 |
| 57 | 乳竇山 | 報恩寺 | 曹洞宗 | 美浜町奥田 | 四国57 |
| 58 | 金光山 | 来応寺 | 曹洞宗 | 常滑市大谷 | 四国58、西国10 |
| 59 | 萬年山 | 玉泉寺 | 曹洞宗 | 常滑市大谷 | 四国59 |
| 60 | 大光山 | 安楽寺 | 曹洞宗 | 常滑市苅屋 | 四国60、西国11 |
| 61 | 御嶽山 | 高讃寺 | 天台宗 | 常滑市西阿野 | 四国61、西国12 |
| 62 | 御嶽山 | 洞雲寺 | 西山浄土宗 | 常滑市井戸田町 | 四国62、西国13 |
| 63 | 補陀落山 | 大善院 | 真言宗豊山派 | 常滑市奥条 | 四国63、西国14 |
| 64 | 世昌山 | 宝全寺 | 曹洞宗 | 常滑市本町 | 四国64 |
| 65 | 神護山 | 相持院 | 曹洞宗 | 常滑市千代丘 | 四国65、七福、くるま4 |
| 66 | 八景山 | 中之坊寺 | 真言宗智山派 | 常滑市金山 | 四国66、西国15 |
| 67 | 松尾山 | 三光院 | 時宗 | 常滑市小倉町 | 四国67、西国16 |
| 68 | 竜王山 | 宝蔵寺 | 真言宗智山派 | 常滑市大野町 | 四国68、板東25 |
| 69 | 宝苑山 | 慈光寺 | 臨済宗妙心寺派 | 知多市大草 | 四国69、西国17 |
| 70 | 摩尼山 | 地蔵寺 | 真言宗智山派 | 知多市大草 | 四国70、くるま3 |
| 71 | 金照山 | 大智院 | 真言宗智山派 | 知多市南粕谷 | 四国71、西国18 |
| 72 | 白華山 | 慈雲寺 | 臨済宗妙心寺派 | 知多市岡田 | 四国72、西国19 |
| 73 | 雨宝山 | 正法院 | 真言宗豊山派 | 知多市佐布里 | 四国73、くるま2 |
| 74 | 雨宝山 | 密厳寺 | 真言宗豊山派 | 知多市佐布里 | 四国74 |
| 75 | 雨宝山 | 誕生堂 | 真言宗豊山派 | 知多市佐布里 | 四国75 |
| 76 | 雨宝山 | 如意寺 | 真言宗豊山派 | 知多市佐布里 | 四国76 |
| 77 | 雨宝山 | 浄蓮寺 | 真言宗豊山派 | 知多市佐布里 | 四国77 |
| 78 | 宝泉山 | 福生寺 | 真言宗豊山派 | 知多市新知 | 四国78 |
| 79 | 白泉山 | 妙楽寺 | 真言宗豊山派 | 知多市新知 | 四国79・開山所、板東22 |
| 80 | 海嶋山 | 栖光院 | 曹洞宗 | 知多市八幡 | 四国80、西国20 |
| 81 | 巨渕山 | 龍蔵寺 | 曹洞宗 | 知多市八幡 | 四国81 |
| 82 | 雨尾山 | 観福寺 | 天台宗 | 東海市太田町 | 四国82、西国21 |
| 83 | 待暁山 | 彌勒寺 | 真言宗智山派 | 東海市太田町 | 四国83 |
| 84 | 瑞雲山 | 玄猷寺 | 真言宗智山派 | 東海市富貴島町 | 四国84、西国22 |
| 85 | 慈悲山 | 清水寺 | 浄土宗 | 東海市荒尾町 | 四国85、西国23 |
| 86 | 大悲山 | 観音寺 | 真言宗智山派 | 東海市荒尾町 | 四国86、西国24 |
| 87 | 鷲津山 | 長寿寺 | 臨済宗 | 名古屋市緑区大高町 | 四国87、西国26 |
| 88 | 瑞木山 | 円通寺 | 曹洞宗 | 大府市共和町 | 四国88、西国25 |
| 89 | 天竜山 | 禅林堂 | 曹洞宗 | 美浜町古布善切 | 四国開山所 |
| 90 | 達摩山 | 葦航寺 | 曹洞宗 | 美浜町布土 | 四国開山所 |
| 91 | 清涼山 | 海蔵寺 | 曹洞宗 | 半田市乙川若宮町 | 四国番外、直伝22 |
| 92 | 亀宝山 | 東光寺 | 西山浄土宗 | 半田市亀崎月見町 | 四国番外 |
| 93 | 慈雲山 | 影現寺 | 曹洞宗 | 美浜町時志 | 四国番外、南1、直伝36、西国8、七福、東海圏西国9 |

| | | | | | |
|---|---|---|---|---|---|
| 94 | 寂静山 | 西方寺 | 浄土宗 | 南知多町篠島 | 四国番外、くるま(別格亀) |
| 95 | 青泰山 | 浄土寺 | 曹洞宗 | 南知多町豊浜 | 四国番外、南16 |
| 96 | 岩屋山 | 奥之院 | 尾張高野山宗 | 南知多町山海 | 四国番外、南外、西国2 |
| 97 | 金鈴山 | 曹源寺 | 曹洞宗 | 常滑市大谷 | 四国番外、直伝63 |

注：表2の「注」に示した資料により作成。札所の略語は以下の通り

| | |
|---|---|
| 四国 | 知多新四国八十八ヶ所霊場 |
| 西国 | 知多西国三十三観音札所 |
| 南 | 南知多三十三ヶ所 |
| 秩父 | 知多秩父三十四ヶ所 |
| 板東 | 知多板東三十三ヶ所 |
| 直伝 | 四国直伝弘法大師札所 |
| 五色 | 南知多五色観音 |
| くるま | くるま六地蔵 |
| 七福 | 南知多七福神 |
| 東海圏西国 | 東海圏新西国三十三観音霊場 |
| 野間開運 | 野間開運七ヶ寺 |

け、その砌は詣人が少なかったが、その修行者が亡くなった後は巡拝者がたゆることがないというようなことが記してある。さらに「さればそれにならひ本四国八十八ケ所百躯弘法秩父板東六十七ケ所をはじめ六地蔵百躯地蔵西方四十八願所二十五霊場薬師十二大願所など年々歳々其人々の志願の札所をとりどりに定めしより今ハ村々寺院ごとに札所ならぬ無すくなし」とあり、この本の書かれた幕末にさまざまな霊場があったことがわかる。『知多土産』はこのような巡拝者のためのガイドブックであり「それらの人々のために巡拝のあらましをしるす」とある。幕末、霊場巡りが盛んであったことがうかがえる。

明治以降も、知多四国霊場には途絶えることなく巡礼者が訪れていたが、印刷物が刊行されはじめるのは、明治二十年代になってからである（籾山　一九九九）。「知多四国略年譜」（知多四国霊場会二〇〇二）には、明治二十六年（一八九三）に、准四国から知多新四国霊場と称するようになったことと奉納経帳が発行されたとある。

さらに日露戦争をきっかけに巡拝者は増加した上、開創百年にあたる明治四十一年（一九〇八）は数万人が遍路に訪れたという（籾山　一九九九）。「知多四国略年譜」には、翌明治四十二年に弘法大師降誕会が大草地蔵寺で修行されたことと、札所総会で連合寺院会が結成され、規約が作られたことが記されている。以後、開創記念を一〇年ごとに行い、弘法大師の降誕、御入定、御巡錫などの節目にあたる年の記念行事を行っている。なお、霊場の名称は、昭和五十八年（一九八二）に、新四国の新を取って知多四国霊場とあらためられた。

## 風光明媚な知多四国霊場

知多半島はその景観が四国によく似ているといわれており、「尾張国知多郡新四国開創由緒」（『知多半島新四国八十八ケ所巡拝図絵』一九二八年、新四国札所聯合寺院）の書き出しは「『西浦や東浦あり日間賀島篠島かけて四国なるらむ』げにや土地天然に四国宛らなる知多の半島は亦四国宛らに往昔大師弘法悲智行願の錫を跳ばして永へに無相法身を留め給ひし霊地なり」となっている。この「西浦や東浦あり」の歌は、出典はあきらかではないが、知多四国霊場について述べられるときにはかならずといっていいほど冒頭に付される歌である。知多半島の先端にある日間賀島や篠島も含めて知多半島の景観が認識されていることがよくわかる。

『尾張名所圖會』巻六（猪飼茂復刻の私家版、常滑市立図書館蔵）に挿入されている「幡頭嵜　日和山より平臨する圖」の四葉の図は、知多半島の先端にある師崎から南を見た図である。西側、つまり図の右端には海上遠くに「紀州熊野山」が描かれ、中央から右側にかけて渥美半島があり、「駿州富士山」が描かれている。本文でも、「篠嶋」「日間賀嶋」の他、記載の通りに記すと野嶋、松島、手島、鷗嶋、木島、つくみ嶌、巣嶋、大磯嶌、小磯嶌、鷲渡嶋、鳶嵜嶌、内地島、恵比壽嶋、奈加天嶌、屏風嶋と多くの島々の名前が出てくる。図の中では、本文にはない「三州佐久島」「勢州神島」なども含めて松の木が繁茂し、帆掛け船の行き交う様子も描かれており、確かに「東海松島」を思わせる。

知多半島の図としては吉田初三郎による、「大正十四年の「天下の絶勝　南知多遊覧　交通名所図絵」（南知多町一九九四）がよく知られている。ここでも「東海松島と篠島の史蹟」が取り上げられており、この地域の島々の美しさが讃えられている。吉田初三郎の鳥瞰図のように、知多半島に富士山、東京、ハワイなどを入れて描く場合は、どうしても西を下にして描くようになる。用紙を横長に用いるときには、上に富士山と描いた方が構図が自然だからであろう。しかし、知多四国霊場を四国のうつしとして描く場合は、四国と同じような位置関係で描くのがもっともよいわけであるので、知多四国霊場会が作成している横長の案内図では、吉田初三郎の図とは逆の図を作っている。つまり、西を上にして描かれている。一番札所を右下にして時計回りに右下から左へ廻り、左上から右上へと一周する描き方である。

『尾張名所圖會』巻六の挿入図に戻って考えてみると、日間賀島から篠島の札所は三七番から三九番までである。ちょうど札所の前半の終わりにさしかかったところで、半島の先端部に着き、目の前にひらける眺望は、札所を巡る

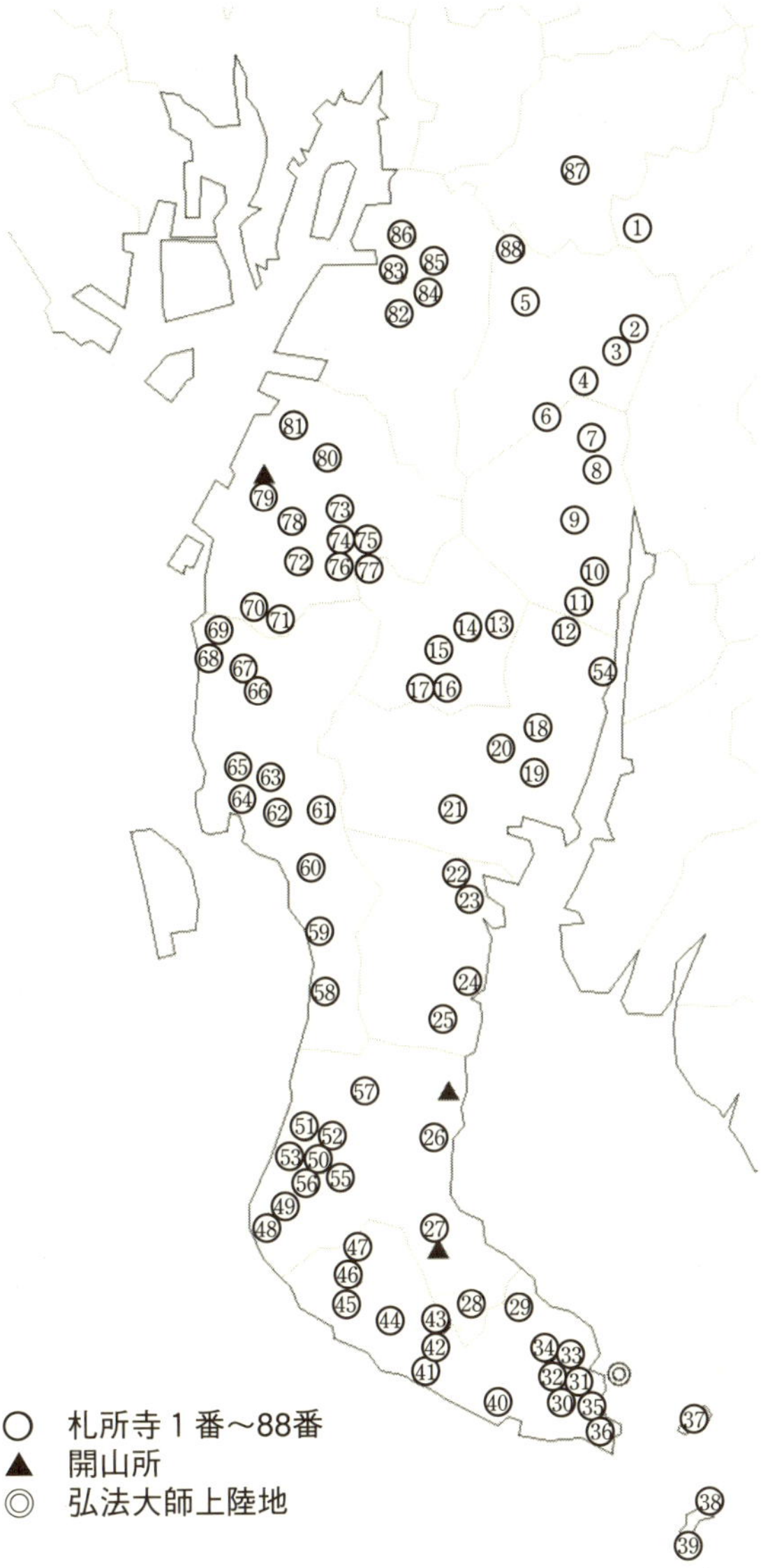


図　知多四国霊場

人々にとって何よりの賜物であったのではないだろうか。たとえ見えなかったとしても、右に熊野、左に富士山という視界は、普段の生活ではあり得ない眺望であり、いっそう信仰心というものが高まってのではないかと想像される。

### 知多四国霊場の巡り方

知多四国霊場の全行程は一九四キロメートルである。知多四国霊場会のパンフレットでは、「知多四国霊場のいろいろなめぐり方」として①徒歩、②自家用車、③貸切タクシー、④貸切バス、⑤日帰り巡拝バスの五つに分けて説明をしている。短時間で廻るのは貸切タクシーであり、一泊二日で廻ることができる。貸切バスは人数が多くて乗り降りに時間がかかることと、場合によっては目的地の間近まで車をつけることができないので、時間が多くかかる。しかし、どちらもタクシーであれば運転手が、バスであればガイドが奉納経帳を預かって巡拝をする。つまり、客がお参りをしている間に、乗務員が朱印を受けてくる。そのために、一つの札所に滞在する時間が短くてすむのである。日帰りの巡拝バスは、知多半島や近隣に住む人たちによく利用されている。一人でも参加できることと、コースごとに参加すればよいので、貸切バスとは違った気楽さがある。半田を出発するコースは三回、名古屋出発のコースは四回で満願になる。

近年、参加者が増えてきているのが徒歩による巡拝である。ただし、かつてのように遍路宿に泊まりながら何日もかけて巡拝するものではなく、公共交通を用いて最寄り駅まで行き、そこから一日のコースでいくつかの札所を巡拝するのである。

徒歩の巡拝は、開創一九〇年記念の平成十年に記念行事として行われている。外山杲見氏によると、このときは、開山亮山阿闍梨の分身を先頭の者が背負い、一般参加者と僧侶の有志が月一回、一一回かけて徒歩巡拝した。翌年、一般参加者からの希望があって、知多四国寿詣る会（スマイル会）という名前で継続することになった。徒歩巡拝が定期的に行われるようになると、歩くための遍路道についても考えるようになり、「こうぼう道保存協力会」が発足した。寿詣る会や地元の有志で、南知多町や美浜町に残る弘法道の草刈りなどを行っている。また、名古屋鉄道による「歩いて巡拝（まいる）知多四国」が年間に一五回行われており、一五回で満願になる。そのコースの札所寺院の最寄り駅に受付が出て、コース地図が配布され、参加者は自由にコースに沿って歩き、コースの最後の寺院がゴールとなる。参加者は朱印をいただきながら自分のペースで歩くのである。

写真１　内海駅

知多四国は、多少の登り下りはあっても、小豆島の霊場のような山岳を歩く霊場ではない。普通のハイキングシューズで歩くことができ、近年の健康志向もあって、多くの人が気軽に参加できるコースでもある。

開創二百年記念の催し

平成二十年は開創二〇〇年にあたり、記念行事が平成十九年秋から始まっている。知多四国霊場会の記念行事はパンフレット類には次のように記されている。

平成十九年十月一日　一字入魂・心経写経スタート（二十年十二月三十一日まで）／十月二十七日　開白法要・祈念コンサート／平成二十年一月一日　開創二百年・記念宝印のスタート、お手引きの善の綱スタート、特製記念品進呈スタート／三月八日　記念慶讃大法要・ご詠歌各流大会／四月八日　上陸大師お身ぬぐい／四月二十六日　弘法大師ご正当／六月十五日　弘法大師誕生会・褒章式／八月二十七日～三十一日　日本三大新四国霊場お砂踏み、霊場サミット／十月五日　音楽コンサート「響けこころの曼荼羅」／十一月十四日　結縁灌頂／十一月二十三日　先亡先師・先達追善法要・公認先達補任式、結願法要／十二月三十一日　記念行事の終了

一〇年ごとに行われてきた開創記念行事を踏襲しつつ、八月末には中部国際セントレア空港で新たなイベントが行われた。香川県の小豆島八十八所霊場、福岡県の篠栗祖国霊場八十八ケ所とともに「日本三大新四国霊場」として、各霊場から持ち寄った掛軸とお砂をセントレアホールに配置し、お砂踏みを行った。中日新聞の報道によると初日が三万人の人出であり、報道によってさらに参加者は増え、数時間待ちという行列になったという。霊場サミットは、全国の新四国霊場のうち、一八の霊場の関係者が参加し、それぞれの霊場の現状などを話し合い、第一回「全国大師霊場サミット」セントレアアピールを採択した。

## 二　増加する霊場

### 日露戦争と霊場

籾山智美は「近代における知多新四国巡礼の盛況」（籾山一九九九）の中で、明治三十年代前半から名古屋を中心に知多四国霊場を巡る講が整えられていったと述べている。さらに、昭和九年四月二十日の「知多新聞」の記事をひきながら、「(明治) 三〇年代前半から徐々に増えていった遍路が、日露戦争をきっかけにして、急激に増加したのである」と指摘している。この「知多新聞」の記事は、弘法大師御遠忌一〇〇〇年の特集である。知多四国（新聞では「新四国」と表記）について「夫や可愛い子弟の無事凱旋を現世利益の弘法大師におすがりする心願や、戦病死者の冥福を祈る人々の巡拝が三十八年頃から増加した」と記されている。

表２　市町村別霊場の数（番外寺院を含む）

| | 知多四国八十八ヶ所霊場 | 知多本四国八十八ヶ所 | 四国直伝弘法大師札所 | 知多西国三十三観音札所 | 知多坂東三十三ヶ所 | 知多秩父三十四ヶ所 | 南知多五色観音 | 南知多三十三ヶ所 | 知多七福神 | 知多半島くるま六地蔵 |
|---|---|---|---|---|---|---|---|---|---|---|
| 名古屋市緑区 | 1 | 1 | 6 | 1 | 1 | | | | | |
| 名古屋市天白区 | | 1 | | | | | | | | |
| 名古屋市千種区 | | | 1 | | | | | | | |
| 名古屋市昭和区 | | 1 | | | | | | | | |
| 豊明市 | 1 | | | | | | | | | |
| 大府市 | 6 | 1 | 5 | 3 | 2 | | | | | 1 |
| 東海市 | 5 | 3 | 6 | 4 | 6 | | | | | |
| 東浦町 | 5 | 2 | 8 | 2 | 3 | | | | | |
| 知多市 | 13 | 13 | 8 | 4 | 5 | | | | | 2 |
| 阿久比町 | 5 | 9 | 5 | 2 | 2 | | | | | |
| 半田市 | 8 | 13 | 7 | 1 | 4 | 1 | | | | 1 |
| 常滑市 | 12 | 25 | 15 | 7 | 7 | | | | 1 | 1 |
| 武豊町 | 4 | | 5 | | | 5 | | | | |
| 美浜町 | 15 | 6 | 15 | 2 | 2 | 11 | | 6 | 2 | 1 |
| 南知多町 | 22 | 13 | 12 | 7 | | 17 | 7 | 27 | 7 | 3 |

注　知多四国八十八ヶ所の数は知多四国霊場会の「霊場案内」により作成
くるま六地蔵、南知多五色観音は筆者の調査により作成
他は『日本祭礼地図』Ｖ付録・索引編（S55　国土地理協会）により作成
知多半島くるま六地蔵は他に納め地蔵として犬山市の成田山名古屋別院大聖寺がある

日露戦争の影響は、知多四国を巡る人々の増加だけではなかった。戦勝記念として知多百観音が創設されたのである。しかし、近年では参拝する人はほとんどなく、知多百観音に該当する寺院で尋ねても、詳細は不明である。管見の資料としては、「南知多三十三観音めぐり」（一九八二年、南知多三十三観音靈場会発行）の「番外　松寿寺」の中に、「別堂の観音堂は日露戦争の大勝利を記念して、知多に百観音が開創された時、西国二十九番の馬頭観音を奉安したものである」をあげることができる。

松寿寺は、篠島にあり、天

文十一年（一五四二）に開山した古刹で本尊は如意輪観世音菩薩である。よく知られているのは、日露戦争の後に建てた観音堂に合祀されている馬頭夫人尊像である。「南知多観音めぐり」によれは、昭和二十五年に住職の夢枕にたち、厄除を託宣したという馬頭夫人の姿を刻んだものだという。さらに、昭和四十二年には、観音堂の上に約六尺という大きな石作りの観音像が建立された。現在、松寿寺は、南知多三十三観音霊場、南知多五色観音霊場の札所として、観音堂に参拝する人が多いが、観音堂の馬頭観音が日露戦争の戦勝記念の百観音であることは知られていないという。

知多西国三十三観音霊場と南知多三十三観音霊場

知多半島には、岩屋寺中之坊一六世によって開かれた知多西国三十三観音霊場がある。この霊場の歴史は古く、「奉納経」には、明和七年（一七七〇）に開かれたとあり、知多四国霊場よりも三九年前にひらかれている。

知多西国三十三観音霊場の札所寺院は、南知多町の岩屋寺を一番とし、美浜町、常滑市、知多市、東海市というように知多半島の西側を北上し、名古屋市の長寿寺から大府市、東浦町、阿久比町、半田市と南下して、阿久比町へ戻り、観音寺が三三番である。また、知多西国三十三観音霊場の札所寺院の多くは、知多四国霊場の札所寺院と重なっている。各寺院への参拝者はすくなくはないが、それらの多くは知多四国霊場への参拝者であり、知多西国三十三観音霊場をめぐる参拝者は次第に少なくなっていった。

それに代わるように、南知多三十三観音霊場めぐりが盛んになってきている。南知多三十三観音霊場は、昭和五年に創設された。札所寺院は、美浜町に六か寺、南知多町に二七か寺ある。河和口の影現寺が一番であり、そこから知多半島を南下して師崎からと知多半島の西側を北上し、内海の持宝寺が三三番である。

知多鉄道が河和まで通ったのは昭和十年、名鉄知多新線が内海まで通ったのは昭和五十五年であるので、創設当初の昭和五年は、まだどちらの駅も開設されてはなかった。しかし、昭和六年には、知多鉄道の太田川から成岩までが開通、昭和七年には河和口まで開通しており、南知多三十三観音霊場は、このような名鉄知多線の開通をふまえての創設であったことは十分に考えられることである。

知多半島の霊場巡りは、風光明媚な地域を巡る楽しみが大きいものであったが、南知多三十三観音霊場は、さらに、半島の南端を中心にし、半島への交通の要であった東の河和、西の内海を結ぶコースになっている。知多西国三十三観音霊場や知多四国霊場に比べると、はるかに狭い範囲である。当初から、知多半島の南端の風光明媚な地域に人を呼ぶねらいがあったことがうかがわれる。

昭和四十年代に創設した霊場

知多半島では、昭和四十三年に南知多五色観音霊場と知多半島くるま六地蔵が創設され、昭和四十四年には南知多七福神が創設された。知多半島くるま六地蔵は、交通安全を祈願して知多バスが発起したものであり、札所寺院は次の通りである。

一番　地蔵寺（大府市）、二番　正法寺（知多市）、三番　地蔵寺（知多市）、四番　相持院（常滑市）、

五番　野間大坊（美浜町）、六番　光照院（半田市）、

別格　岩屋寺（南知多町山海）、別格鶴客番　正法禅寺（南知多町篠島）、別格亀客番　西方寺（南知多町篠島）、

納め地蔵　成田山名古屋別院大聖寺（犬山市）

これらの札所寺院をみてみると、納め地蔵以外はすべて知多四国霊場に含まれている寺院であり、野間大坊や岩屋寺という大きな寺院も含まれている。知多半島くるま六地蔵では、「仏心で握るハンドル事故はなし」の標語が用いられている。日本の交通事故の死亡者数をみてみると、車の保有台数の増加とともに交通事故死者数も増えた。昭和四

十年代というのは、昭和三十五年以降、一万二五〇〇人前後であった交通事故による死亡者が、急激に増加した頃である。昭和四十四年には一万六二五七人と一万五〇〇〇人の大台を超え、社会不安となった（昭和五十二年、『警察白書』）。知多くるま六地蔵の創設は、このような社会情勢を反映したものであろう。

昭和五十四年の「奉納経」の最後のページには名鉄電車などの交通案内が掲載されているが、そこにも「お願い」として「仏心で握るハンドル事故はなし」のタイトルの囲み記事がある。そこでは、巡拝者へは、降車の際の注意や横断歩道の渡り方などが書かれ、乗務員へも、駐車場などでの注意事項が書かれている。また、双方への注意として、車を降りて道路を横断するときには、車の後方ではなく、前方を渡らせることが書いてある。このような細かな注意が、ガイドブックを兼ねた「奉納帳」に載っていること自体、現在では見られないことだと思うが、それだけ、車による団体の参拝の増加に伴う交通事故対策が急務であったことがうかがえる。

同じ年に創設された南知多五色観音霊場は、南知多町内の五つの観音をめぐるものであり、現在は二か所増えて七つの観音をまわっている。札所に番号はついていないので、「御朱印帖」（南知多五色観音霊場会発行）の順に記す。もくれん観音（内海、大宝寺）、寿観音（内海、永昌寺）、子安観音（豊浜、影向寺）、須佐浦観音（豊浜、極楽寺）、厄除観音（篠島、松寿寺）、日間賀観音（日間賀島、呑海院）、聖平和観音（大井、大井聖崎公園）。

「御朱印帖」には「南知多五色観音めぐり縁起」があり、そこには、五色の仏教的な意味の解説に加え、「幸い待望の知多中央道全通の妙縁に際会し、名四国道大高インター開設により、知多半島めぐりの史蹟と観光コースは一段とみるべきものがありましょう。この機に、知多半島南知多地区の観音菩薩のご因縁の深い七カ所が仏旗の象徴の五色と結び、その御霊徳を特に時節柄『交通安全と長命』に求め、広く衆生済度を給わりますよう念願する次第であります。（以下略）」と記されている。内海から大井へ廻る途中に篠島と日間賀島それぞれに一か寺を入れ、船を利用するコースになっている。南知多五色観音霊場の創設にあたっては、知多バスと関連会社である名鉄海上観光船株式会社がかかわった。

この霊場の最後にある聖平和観音は、弘法大師上陸地である大井にあり、上陸大師像がよく見える大井聖公園にある。朱印を預かる家があって、毎月の縁日の巡拝バスが着く時間を見計らって、公園内にある納経所に担当者が詰めている。聖平和観音は昭和三十年に建てられたものであるが、他の観音像は五色観音霊場の創設を機に建てられたものが多い。「御朱印帳」で知ることができる範囲で記すと、厄除け観音が昭和四十二年、寿観音と子安観音が昭和四十六年、須佐浦観音が昭和五十年、日間賀観音が平成十一年、もくれん観音は「一九八九年より、全国篤信者の浄財を募り、五色観音霊場として霊像を建立した」とあるので、新しいものであることは間違いない。もともと観音を本尊としていた影向寺や松寿寺でも五色観音霊場の創設を機に新たな観音像を建てている。松寿寺については「日露戦争と霊場」の項でも触れているので参照していただきたい。

南知多七福神は昭和四十四年に創設された。前年に、南知多五色観音霊場、知多くるま地蔵が創設されており、その創設にかかわった知多バスが呼びかけてできたものだという。

七福神は次のようになっている。

毘沙門天（美浜町　影現寺）、弁財尊天（南知多町師崎　遍照寺）、寿老人（南知多町内海　持宝院）、恵比寿（南知多町師崎　羽豆神社）、福禄寿（南知多町豊浜　影向寺）、大黒天（美浜町　野間大坊）、布袋尊（常滑市　相持院）、鶴亀毘沙門（南知多町豊浜　正法寺）、鶴亀宝船（南知多町篠島　正法禅寺）、鶴亀宝船（南知多町篠島　医徳院）。

七福神であるが、鶴亀毘沙門、鶴亀宝船という名称で三か寺を増やし、全部で一〇か寺をめぐる。その中には篠島も含まれており、南知多五色観音霊場などと同じような構成になっている。

近隣の七福神を見てみると、大府七福神は平成三年、三河七福神は昭和五十四年、豊橋市の吉田七福神は平成九年に開設されており、南知多七福神の方が早い。南知多七福神に先行するものとして昭和三十三年にできた東海七福神がある。これは、田原市内に分布する七福神であり、渥美半島を巡るようになっている。平成二十年はちょうど五〇周年にあたり、記念イベントも行われた。東海七福神奉賛会事務局は豊橋鉄道である。また、霊場会事務局の潮音寺のホームページの「渥美半島　東海七福神の由来」には「昭和三十三年に開眼し、三河湾国定公園に指定されている渥美半島にあります。名刹七ヶ寺に七福神を祀り、信仰と観光を兼ねて巡拝出来るようにしたものです」とあり、渥美半島の観光とタイアップした七福神であることがわかる。

知多半島では、春の知多四国霊場巡り、秋の南知多観音霊場巡りがあるが、正月に参拝するものとして七福神の創設は待ち望まれたものであったのだろう。七福神は、徒歩でめぐることを前提にした範囲に分布するものも多いが、東海七福神は車で二、三時間で廻るようなコースになっている。南知多七福神は篠島にも渡るので、ほぼ一日のコースといっていいだろう。いずれも、それぞれの半島の交通の便利な町から半島の先端までを巡るような形で分布し、景色を堪能することも目的の一つになっていることがうかがわれる。

## 篠島の島弘法

篠島に島弘法とよばれる八八の小祠と別格として一五の弘法大師像がある。これは、明治四十四年（一九一一）に台風のために漁船が沈み、そのときの亡くなった方を供養して弘法様を祀ったのが始まりだという。篠島にはあちこちに小さな祠があって弘法大師が祀られている。しかし、「島弘法めぐり」として島外から人を呼ぶようになったのは新しいことである。平成十八年十月三十一日の「中日新聞」では、「南知多町　観光の新企画盛ん」として「島のおかみさんが集まり、『島弘法』の掘り起こしをすすめている」という記事が掲載されている。石仏を記した地図を作り、四国八十八か所霊場巡りに倣った「島弘法八十八カ所巡り」を観光客が伸び悩む篠島の新たな観光コースにしたいということであった。

筆者が篠島を訪れたのは、平成十九年の九月であったが、篠島観光協会が出している「島弘法めぐり」のパンフレットには「伝説と自然の宝庫」「あなたは何人の弘法様にめぐり逢えるかな」のコピーが付されている。知多半島の霊場巡りは、奉納経帳を持ち、朱印をいただきながらめぐるものである。霊場に無住の祠が含まれてないので、いつの時期に行っても朱印がいただける。島弘法は、道ばたの小祠を廻るので朱印を集めることはできない。しかし、島弘法のパンフレット（二〇〇七年版）にも「島弘法めぐりスタンプ帳」がついていて、篠島の中の知多四国霊場の正法禅寺、医徳寺、西方寺、南知多三十三観音霊場の松寿寺のスタンプを集めるような形式になっている。参拝したあかしとして四か所ではあるが、スタンプを持ち帰ってもらうという工夫がみられる。

写真２　篠島の島弘法

知多四国霊場を巡拝するために篠島を訪れる人の滞在時間は短い。船の時間に合わせて巡拝をすませ、日間賀島に渡る人が多い。篠島の四つの寺院は島の中央部の高台にあり、島の南端まで行く人は少ない。島弘法は、中央部と南部にあるので、島弘法巡りによって南部まで足を伸ばす人が増えるわけであるが、今後の状況が注目される。

## 三　霊場をめぐる人々

### 生まれ続ける霊験譚

霊場となっている寺院には、多くの霊験譚が伝えられている。七番札所の地蔵寺には享保年間の話として次の霊験譚がある（知多四国霊場会、二〇〇二）。常滑の久米に住む竹という盲目の女性が七日七夜参籠したところ、満願の日に夢のお告げがあった。竹林の古井戸に地蔵がいるので助け出してくれれば盲目を開いてくれるという。早速古井戸をあらためたところ、地蔵尊が出てきたので、洗い清め、井戸を改修すると、夜明けとともに目が開き、光を見たという。知多四国霊場一二番の福住寺の山門下には水弘法と呼ばれる清水が湧いており、眼の悪い人がこの井戸水で目を洗ったら見えるようになったという。冬の間は枯れており、三月から五月頃まで水が湧くという清水であり、多くの人々が目を洗いにきたものだと伝えられている。知多四国霊場には、七一番の大智院、四一番西方寺の目たたき弘法など、眼病に霊験あらたかだという水の伝説を伝える寺院が多い。

このような古くから伝えられている霊験譚ばかりではなく、近代になってからも数多くの霊験譚が生まれている。美浜町の密蔵院は、知多四国霊場五二番、知多秩父三十四ケ所二番の寺院である。本尊の不動明王は古くから盗難除けとしてひろく知られ、またすべてに舵を取るという舵とり観音の寺として知られている。境内に「かじとり観音昭和霊験記」が掲げられ次のような話が記されている。昭和十九年七月十八日、中村汽船所属の御用船第十雲海丸が小笠原近海で爆撃にあい沈没してしまった。吉田船長以下七名の乗組員は一週間分の水と食料を積んだ救命艇で脱出した。日本までは一〇〇〇キロメートルの距離があり、三〇数日間、「南無観世音菩薩」と唱えながら漂流した。観音様のご加護があって伊勢湾に入り、不思議なことに船長の家のある野間沖を一昼夜漂い、助けられた。七名のうち一名はまもなく死亡してしまったが、生き残った六名は助けられて三日目にやっと話ができるようになったという。この掲示には、「戦争中のこと故、この信じ難い奇跡も限られた者だけが知るのみで公表されないまま終戦を迎え今日に至ったのでここに霊験記を記す」とあり、昭和四十七年十一月の日付とともに「生存者吉田富治郎船長ほか乗組員

写真３　「かじとり観音霊験記」の掲示と同型の救命船

六名　世話をした人々　役場兵事係・森田進以智・一色区在郷軍人会・婦人会」と書かれている。当時の救命艇が保存されていたが、伊勢湾台風で流れてしまったため、現在は同じ形の船をこの霊験記とともに保存している。

さまざまな霊験譚は、口伝えにひろがって伝えられているが、おおげさではなくとも記録して残したいという気持ちも当事者たちにはある。岩屋寺は、知多四国霊場四三番、知多西国三十三番観音霊場一番、南知多三十三観音霊場二五番の寺院であり、岩屋観音の名で知られた古刹である。岩屋寺の奥の院に「お詣りの御利益体験記」を刻んだ石碑が建っている。そこには「医者に見放された病弱の私を最後ののぞみとして大正四年春に知多新四国に連れていった」という書き出しで、病気が治り長生きできている感謝の気持ちが綴られている。石碑が建ったのは「昭和四十四年秋」とあり、住所氏名が記されている。

若い頃に体験した霊験をしばらく時間を経過した後、このように形あるものにして記しておきたいという体験者は少なくな

い。最近は、霊験譚を集めたホームページもできており、「霊験のあった方はお知らせください」という張り紙のある寺院もある。霊験譚はこれからも増え、インターネットによってさらに早く広く周知されてゆくのではないだろうか。

## 岩屋観音の縁日

岩屋寺は、毎月十七日が縁日であり、最寄り駅である内海駅から臨時バスが出ている。バスは内海駅から岩屋観音までの便が、九時五分、九時二五分、一〇時の三便あり、岩屋観音から内海駅までの帰りの便が一一時から一三時の間に四便ある。通常、バスはワンマンバスであるが、この岩屋観音を往復するバスは車掌が乗り、切符の販売や客の乗降の手助けをしている。乗務員や乗客の話によると、毎月、ほぼ同じメンバーが同じ時間帯のバスに乗るという。筆者は、九時五分発のバスに乗ったのであるが、そこには、挨拶を交わし、菓子を分け合う乗客の姿が見られた。お互いにフルネームは知らないが、毎月顔を合わせては互いに元気であったことを確認する仲間なのである。この日は、岩屋寺から奥の院への参道に野菜、干物、乾物、衣類などを売る露店が出てたいへん賑やかであった。集会所では、檀家の女性たちによって炊き込みご飯と味噌汁の接待がある。このように毎月十七日は五〇〇人から六〇〇人ほどの参拝者が集まる。さらに二月十七日は境内で左義長が行われるため、三〇〇〇人ほどの人出だという。

筆者は平成二十年九月十七日の縁日に参拝をし、そこでNさん（女性）からお話伺うことができた。Nさんは、瀬戸市から電車とバスを乗り継いで一人で参拝に来ている。共働きであったが、定年になってからこのように毎月お詣りをするようになり、もう一〇年になったという。岩屋観音に参拝するようになって、一〇回目あたりから、家でいらいらしなくなったという。それまでは、夫が家事などを手伝ってくれないなどと不満があったが、そのような不満が次第になくなったのだという。

また、このようなこともあった。以前に岩屋観音の奥の院にある二十五菩薩様にお詣りをしていると、ボランティアで清掃をしている人たちがいた。その人たちは「私たちはありがたいことばかり起こるので、掃除をさせていただいているのです。困ったことがあったら、ここにきて言いなさい」と言う。聞けば、そのボランティアの方の娘が面疔を患い、医者からも全快は難しいと言われたのであるが、その方は遠方の娘に変わって、二週間の間、二十五菩薩様にお詣りしたのだという。すると、その娘さんの具合が良くなった。そして、遠方にいてお詣りできないときには、箪笥の隅でもいいので、朝晩、水と線香をあげてお祈りすると願いが聞き届けられるのだという。聞き届けられてから御礼のお詣りに来ればよいと教えてくれたのだという。Nさんには、最近、こんなことがあった。自分の敷地に塀を建てることになったのだが、近隣の家との関係で塀を建てることについて、少し問題があった。そこで一生懸命、二十五菩薩様に一五日間祈った。Nさんの家では、屋内に弘法様と観音様を祀っているので、そこに水を線香をあげ、般若心経を唱えた。するとあっけないほど簡単にことが運んだという。

Nさんは、こうして毎月十七日には、岩屋寺への参詣を続けている。岩屋寺ではまず本堂にお詣りをし、奥の院へ向かう。途中にある数多くの石仏や石祠に一つずつお詣りをし、賽銭をあげてゆく。このように参拝をするときには、布の袋を持っている人が多い。ここに大量の小銭を入れて持っていくのである。Nさんは、普段の生活では一円というものをあまり考えないが、参拝では一円が通用するのだという。奉納経帳は、自分の名前のものの他に夫と子どもの分も持って来て朱印をいただいて帰る。

Nさんは、たいてい九時五分発の一番バスに乗る。顔なじみの参拝者に大正八年生まれの女性がいる。この女性は岩屋寺にもう二五年も参拝を続けている。このように、岩屋寺には、長い年月、毎月通っている人が大勢いらっしゃるという。

知多バスでは、内海からの臨時バスのほか、知多半田の駅前から岩屋観音講という名称のバスを出している。予約制ではないが、毎月、集合時間に集まった人たちを乗せて、岩屋観音と近隣の寺院を廻る一日のコースのいわゆる観光バスである。引率するのはバスガイドであり、講としての組織があるわけではない。ただし、予約なしでその日に集まった人が参加するとはいえ、ほとんどが毎月参加する顔なじみであるという。このような形の霊場巡りのバスに講の名をつけていることは興味深いことである。

五色観音霊場を巡る

前項で触れた南知多五色観音霊場は、毎月十八日が縁日である。知多バスでは知多半島の西側の内海駅を十時に出発し、知多半島を廻って東側の河和駅に四時頃に着く観光バスを走らせている。コースは内海駅まで戻るのであるが、ほとんどの参加者が河和で降りて帰路につく。筆者は、平成二十年九月十八日のコースに参加したので、そのコースについて報告する。

ふだんは、二〇名から三〇十名くらいの参加者があるということであるが、台風が近づいていて天気が悪いことと、同じ時期に行われている四国遍路の旅に参加している人がいるとのことで、一一名での霊場巡りであった。筆者以外は顔なじみであり、互いのフルネームをかならずしも知っているわけではないが、「〇〇に住んでいる人」「元〇〇（職業）だった人」「いつも夫婦でくる人」というようなことは知っている。また、「四国遍路に行っているから休む」という情報は伝わる間柄のようである。

バスに乗ると、会費の支払いと同時に、納経帳をバスガイドが集めるのは、知多四国霊場巡りなどと同じシステムである。納経帳は、最後の聖平和観音で朱印を受けた後に、乗客に戻される。それまではバスガイドがコースを廻る間、預かっている。廻る順番は、納経帳の通りではなく、内海のもくれん観音から豊浜を廻り、内海に戻って寿観音の永昌寺で昼食となる。この日は予定よりも早く廻ってしまったため、コースにはない豊浜と山海の寺院を廻ってから内海の永昌寺へ行った。永昌寺は、内海の観光地であるビーチバレーの近くにある寺院である。ここでは、参拝だけではなく、住職による読経と説法を聞くことができ、その後、手作りの精進料理をいただいた。午後は、知多中央道路を通って師崎へ出て、船で篠島の厄除観音と日間賀島の日間賀観音を廻った。内海を出発して豊浜まで行きながら、内海に戻るのであるが、永昌寺から知多中央道の入口が近いため、永昌寺から師崎までは、海岸を通るのとは違って時間が短縮される。一日のコースではどこかで昼食を食べなければならないが、観光客のための食堂などではなく、寺院で精進料理をいただけることも、このコースの魅力であると常連の方から伺った。

参拝が非常に忙しいのは、他のバスによる霊場巡りと同じで、バスが霊場に着くと、乗客は本堂や観音に参拝する。観音ばかりではなく、寺院の中にある地蔵や不動、撫で仏などあらゆるものに賽銭をあげて参拝するのは、他の霊場巡りと同様である。バスガイドは、納経所に直行し、預かっている納経帳へ朱印をいただいてくる。朱印をいただくとすぐに出発になるので参拝者は駆け足で廻る。篠島から日間賀島を廻り、師崎に戻り、大井の聖平和観音へ向かう途中、トイレ休憩を兼ねて土産物店に寄る。参加者は、南知多町の方はいなかったが、半田市など周辺の方ばかりである。南知多の海産物は安くて新鮮であるということで、毎月、ここで買い物をするのも楽しみの一つになっているという。大井の聖平和観音で朱印をいただくと、納経帳が各自に戻されて、霊場巡りは終了である。

河和からの帰途も、同じ方向へ行く人たちが一緒に電車に乗って帰ってゆく。このような参拝について、六〇代の女性の参加者は、お互いに知らない者同士なので、一日一緒にいても気が楽だという。考えてみれば、プライベートなことに触れることもなく、しかし、月に一回、互いに元気でいて良かったと確かめ合うような関係は、他ではあまりないことだと思う。

## 四〇年続けた霊場巡り

南知多町山海の昭和五年生まれのMさんは、初めて霊場巡りをしたのは昭和三十九年だったという。最近は足が弱くなったので、あまり行けなくなったが、それまではほぼ毎年のように出かけていた。南知多西国三十三観音霊場を廻ることが多かったが、知多四国霊場も何度も廻ったし、三河三十三観音霊場も三度廻っている。Mさんは民宿を営んでおり、民宿の仕事が一段落する九月初めに出かけたのだという。

霊場巡りは、九人乗りの車をチャーターし、誘い合って、車の定員の人数を集めた。八十八か所霊場は、丸二日間あれば廻ることができた。出かける日は、家族の朝食を用意して早めに出発し、夜には家に戻れるようにした。翌日の朝自宅を出発して残りの札所を廻り、夜、帰ってきた。二日目は廻った人たちで一杯飲むこともあった。三十三観音霊場であれば、一日で廻った。いずれにしてもMさんの住まいのある山海から出発するので、一番札所から廻るわけではなかった。

Mさんの話によると、霊場巡りの車の運転手とはたいへん長く付き合ったという。最近、霊場巡りをしなくなってしまったのは、足が弱ったこともあるが、実は、その運転手が体の具合が悪くなったということもあるという。とても人柄のよい運転手であり、気の利く人であったという。このような、ジャンボタクシーやマイクロバスでの霊場巡りは多い。これらは、バス会社やタクシー会社を利用するものであるが、Mさんのように個人で営業をしている人を頼むことも多く、毎年同じ人に頼むことが、継続しやすい要因にもなっている。その季節になると、どちらからともなく、今年はどうしようか、という話が出るのだという。バス会社やタクシー会社を利用する場合も、運転手を指名することもあり、霊場巡りのグループと運転手とが、長い付き合いをすることは珍しいことではない。

Mさんにとって、この霊場巡りは、民宿で寝る間がないほど働いた夏が終わった直後の骨休みでもあった。親しい仲間たちと九人での霊場巡りは、年に一度の骨休みであり、学齢の子どもがいたMさんが一人で出かけることができたのは、夏の働きがあったからこそであろう。Mさんが持っている知多四国霊場の納経帳は五冊あって、そのうち自分の名前が書いてあるものは二冊、あとの三冊は家族の名前の納経帳である。納経帳のほかに、掛軸と笈摺も持っており、自分が亡くなったときに棺に入れてもらうのだという。

## 百回達成・千回達成

知多四国霊場では、参拝の回数によって、参拝者が札所寺へ納める納め札の色が違っている。参拝の一回目は白、一〇回目からは緑、二〇回目からは赤、三〇回目からは銀、五〇回目からは金、一〇〇回目からは錦と呼ぶ金銀を織り込んだ布の納め札になる。銀、金、錦の納め札は、御利益のある札だといわれている。納め札は、札入れに納めたり、寺院の戸口に挟んだりして納めてくる。参拝に訪れた人々は、このような納め札を見つけると、ありがたいお札として持ち帰り、仏壇にあげたり、身につけたりして大切にする。金や錦の札が納められると、寺院では大事にとっておいて檀家や熱心な参拝者に配ることもある。このような納め札には不思議な力があって、具合が悪くなったときに、小さく切って、水に浸し、具合の悪いところに貼るとよいという。癌を患ったとき癌のできた場所を撫でるとよいともいわれている。

南知多町に住むある男性は大先達の資格を持っているが、引率して参拝をするだけではなく、時間があれば一人で自転車で出かけ、知多四国を一〇〇〇回以上廻っている。筆者が平成二十年九月に岩屋寺に参拝したとき、ちょうどその直前に参拝があり、札が納められていた。その納め札には一二一九回目と記されていた。

知多四国霊場巡り以外では納め札はないが、新しい霊場巡りでも回数を重ねる人がたいへん多い。南知多五色観音では、「御朱印帖」の最後のページに二二回分の枡目があって、巡拝するたびに日付の入ったスタンプを押すようになっている。また表紙裏には巡拝バスに乗った者への特典として「十回巡拝授印者に輪袈裟授与、二十回巡拝授印者に金すじ・記念品授与、三三回巡拝授印者に金すじ・記念品・新朱印帖授与」とある。一冊の「御朱印帖」に三三回、朱印が重ね押しされるわけである。一〇回、二〇回と参拝を続けている方の「御朱印帖」は、朱印の形がわからないほど真っ赤になっており、新しくできた霊場巡りでも知多四国霊場巡りと同じように朱印の重ね押しを尊び、巡拝の回数を重ねていることがわかる。

知多半島で盛んに行われている霊場巡りは短い時間で廻ることができる。とくに南知多という半島の先端に分布する霊場は、一日で廻れるように配慮して作られた。バスやタクシーで一日で数多くの霊場を廻るためには、参拝をして廻る巡拝者（＝乗客）と朱印所に並んで奉納帳に朱印を押してもらう係（＝乗務員）が同時進行でそれぞれの目的を果たす。そうしなければ限られた時間内にすべてを廻るのは困難である。霊場巡りで用いられる納経帳は、それぞれの霊場会が発行しているものが流通している。その奉納帳は、墨書が印刷してあるもので、朱印所では墨書はせずに朱印のみを押す。中山和久によると、墨書を印刷に代えたものが出回ったのは一九八〇年代だといい、現在は手書きの差し替え式が主流だという（中山　二〇〇四）。

知多半島でみてみると、南知多三十三観音霊場の奉納経は、霊場創設五〇十周年記念の年に南知多三十三観音霊場ガイドブックという名を添えて出版された。昭和五十四年のことであり、墨書が印刷されているタイプのものである。知多半島では現在でも、この墨書が印刷されている奉納経が主流である。朱印料金は、納経帳に押すものは一〇〇円、手書き朱印と呼ぶ差し替え式の墨書が手書きのものは三〇〇円である。朱印料は以前は五〇円であり、朱印料金の安さも、一日のうちに三三か寺とか四〇か寺とかを廻る知多半島の巡礼を気軽にできる要因になっていたようである。

数一〇〇回、一〇〇〇回の巡拝を達成しているような方の参拝は、若干状況が違っており、このようなバスやタクシーでの巡拝ではなく、おもに個人で廻っているという。朱印を受けずに、納め札のみを納めてゆく巡拝者もいるという。知多半島の霊場巡りは、このようなさまざまの巡拝の方法を許容する霊場巡りである。

## まとめにかえて

知多半島には、弘法大師ゆかりの寺院や霊跡を伝える場所が数多く残されている。知多四国霊場会の出版物では、「弘法大師は弘仁五年（八一四）御歳四十一の時三河から舟路で知多半島の東岸を南下され南知多町大井の聖崎へ御上陸、同地の医王寺と山を越えた山海の岩屋寺で護摩行を修せられ、野間へ出て陸路西岸を北上されたと伝えられています。聖崎・岩屋を初め、砂聖・仏山・求聞持山・明星水・弘法井等々大師ゆかりの霊跡が多数残されています」と紹介をしている。弘法大師が知多半島に入ってゆく行程が、まず半島の東端へ船で入ったという言い伝えは、知多半島の入口が、街道筋である付け根だけではないことを示しているといえるのではないだろうか。

また、先端の師崎での景観は、多くの島々を含め、富士山や熊野山をも視界の中に入れることができる。実際には見えなくとも、イメージとして、まさに知多半島の先端とは、都市から離れた場所ではなく、ひろい世界につながっているところであることを認識させる場所でもある。

調査にあたって、知多四国霊場会事務局長の外山杲見氏、南知多町教育委員会、半田市立博物館、半田市立図書館の皆様にはとくにお世話になった。また、いくつもの札所寺のご住職やご家族に親切にしていただき、ご接待も受けた。霊場巡りでたまたま同じバスに乗り合わせた方などからも、親切に多くの話を聞かせていただいた。書ききれなかったことが多く残ってしまったことをお詫びするとともに、感謝申し上げる。

参考文献
新城常三　一九七一年　『庶民の旅と歴史』ＮＨＫブックス、日本放送協会

新城常三　一九八二年　『新稿　社寺参詣の社会経済史的研究』塙書房
中山和久　二〇〇四年　『巡礼・遍路がわかる事典』日本実業出版社
南知多町　一九九四年　『南知多町誌』資料編3
籾山智美　一九九九年　「近代における知多新四国巡礼の盛況」（『知多半島の歴史と現在』一〇号）日本福祉大学知多半島総合研究所
知多四国霊場会　二〇〇二　『知多四国めぐり』写真入り札所案内巡拝イラストマップ、半田中央印刷（一九九三年初版）

付記

「知多半島新四国八十八ケ所巡拝図絵」は半田市立博物館、「知多新聞」は半田市立図書館が所蔵している。文中、パンフレットとあるのは知多四国霊場会が発行している「知多四国霊場開創二百年記念　知多の響き」である。地図の情報などは半田市立博物館の特別展図録『知多四国八十八ケ所』（一九九八年）によった。『知多土産』は、愛知県郷土資料刊行会が一九七八年に出版した復刻版によった。ほか、引用した資料のうち本文中に示した方がわかりやすいと思われるものは、本文の中で出典を記した。

# 知多半島域の信仰生活

田中　宣一

## はじめに

人智や自然の力を越えた霊格の存在を信じて、人はしばしばそれらを畏敬し祈願をこめたり畏怖し忌避する行為をするが、皆で協力して行いつづけ地域に根ざしているそのような行為を、ここでは信仰生活として述べていく。具体的には、神社や寺院の行事、小祠や小堂にかかわる行事、家々の行事、農業や漁業をはじめとする生産・生業にまつわる行事のほか、いろいろな霊格に対する伝承的心意などがそれに含まれる。諸行事の目的としては、地域や家々の安寧繁栄や生業の順調な発展、病魔災害の防禦駆逐などが考えられる。

なお、ここでいう霊格とは、一般にカミとかホトケ・タマ・ショウリョウなどと呼ばれているものであるが、原則としてカミと総称し神として述べていくことを、まずお断りしておきたい。

信仰生活は隣合う小さな地域間でも微妙に異なるのであるから、五市五町という広域にわたる知多半島全域をひとまとめにして述べるのは難しい。一人で調査しきることも不可能に近い。

しかし幸いなことに、知多半島域には比較的近年の自治体ごとの市町史・誌類が充実しているので、それらを活用しつつ他の報告類を参照し、それに調査で得た筆者の知見を加えて、全体像を描いてみたい。各地域の各行事の細部まで記すことはできないが、広域民俗誌のひとつの試みとして、まず全体の傾向をまとめるようにし、その中に興味深い事例をはめ込んで、知多半島域の伝承的な信仰生活の全体像を捉えることができるようにしたいと考えている。その場合、半島とはいっても北部の東海市や大府市よりも、筆者にとって半島らしいと思われる中南部域が主となるであろう。

その前に知多半島という地域についての感想をひとつ述べておくと、ここは早くから広く開かれ、活発な文化交流のなされてきた空間だったということである。半島というと一般に、中心部から離れた文化の行きどまりのような印象を持たれがちであるが、知多半島は決してそうではない。北は天下の東海道に接し、経済・文化の一大中心地である名古屋とも近い。

また、海に突き出しっぱなしでその先は遥か大海原が続くというような半島ではなく、半島の先には旧三河国の渥美半島が横たわるとともにいくつもの島嶼が点在し、常にそれらとの交流があった。さらに海の向こうには神宮を擁する伊勢があり、古くから交流が保たれていたようである。このような地であるから運漕業も発達していた。文化をただ受容するだけでなく、発信もし交流のできる地域だったということである。

したがって信仰生活は多彩である。そのひとつの例として、現在ではだいぶ衰えてしまっているが講行事の多様さを挙げることができる。種類が多いのである。それは、長年にわたって多くの宗教者が入り込んで大社大寺のいろいろな宗教思想を伝え、人々がそれを受容するとともに大社大寺へも出向いて行った結果によるものと思われる。

ほかには、地域の神社にかかわって山車の曳き廻しを伴う祭礼行事も華やかである。弘法大師の信仰や地蔵信仰も盛んである。弘法信仰は、知多半島に多い寺祠堂巡拝の習俗と無関係ではないであろう。

## 一　神社と祭り

### 神社

氏神とか鎮守などと呼ばれ、地域に根づいた宗教法人としてのしかるべき神社は、知多半島域にはちょうど二〇〇社存在する（『全国神社名鑑』全国神社名鑑刊行会・史学センター、昭和五二年）。それの五市・五町別の内訳は表1のとおりである。いちいち対比してみたわけではないが、だいたいい近世村の範域ごとに一社ずつ神社を祀っているとみてよいであろう。延喜式内社には阿久比神社（阿久比町）、入見神社・羽豆神社（ともに南知多町）の三社があるが、戦前に官幣社国幣社に列せられた神社は存在しなかった。唯一の県社として神前神社（半田市）があった。八幡社（八幡神社）や神明社（神明神社）が多いのは、全国的傾向であるとしても、熱田社・秋葉社・津島社が目につくのは、県内の有名大社である熱田神宮や津島神社、隣の静岡県の火の神である秋葉神社を勧請してきたからで、この地域のひとつの特徴的傾向とみてよいであろう。

氏神としての神社とは別に、天理教や御嶽教系・稲荷関係など神道系の教会も多く、信者の信仰生活に深く根づいていることがわかる。

各地域では、右のような氏神と考えてよい二〇〇社を中心に地域の祭りが繰り返され、祭りによって地域の結束が維持されていると考えてよいわけで、神社の存在は信仰生活を理解する上で重要である。祭りの営み方は地域によってさまざまであるが、次に、いくつかの祭りについてそのあらましをみておきたい。

表1　知多半島の神社数

| 自治体名 | 数 |
|---|---|
| 東海市 | 21 |
| 大府市 | 20 |
| 知多市 | 20 |
| 東浦町 | 7 |
| 阿久比町 | 17 |
| 常滑市 | 27 |
| 半田市 | 24 |
| 武豊町 | 13 |
| 美浜町 | 17 |
| 南知多町 | 34 |
| 計 | 200 |

注：『全国神社名鑑』（昭和52年）による。

## 半田の春祭り

半田市の「半田の春祭り」とは、三月下旬から五月初旬にかけて地区ごとに行われる祭りの総称で、市の観光協会が宣伝に力を入れ、華麗豪壮な山車の巡行をメインとする一種の地域起こしを目的とした祭りだといえよう。しかし、地区の個々の祭りには、地区の神社を中心にし山車が華やかに引き廻され、各種芸能なども奉納される伝統を引きついだ厳粛な祭りが多いのである。

現在一七地区が参加している。この一七地区は、成岩・岩滑・半田・乙川・亀崎・有脇という六近世村を継承したり、それらから分かれたり、かつて枝村であった地域である。それぞれ独自の神社を祀っている。

このうち、亀崎地区の神前神社と尾張三社を中心とした、潮干祭とも呼ばれる祭りについて少しみておきたい。神前神社は旧県社で亀崎地区の氏神である。尾張三社とは江戸時代末期創建という同地区内の小社である。神前神社の例祭は一〇月の桟掛祭と呼ばれる祭りではあるが、潮干祭も春の祭りとして重要な意味を持っている。

潮干祭は現在、五月三日と四日に行われる。三日に神輿が神前神社を出て尾張三社に神幸し、四日には尾張三社から神前神社に還御するのだが、祭りのなかの見ものは、神輿の往還に各組から出た五台の山車が華やかに供奉随伴する点にある。途中の所々において山車を止め、カラクリ人形芝居を演じるのも人気を博している。それと同時に、随伴に先だつ三日の午前中に、潮のひいた海浜に曳き下ろされた山車が、午後に満ち始めた潮と格闘するかのようにして海辺に曳き上げられる様子が勇壮なのであり、これも人気の的で、潮干祭という名称もここからきている。ただし、海への曳き下ろし曳き上げは昭和三十年代半ばまでのことで、高度経済成長とともに海岸の埋め立てが進んだり伊勢湾台風時の反省をもとに護岸工事が完成したので、長年つづいた方式もその後は形ばかりのものになった。

それが盛んに行われていた頃は祭日が旧暦三月十五日・十六日で、旧暦の場合にはその時間帯が大潮になったからできたことであるが、現在では祭日が変わったために潮の干満も異なってしまっている。現在、海浜の整備とともに復活してはいるが、大潮のときのような豪快さは見られない。

山車の海浜への曳き下げ曳き上げは、筆者には神輿に随伴する山車が、随伴に先だって禊として潮水を浴びるためのように思えるのであるが、当地ではかつて海から祭神が上がったという故事を強調し、その再現のためだと説かれているようである。

海浜に下りる下りないは別にして、亀崎以外の、「半田の春祭り」を構成する個々の地区の祭りにおいても、何台も出る山車がなかなか見ごたえのあるものとなっている。

山車の曳き廻わしは知多半島域の他の市や町においても力を入れている。豪壮な山車の巡行やそこでのカラクリ人形芝居は全国各地の祭りで珍しいわけではないが、特定の神社の祭りのみにそのような山車が出るのではなく、地域全域の相当数の神社の祭りにおいて豪壮な山車が出場しカラクリ人形芝居が行われているのは、やはり知多半島部の祭りの特徴だといってもよいであろう。

日間賀島の蛸祭りと祷人制度

日間賀神社は、南知多町の日間賀島の東里（東区）と呼ばれる地域の氏神である。日間賀島は昭和十二年に民俗学の「海村調査」の対象地として選ばれたため、瀬川清子がたびたび訪れ、昭和二十六年に『日間賀島民俗誌』を著したことによって民俗学者の間ではよく知られた島である。

日間賀神社の祭りは、かつて氏子の中から選ばれた祷人《とうにん》という当番神主が中心になって営まれていた。ここでは、現在ではもう消滅した祷人制度と、多彩な祭りのうち蛸祭りを中心とする正月行事について述べる。

祷人は古祷（去年の祷人）二人、今祷（今年の祷人、中番ともいう）二人、新祷（来年の祷人）二人の計六名で、いずれも夫婦揃った財力のある戸主がつとめた。祷人は十一月一日に独特の籤によって来年の祷人二人が決められた。

新しい来祷が決まることによって古祷と今祷（中番）は自動的に順繰りに決まることになる（来祷に決まると翌年は今祷、翌々年は古祷というように三年にわたって祷人をつとめあげることになるのだから）。今祷二人のうち年齢順で一の祷・二の祷を決め、二人の今祷を中心に六名の祷人が力を合わせて、一年間の神社関係のあらゆる祭りを主宰することになっていたのである。

ひとつひとつの細かいことは省略せざるをえないが、祷人に決まると日常生活を清浄に保つように心がけるとともに、決められた日にはすでに祷人を経験した人々（座衆）を家に招いて接待したり、毎日の神社参拝をつづけたり、紋日（毎月の一日・十一日・十五日・二十一日・二十八日）の神社への供物が欠かせない仕事だったので、精神物質両面で日常生活上大いなる負担となっていた。そのため、名誉な役だとされてはいたが次第に引き受け手がなくなり、昭和四十七年を境に改革が進み、昭和六十年以降祷人制度は廃された。現在ではつとめもゆるやかな形にして、氏子総代や区の役人が中心になって祭り関係の仕事を行うことになっている。

しかし、長年にわたって厳重な祷人制度にもとづいて祭りが執行されていたことは記憶されてしかるべきであろう。厳重さには差があっても、日間賀神社以外にも半島南部域には祷人制度によって祭りを執行していた神社はある。またこのような祷人制度は、海を隔てた伊勢・志摩の各地にも伝承されていてひとつの文化圏をなしていると思われ、かつての文化交流をしのばせるものだといえよう。

日間賀島周辺では蛸がよく獲れるからか、神社での祷人の主宰する正月行事にもしばしば蛸が登場していた。元旦には神主と祷人たちで蛸祭りの神事を行い、三日にも干した蛸を供えて神事を行っている。供える蛸は秋に獲って蒸してから切ったものであるが、これらは同じ東里にある安楽寺へも持参される。安楽寺の本尊が、蛸が吸いついたまま海中から引き上げられたと伝えている阿弥陀如来座像で、「たこ阿弥陀」と呼ばれているからである。類似の伝承は全国各地にないわけではないが、知多半島のひとつの特異な事例として記しておく。ただ現在ではほんの形式的な神事となってしまった。その代わりに、この伝承にもとづく観光化された蛸関係の行事が、夏の海水浴客目あてに行われている。観光産業で生きようとする地域らしい、民俗の商品化といえよう。

## 篠島の御幣鯛の供進

南知多町篠島には氏神として神明神社と八王子社が祀られており、正月三、四日の祭りには、八王子社の男神が三日夜に神明神社（女神）のもとに神幸し（このさいには島内の電灯はすべて消される）、四日に還御するという興味深い伝承を持っている。これとは別に篠島では十月十二日に鯛祭りも行っている。鯛祭りとは、この島から伊勢神宮

写真１　安楽寺に奉納された蛸の絵馬

写真１　神宮に供進する御幣鯛を加工する中手島の全景

に御幣鯛《おんべだい》と呼ばれる御贄鯛を調製し供進していることにちなむ祭りである。氏神社とは特に関係のない祭りであるが、伊勢神宮との長い関係を誇示する篠島にとって大切な祭りである。知多半島と伊勢神宮とのかかわりのひとつとして、ここでは鯛祭りの背景をなす御幣鯛の供進について述べておきたい。

篠島からの鯛の供進は鎌倉時代の「皇太神宮年中行事」にもみえるので、相当に古くからのことと思われる。供進は伊勢神宮の三節祭、すなわち六月の月次祭、神嘗祭（十月）、十二月の月次祭にまにあうように、六月十二日、十月十二日、十二月十二日の三回に分けて行われる。この鯛は篠島近海で獲れた鯛で、かつては獲る漁師も決まっていたようだが、現在では漁協が漁師から買い上げて干鯛に調製し供進するようになっている。供進数は、六月が目下一尺五寸の大鯛二八尾と、同じく一尺二寸の中鯛五〇尾、七寸の小鯛一一〇尾である。十月は中鯛五〇尾、小鯛一一〇尾、十二月が中鯛五〇尾、小鯛一一〇尾で、年間合計五〇八尾である。

中手島という場所（かつては島であったが現在では埋立てられて篠島と地つづきになっている）が神宮の地とされており、干鯛への調製はそこの御料干鯛調製所という所で行われる。まず庖丁で鱗を取り、腹を開いて内臓を出し、そこへ塩を詰め込んで一〇日間ほど樽に漬ける。それから天気のよい風のある日を選んで樽から出して海水で洗い、天日干しする。パリパリに乾くまで干すのだという。これらの作業には神宮からの神職も立合うようだが、漁協の男性職員がすべて行うのである。

供進の日にはかつては、その年の島内の最初の新造船に太一御用という幟を立てて運んでいたというが、その後、陸上輸送に変わった。しかしその後十月だけは再び船での輸送に戻り、現在にいたっている。なお、供進として述べてはきたが、現在では神宮からしかるべき代金が支払われているのである。

表2　知多半島の宗派別寺院数

| 宗派名 / 自治体名 | 真言宗 | 天台宗 | 曹洞宗 | 臨済宗 | 浄土宗 | 浄土真宗 | 日蓮宗 | その他 | 計 |
|---|---|---|---|---|---|---|---|---|---|
| 東海市 | 2 | 5 | 21 | | 10 | 1 | 1 | 2 | 42 |
| 大府市 | | 1 | 20 | | 2 | 2 | | | 25 |
| 知多市 | 8 | 4 | 19 | 7 | | | | | 38 |
| 東浦町 | | | 16 | | 4 | 2 | | 2 | 24 |
| 阿久比町 | | 2 | 8 | | 9 | 4 | | | 23 |
| 常滑市 | 4 | 2 | 21 | 1 | 15 | 6 | 1 | 4 | 54 |
| 半田市 | | | 10 | | 22 | 13 | 3 | 2 | 50 |
| 武豊町 | | 1 | 6 | | 5 | 1 | | | 13 |
| 美浜町 | 3 | 2 | 16 | 3 | 3 | 2 | | 2 | 31 |
| 南知多町 | 11 | 4 | 28 | | 8 | 1 | | 2 | 54 |
| 計 | 28 | 21 | 165 | 11 | 78 | 32 | 5 | 14 | 354 |

注：『全国寺院大鑑』（法蔵館、平成３年）による。

## 二　寺院

知多半島域の寺院の数は三五四である（『全国寺院大鑑』法蔵館　平成三年）。その五市五町別および宗派別の内訳は表2のとおりである。

全体的にみて曹洞宗寺院の多いのが特徴で、半島全域に分布し全体の半数近くを占めている。それに対し、日蓮宗寺院の少ないこともひとつの特徴といえよう。曹洞宗についで多いのは浄土宗寺院で、その大半は半田・常滑の両市に存在している。浄土真宗も意外に少ないが、浄土真宗寺院は半田・常滑両市に固まっている感があり、ほとんどすべてが真宗大谷派の寺院である。四国八十八箇所を模した知多四国霊場巡拝が盛んなわりには、真言宗寺院は多いとはいえない。

寺院は、近世の寺檀制度を背景に家々の葬送や先祖祭祀に関与をし、信仰生活に大きな影響を与えている。とはいえ神社のように、地域の行事のさいに中心的役割をはたす場面は少ない。強いて言えば、仏教系の講行事において重要な役割を担うことを指摘することはできる。また、正月には寺院においていわゆる村祈祷をする地域もあった。二月の涅槃会と四月花祭り（潅仏会）には、寺院の行事に参加する人がかつては多かったようである。

## 三　小祠・小堂と講行事

神社・寺院のみならず小祠や小堂も多く、それらを中心に行われている祭りも少なくない。数としては小祠・小堂の方が、神社や寺院の何倍いや十何倍も多いことであろう。いつのころかにそれぞれ祀られるしかるべき理由のあったことは間違いないが、現在では近所の人に聞いても忘れられてしまっているものもある。しかしきれいに掃除されていたり花や菓子の手向けられているのをみると、地域の信仰生活に深く息づいているのを知るのである。傍らには石碑・石仏などもあり、講行事に関係ある小祠・小堂も少なくないのである。

### 小祠と祭り

現在、調査に歩いてみると、小祠としては秋葉社や天神社、稲荷社などが多いという印象を持つが、近世期には山の神社が非常に多かったようである。各市誌・町誌では村絵図や記録をもとにそれらを数えあげているが、美浜町の場合には山神社が四〇と圧倒的に多く、次が神明社・白山社・八幡社の各四であった。常滑市も同様で、合計五九社のうち山の神を祀る祠が三〇と半数を占め、次が天神の五社という具合である。山岳地ではないのに意外な数字である。その背景には修験者などの勧めがあったのかもしれないが、農村部においては、丘陵地の雑木林を燃料に用いたり、落ち葉を堆肥にするというように、山への依存がけっこう強かったのであろう。丘陵地を畑に開墾するにあたっても信仰の対象とされたのであろう。また、伐木業者の信仰もあったのである。現在では氏神に合祀されたり廃絶したりして、かつての姿はほとんど見られない。

したがって現在では、山の神社を中心とするまとまった祭りはないといってよいだろうが、各家の年中行事の中に山の神祭祀をうかがうことができる。例えば、阿久比町のある地域では旧暦二月六日の夕刻に、新藁で作った苞一二箇に小豆飯をひと握りずつ入れて近くの秋葉山に祀り、そのうち二本を山の狐への供養として投げ入れ、残り一〇本は参った者に投げ配っていた。このような山の講をしていたのは大工・左官や農家の信仰ある人たちだったという。武豊町でも旧十一月七日に大工や山師など山仕事従事者が仕事を休み、道具を洗って神前に供えて山の神祭りをしていたし、美浜町でも山の神祠の前で火を焚いて酒宴をする所があったというから、今ではすっかり衰えたとはいえ、かつては半島部全域で山の神祭祀は盛んだったのであろう。

秋葉神社は氏神社としても祀られているが、小祠も少なくない。秋葉は火伏せの神として信仰され、この祠の前には必ずといってよいほど常夜燈が造立されている。これは他県の秋葉社においてもほぼ同じではあるが。

津島市の津島神社を勧請した氏神としての神島神社も多いが、半島域には小社小祠としての津島社も多い。それらを祀る地域では御葦様《おみよしさま》の信仰を伝えている。常滑市には、ギオンの行事といって津島市の本社へ行き神札を受けて来、それを潮水で清めた葦の束の中へ入れて（これをオミヨシさんといった）、毘沙門堂へ納める地域がかつてあった。そのあと、寺院の庭へ仮屋を設けて中にオミヨシさんを入れ、祭りをしていた。最後には海に流し去ったのであるが、五日五夜にわたる賑やかな行事だったという（『常滑市誌』）。

本社である津島神社では、七月の津島祭のとき、天王池の葦を刈って疫病をこれに封じ込め、川に流す神葭《みよし》放流神事を行うが、その葦が伊勢湾に流れ下り、潮流に乗って知多半島の各地域に漂着すると幸運と考え、オミヨシさんが着いたといって祝い祀ることがかつてあった。現在でも小祠を中心にしてそのような御葦様の信仰は残っている。

かつて運漕業の盛んな地だっただけに、金毘羅社の小祠も全域に多い。南知多町豊浜の須田神社横の須佐金毘羅宮には、半月区総代会などが、大漁満足・交通安全を願って奉納した絵馬のほかに、三隆丸とか宝栄丸という船関係者の奉納した絵馬が目立ち、今も人々の信仰生活に大きなウェイトを占めていることがわかる。この須佐金毘羅宮の近くに宝蔵稲荷大明神の小祠があり、還暦の人、喜寿の人、初老の人たちがそれぞれ連名で奉納した朱の鳥居がいくつか立ち並んでいる。同様な景観は半島域の他の地域でも見ることができ、稲荷信仰、年祝いの習俗がともに深く息づいていることがわかるのである。

### 小堂と祭り

仏教関係の小堂も多い。小祠にならってまず美浜町と常滑市の近世期の状況を述べておこう。美浜町には寺院附属の小堂以外に、大日堂二、十王堂、薬師堂、弘法堂などがあり、大日堂や弘法堂は現存している。常滑市には、観音堂五、薬師堂三、地蔵堂三、阿弥陀堂二、十王堂二のほか、市見堂、仁王堂、庚申堂があった。寺院の管理下におかれていたものもあったが、地域の人々によって守られていたものが多いのである。そして寺院の宗派や檀家制度を越えて、小堂の行事は小祠中心の行事と並んで、地域をまとまりあるものとしていたのである。

例えば、常滑市矢田の薬師堂は地区の各組から選ばれた世話人によって管理運営がなされ、毎月旧二十日の逮夜や八日の薬師の縁日には皆集まって法要するとともに、堂は平日も人々集いの場となっていたという。このような堂の機能は他の堂においてもほぼ同じだと考えてよいだろう。

半島域を歩いていると地蔵堂も目につくが、堂を持たない露座の石仏地蔵も多い。ひっそりと立ってはござるが、赤いよだれ掛けがされていたり花があげられているところをみると、確実に信じられていることがわかる。『美浜町誌』によると、ここの古布地区の路傍の何体かの地蔵は地区への出入口にあり、怪しい人物や悪霊・疾病を防いでいるのだと信じられている。その点、東日本の道祖神の機能に近い。知多半島域にはほとんど道祖神がみられないので、地蔵にその役が担わされているのだといえよう。同町の他の地区には他県から縄で縛って運んできたという地蔵があり、かつてこの地蔵の前で火を焚いて雨乞いをしたこともあるという。祈願をするとぎっくり腰や疣を治してくれるという腰折地蔵があったり、浜から曳き上げられたといい、八月二十三日にはその前で百万遍念仏数珠繰りの行われる地蔵もある。地蔵信仰が生活に滲みこんでいることがわかるのである。

講行事

「はじめに」のところでも述べたように、講行事は多彩である。講とは主として信仰を同じくする人々の集団であるが、信仰の対象が地域内に存在するものと、対象が本来は知多半島外の社寺であったものとに大別できる。以下、前者は地域内講として述べていく。後者は地域外の社寺へ参詣したりその社寺を勧請してきて祀っていたり、神符や護符を取り寄せて祀っているので地域外講として述べる。地域内講・地域外講ともに神道系仏教系入り混っている。

（1）地域内講

アットランダムに挙げていくと、庚申、お塚、エビス、山の神、太子、毘沙門、観音、弘法、念仏、大般若、薬師、地蔵、吉祥、報恩、不動、十夜、その他さまざまな名称の講がある。種類は地域内の寺院の宗派や生業によって多少異なるが、一地域にこのうちのいくつもの講が組織されており、またひとつの家で幾つもの講に入っている例が少なくない。講は祭りと並んで、信仰をとおして人々家々を結合させる最も大きな要素だといえよう。次にいくつかの例を挙げよう。

庚申講は講員宅を宿持廻りで行われ、床の間に青面金剛の絵像を掛けて皆で拝んだあと、食事をしつつ四方山話をして別れるというのが一般のようである。かつては非常に盛んだった。戦後になってだいぶ衰えてしまったが、現在も公民館などで続けている地域もあるようである。庚申堂は存在しないようであるが、石造の庚申塔は多く、半田市亀崎には一七基という多くの石塔が確認されている（『半田市誌・祭礼民俗篇』）。

念仏講もほとんどの地域に組織されており、地域内の葬式や法事に大きな役割をはたしてきたが、葬式の変化によって衰微しつつあるようである。

（2）地域外講

地域外講もアットランダムに挙げていくと、伊勢、秋葉、大峯、熱田、稲荷、津島、多賀、金毘羅、御嶽、豊川、信貴山、富士、善光寺その他さまざまある。これによって、中部・東海各地から近畿地方にかけての多くの社寺が、知多半島域に教線を広げていたことがわかる。これらいくつもの講が一地域に組織されており、またひとつの家で複数の講のメンバーである例が少なくない。次にいくつか例を挙げてみよう。

秋葉講とは静岡県の浜名湖の北方の秋葉神社を信仰する講で、知多半島域では最も多く分布している講のひとつである。秋葉神社は火の神なので、火の用心を心がけて毎年代参を立てて参拝するとともに、毎年何回か講員宅持廻わりで宿を決めて集まり、「秋葉大明神」の掛け軸を床の間に掛けて拝むのである。現在ではかつてほどの厳重さはなくなっているようであるが、まだ熱心に続けている地域は少なくない。本社である秋葉山本宮秋葉神社の祭日が十二月十六日であるためそれにあわせて代参に出かけたり、地域の秋葉の常夜燈前で火を焚いて祭りを行ったりしている。

知多半島域には氏神としての秋葉神社が少なくないし、小祠としての秋葉社も多い。これらは常夜燈に刻銘されている年代からみて江戸時代に勧請されたと思われるが、筆者が推測するにこの勧請と半島域に曹洞宗寺院が多いのとは関係がありそうである。江戸時代に秋葉山神社本社は曹洞宗寺院の支配を受けていた関係上、曹洞宗寺院が自らの鎮守社として秋葉社を勧請した可能性があるからである。また、近年まで残っていた山の神講の祭りに、地域の秋葉神社・秋葉社に関係あるものがいくつかあるので、半島域に山の神の小祠が多かったのは、この秋葉信仰の受容と深いかかわりがあるのではないかと思われる。

御嶽講は長野県の木曽の御嶽山を信仰の対象とする講であるが、この講は御嶽信仰を背景に成立した御嶽教が組織していった講と思われ、半島域には御嶽教関係の教会も少なくないのである。このような教派神道系の教会は、神社や寺院とは別に信仰生活に一定の位置を占めているといえよう。
漁村部では、三重県鳥羽市の青峰山を海上安全と豊漁の神として信じ、参拝に出かけている。

## 四　虫送りと雨乞い

ここで虫送りと雨乞いについて述べるのは唐突な感じもあるが、虫送りと雨乞いには神職や僧侶が関与したり、小祠・小堂にもかかわらせ地域の共同祈願の行事として行われることが多かったからである。パフォーマンスはまるで異なるが、力を合わせて地域の安寧繁栄を願おうとする点では講行事に通じるものがあるであろう。すでに現在盛んに行われているというわけではないが、農薬が普及し灌漑用水が整うまではしばしば熱心に行われていたことであり、半島域の信仰生活をうかがうには無視できないかと思われるので、取上げようとするのである。

### 虫供養・虫送り

現代ではすでに虫害が少なくなっているのだから、行われていても形式化あるいは芸能化した行事になっているが、かつては盛んだったという。

『常滑市誌（文化財編）』によると、ここの矢田では虫送りとうんか送りを区別し、うんか虫送りを六月下旬に行っていた。竹竿の先につけた麦藁製の実盛人形と青竹・紙製の鳥を先頭にして氏神社に参って祈祷を受けたあと、子供たちがホラ貝・太鼓で賑やかに地区内を練り歩き、人形と鳥は最後に村境の川に流していた。うんか送りとは七月下旬の行事で、こちらは松明を燃やすことが中心で、松明を持った地区の役員を先頭に子供たちがつき従って氏神社から村境まで練り、その広場で燃やし尽くすというものである。半島の他の地域では虫送り・うんか送りを一緒なものと考え、田植え終了後に同様に行っていた。

虫送りは虫を退治したり放逐するのが目的であるが、地域連合での虫の供養行事も行われていた。阿久比町、知多市、常滑市のは「知多の虫供養」としてよく知られているが、武豊町のはかつての町内の五ヵ地区が輪番で当番をつとめ、秋彼岸の中日に当番寺院の本堂で虫供養が行われる。これは大供養と呼ばれているが、かつては本堂ではなく、境内に小屋を建て卒塔婆を置いて供物をし、虫供養の念仏を唱えていたという。当番地域以外の四地区でも小規模な供養が行われていた。なお、当番地区では、七月に白装束で大峰山に参拝したというが、これも大供養の一部と考えられている（『武豊町誌（本文編）』）

虫送り・虫供養ともに地域の行事ではあるが、虫供養には寺僧の関与が著しく、御霊信仰の色彩が濃いように筆者には思われる。

## 雨乞い

昭和三十六年に愛知用水が通るまでは、大きな森林や主たる河川のない知多半島の農業は溜池に頼っていた。したがって旱魃の害に襲われることもあり、そのころは雨乞いも盛んに行われていたのである。半島域は年間降雨量も多くはなかったのである。

雨乞いの方法としては、天焼きと称して高所で大火を焚くことと、氏神に祈願したり、それでも効験なければ降雨に霊験のあるという神社に祈願にでかけることだった。

天焼きは広く行われていたようで、地域総出で近くの高所に藁や薪を持って登り天も焦げよとばかりに大火を焚いたのである。それでも効果がなければ地域の代表が各地の社寺に参ったのであるが、その社寺には県内の熱田神宮や猿投神社、岐阜・福井県境の夜叉ケ池（別当として長昌寺があった）、三重県桑名市の多度神社などがあった。多度神社から黒幣というものを受けてきたが、途中で休憩するとその場所に雨が降ってしまうといい、休まず歩きつづけて戻ったという。

## 五　巡りの信仰

社寺祠堂の神仏を巡り歩いて祈願をこめるという信仰の盛んな地でもある。知多新四国八十八ヶ所巡りや知多七福神巡り、南知多三十三観音巡り、南知多五色観音巡りなどの霊場順拝については本書の山崎氏の報告にゆずり、ここではそれ以外の巡りの信仰について述べておこう。

南知多町大井には、山中に虚空菩薩・風天宮・八幡大菩薩・愛染明王・山の神等々の石仏石神が祀られており、かつて旧正月に若者たちがそのうちの二八ヶ所を巡礼する風があったという。これは戦前までのことだが、昭和五十年代になって復活し、一月に地区主催の年中行事となっている。また、半田市の乙川地区などでは、近年まで、元旦未明から氏神をはじめ近隣地域の氏神社一二社を巡拝する一二社巡りということが行われていたという。

『阿久比町誌（本文編）』によると、ここの地域には近世末まで貴人の木像を厨子にいれて各家一日交替で巡回させ、廻ってきた家では供物をして拝む風があった。貴人にはかつてのこの地の為政者や菅原道真などいろいろな人物が比定されているが、近代に入ってからは木像が寺院に安置されることになり、巡回させることはなくなっている。しかし母屋を新築した家などでは、寺院から借り受けて客間にしばらく祀っておくこともあったという。

常滑市には廻わり弘法といって、弘法大師の掛軸を月に一、二度宿を代えて廻わし、人々はその宿に集まって拝んでいる地域があるという。

南知多町篠島には、島弘法といって、島内で完結する八十八ケ所巡礼地が設けられている。

## 六　大晦日のオコモリ行事

大晦日の行事は各家で厳粛に営まれるが、ここでは家々のそれらとは別に、大晦日夜から元旦にかけて集団で行われるオコモリと呼ばれる行事（地域の行事というわけではない）について述べておきたい。

阿久比町では近年まで、大晦日の夜に子供たちが餅を持って氏神境内のオコモリ場に集まり、そこの大火鉢で餅を焼き、ゲームなどをしながら一晩籠ったという。そのとき寺の鐘を一〇八ついたりもしたという。子供たちの世話には社守や氏子総代があたったが、その後、子供のオコモリから厄年の人たちによるオコモリに変わったという。子供ではなく、青年団員など若者が籠る地区もあった（『阿久比町誌〈資料編八・民俗〉』）。

美浜町の上野間では、除夜の鐘のあとしばらくすると七度参りが出始めた。六一歳と二五歳の者が厄落としを子供に頼みつつ、集団で七社寺のコースを七周するものである。また、四二歳の者は裸参りをして二〇歳前後の若者に厄落としを頼んだ。若者は夜半に宿で入浴したあと素裸で海に入って身を清め、晒しの腹巻・褌・鉢巻姿で数人ずつ肩を組み、伊勢音頭を歌いながら社寺を巡ったという（『美浜町誌〈本文編〉』）。大晦日とかぎらなくても、新年早々に厄落としをしてしまおうという心意は、半島全域で一般的だったように思われる。

南知多町では大人が神社のお茶所でオコモリをし、火を絶やさないようにして新年につなぐ地域があった。同町の中洲では、神社近くの子供たちが太鼓の音に合わせて「ヒャクハットヒャクハット、ゼニガナケレバ、キヲオクレ」と大声で叫びながら、一軒一軒廻って金を集め、神社に納めた。神社ではその半分を神社に入れ、残り半分を子供たちに与えたが、それは年長の子によって分配されたという。そして零時を過ぎると子供たちは、太鼓の音に合わせて「起きなれや、起きなれやお雑煮が煮えたに起きしやれや」と、再び大声で叫んで歩いたという（『南知多町誌〈本文編〉』)。

このように、知多半島域では一般に、大晦日から元旦にかけてのオコモリ関係の行事や厄落しが広く行われていたと思われる。

## 七　家々の諸行事

多くの家において家単位で行っていると思われる行事についてみていきたい。このなかには地域の行事と連動するものも少なくない。各家の事情によって現在では行っていないものも少なくないかと思われるが、近年までは行われていたわけで、全般に多彩である。全国どこでも行われているようなものは一応除き、いくらかこの地域の特徴を示すかと思われるものを日を追って述べていく。

篠島・日間賀島をはじめ半島南部域の漁村では、別火など年の暮れの火の清浄に関する伝承が濃いが、常滑市でも火にまつわる伝承がある。例えば餅搗きの前には竈（クド）を塩で清めたり、蒸し上がると燠を釜に載せるなどである。

美浜町内扇には餅なし正月の伝承があり、元旦には餅ではなく、餅にする前の蒸したままの飯の上に煮豆をのせて手づかみで食べるという。平治の乱で敗れた源義朝がこの地に逃れてきたことに関連づけて伝承されているのである。

南知多町篠島では、一月二日に漁師が船の乗りぞめをする。船主が船霊を呼びさますのだといって船の胴を木槌で叩いてから海水で船を清め、供物をし、儀礼的に船を出すのである。同地では、五日に八王子社前の浜に斎場を設けて竜神を祀り、海上安全と豊漁を祈っている。このとき各家では米の粉の団子をこしらえて神棚に供える。

農村部では一般に、二日か四日に田畑を儀礼的に打って神酒・洗米などを供えたり、山の木を少し伐ってくる仕事はじめ（クワハジメと呼んでいた）を、かつてはしていた。商店の初荷も二日だった。

正月飾りなどを焼くサギチョウは南知多町の師崎では正月二日に行う。大漁祈願の大幟や正月飾りで作った船を燃やすのである。美浜町では七日に行う所が多く阿久比町では十五日の所が多い。

正月十五日に武豊町では、若者が獅子舞の衣裳に身を包んで、早暁に悪魔払いを大声で連呼して廻ったというし、美浜町では若者が中心になって雌雄の獅子を舞わせ厄年の家を中心に廻ったという。この日に悪魔払いをする地域は多かったし、神社で粥占などの年占も行われている。

三月節供の雛祭りには、かつて男児が女児宅へガンドを打たせてくれといって大きな袋を持って訪れ、供え物の菓子をもらって歩いた。このようなガンドウチは半島全域で行われていたようである。旧暦で節供を祝っていた頃には、大潮である三日の満潮前に雛を片づけてしまうものだという伝承も広く分布していた。

旧暦四月十二〜十四日の御衣（オンゾ）祭も特異である。武豊町では多くの家でまだ機織りをしていた頃、この日にはオンゾ祭りといって仕事を休み、機織り道具を洗い清めたという。南知多町の豊浜や師崎でも機織りを休み、道具を清め餅を搗いて神棚に供えた。今は五月十四日に行われるが、旧暦の四月十四日はかつて伊勢神宮において天照大神に衣服を供える神御衣祭の日であった。半島域の御衣祭はこれと関係するものと思われる。南知多町の篠島ではこの日、対岸の渥美半伊良湖神社の祭りに参りに行くというが、伊良湖神社は神宮に織物を献上したりしていた神社だという。

農作業が機械化される以前、美浜町の家々では田植終了後サナエブリという内祝いをしたが、このとき苗二束をエビス神に供えたという。このような田植後や秋の収穫後の農上がりは、かつては半島の農村部全域で丁寧に行われていたようである。

盆行事も丁寧に行われ、漁村部では浜施餓鬼を執行する例が多い。

秋の七五三は、カミオキ（髪置き）と呼ばれよく行われている。

以上かいつまんで特異かと思われる家々の行事を挙げてみたが、正月行事・盆行事をはじめ、農村部漁村部ともかつては行事は多彩だった。

なお、ひとつ付け加えておきたい。漁村部には亀の墓がいくつか見られる。次はそのひとつである。

南知多町豊浜の正衆禅寺にあるオカメサンと呼ばれている亀の墓は、網に紛れ込んで死んだ亀を供養する場だった。現在でも亀を供養しているが、興味深いことに近年では、寺の経営する幼稚園の園児たちが飼っている兎・小鳥などのペットが死んだ場合に埋めて供養する場ともなっている。

写真３　亀の墓（南知多町豊浜）

写真４　飲料水として重要だった浜井戸が用いられなくなり、そこに祀られている丹生浜井戸宮という水神（南知多町師崎）

## おわりに

なかなか充分というわけにはいかなかったが、知多半島域の信仰生活についてみてきた。神社の祭りが山車など出して現在も賑やかに行われているほか、小祠・小堂にかかわる行事も、講行事などという形で多く行われている地域だと思われる。農業や漁業にかかわる行事はかつては熱心だったが、とくに農業の場合、農作業の機械化とともに、家ごとの田の神祭りは行う家が少なくなったように思われる。そのなかにあって、田から害虫がいなくなっても、集団で行う虫送りは、地域の行事としてつづけている所がある。同じ生業関係の行事でも鍛冶や窯業の行事については触れることができなかったが、かつて熱心に行われていたと思われる。

主たる参考文献
・五市五町の市誌もしくは町誌
・『愛知県史〈別編・民俗2尾張〉』
・『篠島』（愛知県史民俗調査報告書1）

# 風水害からみた半島の変化

今野　大輔

## はじめに

多くの半島は、海に突出したその地形ゆえ、人やモノの出入の窓口としての性格を有する。半島を、陸側から海に伸びた大きな桟橋とみなしても、必ずしも間違いとはいえないだろう。このような窓口としての役割を持つ半島であるが、海に開かれているということは、つまるところ海から来たる脅威にも開かれるといっても過言ではなかろう。その危機は戦争における上陸地点の橋頭堡になりうるという人的脅威の可能性もある。また、台風や津波などの災害、換言すれば自然的脅威に最前線からさらされる可能性もあるのである。太平洋側・日本海側の違いもあるが、台風も津波も、勢力の弱まることないまま受け止めるという地形的性格は、半島とはいえ島嶼部や沿岸地域と同一であろう。

愛知用水の通水まで生活用水の確保が難しかった知多半島であっても、それは例外とはならない。梅雨期・台風季の集中的降雨はたしかに恵みの雨となりうるが、その一方で、過剰な降雨やその他の水害をもたらす台風は、その進路周辺に甚大な被害を与え、人々の生活に大きな影響を及ぼすのである。

小稿では、半島を人やモノだけでなく、自然をも含めた三者に対しての窓口的性格を有するものととらえ、特に自然災害（風水害）と半島との関係を検証していく。日本国内の半島の中でも知多半島に焦点をあてている本書の構成に鑑み、小稿では知多半島を襲った風水害と、それによって半島の景観及び生活がどのような影響を受け、そしてどのように変化していったのかをみることによって、半島部の特徴の抽出を試みる。構成としては知多半島の気象的性格の概観を述べ、知多半島を襲った主な風水害の歴史や被害の実態をみていくが、その際は特に昭和二十八年の十三号台風及び、昭和三十四年の伊勢湾台風を中心とする。両者とも知多半島を含む東海地方を直撃しているだけでなく、現在でも知多半島の人々の記憶として鮮明に語られるものだからである。そして具体的な被害の語りや景観・生活の変化は、知多半島の中でも最先端部にあたる、南知多町の師崎地区を対象とする。また、それにあたって、災害とそれに対する行政の対応と、その先にある各地方の景観及び生活(民俗)の変化という、自然—行政—民俗の連環構造を想定する。

## 一　知多半島の気象的性格と風水害史

知多半島を有する愛知県は、暖候期の高温・多雨、寒候期の小雨・乾燥という特徴を持つ、いわゆる太平洋岸気候区に区分される。しかし、同一県内とはいえ地域ごとの差は存在する。県北東部の、三河の山間地方ではやや内陸性を帯びて冬の冷え込みは厳しく、渥美半島と知多半島の南部では、熊野灘・遠州灘を流れる黒潮の影響を受け、四季を通じて温和な気候である。(1) 小稿で扱う知多半島は後者にあたり、県内でも温暖な地方である。年平均気温も南知多町では一四・八度であり、名古屋の平均の一五・六度と大差はない。名古屋の年平均気温は、本州の温暖気候の代表的な高知市の一六・三度とさほど変わらず、本州全域の中でも温暖な地域であることがわかるだろう。(2)

次に愛知県の雨量についてであるが、降水量の多寡は水蒸気のほかに上昇気流の強さや気流の収束しやすさなど、地形及び風向に影響されやすい。太平洋に面する愛知県では、冬期の雪による降水量は少なく、暖候期の雨による降水が多い。月別で見ると、県内の雨は主に低気圧、梅雨前線、秋雨前線や台風の影響によってもたらされる、六～七月と九月の降水量が多くなっている。後ほど扱う師崎のある南知多町の年間降水量の平年値は一五二八・二ミリである。[3]

さて、本書でも指摘されているが、知多半島は愛知用水の通水までたびたび水不足に悩まされてきた。『南知多町誌』でも年間降水量約一五〇〇ミリは瀬戸内気候区と大差ないと説明しており、少雨が水不足の原因であるとされていることがわかる。[4]とはいえ、瀬戸内地方は年間降水量が一〇〇〇ミリ以下の場合もあり、知多半島は県内全域と比較すると少雨地域に入るが、全国的に見ると少雨性の乏水地域には入らない。また、知多半島は土性も下層が砂質、表層が壌土であるが、それは雨水がすぐに地下へ浸透してしまうほどの、地質的な乏水性でもない。知多半島における乏水性の特徴は、（一）高山がなく丘陵性の半島であり、すべての河川が細く、各水系が孤立していて水量が極めて少ないこと、（二）雨量が季節的に片寄っていることである。[5]換言すれば、（一）の地域的な乏水性に加え、（二）の年間雨量の季節的配分の片寄りが知多半島の水不足を招いていたのである。このように、知多半島の水不足は、年間を通しての少雨が原因であったとは必ずしもいえないのである。

『南知多町誌』によると南知多町全域における月別降水量は九月が最も多く、ついで六月、五月、八月、四月となっているが、この傾向は南知多町に限ったことではなく、県内の尾張・知多地方でも同様の傾向を示している。九月と十月だけで年間降水量の約四分の一、五月と六月で同じく四分の一が降るのである。これらを見ると、南知多町の降水量の約半分が、秋の台風から秋雨前線の停滞期と、梅雨前線停滞期のものであるといえよう。[6]

以上のように知多半島は長く水不足に悩まされてきたが、それは少雨ではなく地形的特徴と降雨の片寄りによってもたらされたものであった。そして愛知県全体は太平洋岸の他の地方と同じく、台風による風水害が頻度、被害ともに気象災害の大部分を占めている。[7]また、半島先端部の南知多町でも、過去の災害の多くが台風によってもたらされたものである。『南知多町誌』でも「長い海岸線を持つ本町にとって、台風時の高潮・高波による堤防の決壊や浸水による被害が最も多い。」と述べられており、水不足に悩まされた半島においても、台風などの風水害はまったく無縁なものではなかったのである。(8)

二〇〇八年の夏は、関東地方を中心として局地的な豪雨が多かった。八月末の豪雨では岡崎市を中心として大きな被害を受けたように、(9)愛知県は台風も含めて水害に見舞われる機会が少なくないことが改めて明らかになった。少雨に悩まされた四国と異なり、知多半島に限ったとしても、季節的に降雨の片寄りがあるため、乾期には干ばつ、雨期には風水害と、むしろ多寡両面で雨に悩まされることが多かったといえよう。

なお、近代以降、知多半島全域を襲った主な災害とそれらのおおまかな被害の実態を文末に一覧表として提示する。その中には記録が古く被害域などの実態が不分明な例もあり、必ずしも知多半島のみに限った記述にはなりえない部分もある。また、風水害ではないが、東海地方に大きな被害を与えた大地震も数例それに含めた。

## 二　伊勢湾台風と知多半島

知多半島をめぐる風水害史を概観しただけでも、台風による被害が恒常的に多かったことがわかる。その中でも、戦後の日本を直撃した昭和三十四年九月の伊勢湾台風は、東海地方を中心として全国的に大きな被害を及ぼしただけでなく、その進路が知多半島周辺を直撃したこともあり、現在でも知多半島の人々に語られている。本節ではこの伊勢湾台風を概観するとともに、それらが知多半島にどれほどの被害をもたらしたかについて述べる。また、伊勢湾台風の比較として、昭和二十八年九月に同じく知多半島を直撃し、伊勢湾台風と同様に人々の記憶に残っている台風十三号(いわゆる十三号台風)も取り上げる。両者とも戦後の東海地方のみでなく、全国的に被害を与えた大台風であるとともに、その被害が行政を動かした点でも共通しているのである。

十三号台風と愛知県の海岸改良工事

昭和二十八年九月十八日、グアム島の南東海上で発生した台風は、二十二日になって急速に発達し、非常に大きな勢力を保ったまま北上した。四国の南方から日本列島に接近した台風十三号は、同月二十五日の一八時半頃、知多半島に上陸し、半島南部(半島内では野間を通過)から三河湾を北東に向って通過した。その後は諏訪市、新潟市を通過し、翌日早朝には三陸沖に進んだ。死者は三九三名、行方不明者八五名、負傷者は二五〇〇名を超え、全半壊住宅数は約二万五〇〇〇棟、約五〇万棟が床上床下浸水の被害を受けた[10]。

十三号台風の名で知られるこの台風により、愛知県内では海岸堤防の総延長一五六キロメートルが被災し、沿海部の居住地域ならびに耕地の合計二万三三五〇町歩が冠水した。被害総額は六七五億円で、被害の中心は、木曽川・矢作川・豊川の大三角州のある尾三平野の海岸線であり、愛知県の沿岸部のほぼ全域であった。伊勢湾は南北に三河湾は東西に細長く、かつ両湾の湾口はともに太平洋に開いている。このような地形から、台風の襲来によって湾内の高潮が起こりやすくなっている[11]。知多半島は十三号台風の進路上にあたるとともに、まさにこの湾内に突き出した半島であるため、この十三号台風の際も特に高潮の被害を受けたのである。

十三号台風の深刻な被害を受けて、県は台風十三号災害救助対策本部を設置し、罹災者の救護と復旧につとめ、特に高潮の被害が大きかったことから堤防の復興計画をたてた。その総延長は一七二キロメートル、総事業費は当時で一九九億円を計上した。堤防の改良などは十三号台風以前からも計画されていたが、愛知県土木部の編んだ『昭和二十八年十三号台風海岸復興誌』によるとその対象地は、海部郡、幡豆郡、碧南市、知多市、宝飯郡、豊橋市、渥美郡など、大都市名古屋の周辺や三河湾を囲む一帯など、半島のつけ根やその他の海岸線が主であった[12]。十三号台風による高潮は、これら堤防改良工事のなされた地においても、深刻な被害を与えたのである。

十三号台風後の愛知県による海岸復興計画には、海岸災害防止事業と災害単独復旧事業が存在した。前者の海岸災害防止事業は、被災地の復旧だけでなく、再び被害を受けないような抜本的工事を行なうものであった。そしてその対象地は、上野・横須賀海岸、衣ヶ浦海岸、半田・武豊海岸、幡豆海岸(碧南、一色の各市を含む)、宝飯海岸、豊橋海岸、田原海岸、福江海岸が選定された。これら各海岸域の総延長は一三三キロメートルで、特に被害が大きく経済効果の大きい場所でもあったのである。

一方、後者の災害単独復旧事業は被災した海岸及び海岸道路の復旧工事を行なうものであった。知多半島内に限ると、海岸災害防止事業の対象地である上野・横須賀、衣ヶ浦、半田・武豊の各海岸以外は、ほぼ全域にわたって災害単独復旧事業の対象地として選定された。海岸災害防止事業の対象地は、いずれも知多半島内でも特に「つけ根」の部分にあたることがわかる。十三号台風は知多半島全域に被害を与えたが、抜本的改良工事がなされたのは、大都市に比較的近い一部分だったといえよう。

また、昭和二十八年は風水害の被害が多い年であり、十三号台風に先立つ六月下旬にも北九州地方で大水害があり、死者・行方不明者が一〇〇〇人を超えた。その後も七月中旬に和歌山県を中心とした南紀豪雨、八月中旬には京都府南山城に豪雨があった。このような一連の風水害の後に十三号台風があり、その際の高潮被害を契機として、三年後の昭和三十一年五月、海岸法が公布されたのである。この法律は津波、高潮、波浪などの海水による浸食や地盤の変動などから海岸を防護するとともに、海岸環境の整備などを目的としてものだったのである[13]。

## 伊勢湾台風概略

昭和二十八年の十三号台風は愛知県の海岸線を中心に深刻な高潮被害を与えた。被災地各所では堤防等の改良工事がなされていたが、それらが完成を見る直前の昭和三十四年九月、再び東海地方に大きな台風が襲来した。その台風十五号は、名古屋を中心とした伊勢湾一帯に甚大な被害を与えたことから気象庁により伊勢湾台風と命名され、明治

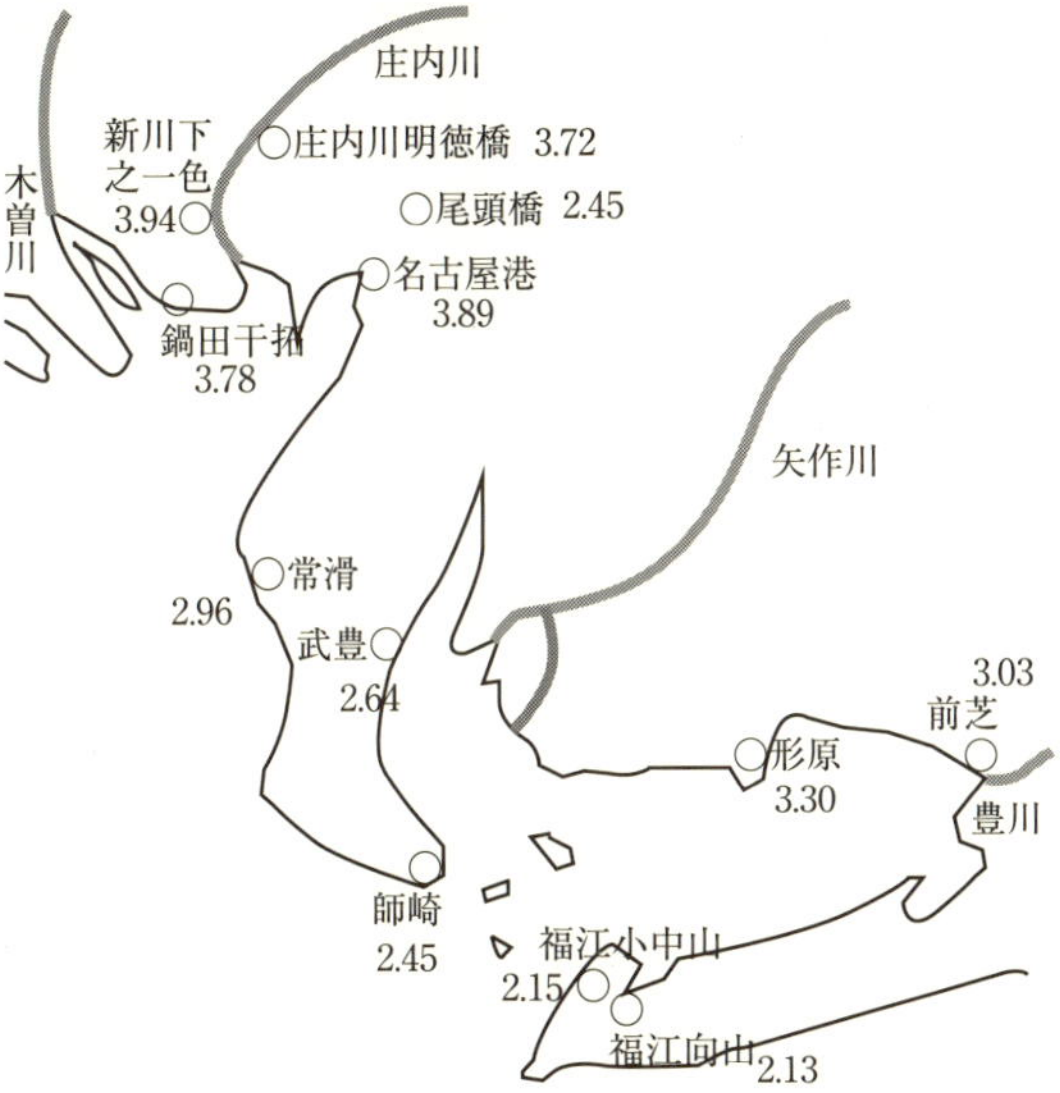


（注）図中の数字はT.P.で示す。単位m

図１　最高潮位（１）（建設省『伊勢湾台風災害誌』より）

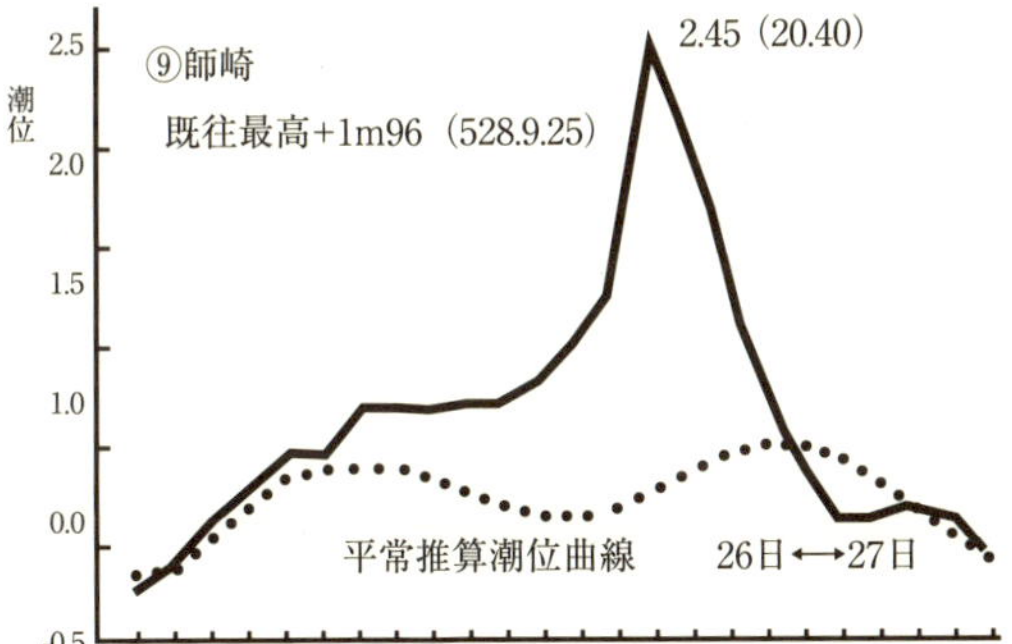


図２　最高潮位（２）（建設省『伊勢湾台風災害誌』より）

以来最大級の台風として、現在でも多くの人々の記憶に残っている。

後に伊勢湾台風の名で知られる台風十五号は当初、九月二十日にマリアナ諸島の東海上で発生した、勢力の弱い熱帯低気圧であった。しかし発生後、西～北西方向に進みながら次第に勢力を強め、同月二十一日に台風十五号となった。発生当初、一〇〇八ミリバールであった中心気圧は移動とともに下がり続け、二十三日には八九四ミリバールを観測するなど猛烈な発達を示し、非常に強力かつ広範な暴風域を伴うまでになったのである。台風十五号は日本列島上陸前にその最盛期を過ぎたものの、勢力の弱化はあまりないままに北上して日本列島に近づき、二十六日夕方に潮岬西方から紀伊半島にかけて上陸した[14]。台風十五号は十三号台風よりも西方に上陸したが、この上陸地点及びその後の進路の違いが、大きな被害を招いたのである。ちなみに、昭和二十九年の洞爺丸台風、三十三年の狩野川台風も同じ九月二十六日に大惨事を引き起こしており、この「魔の二十六日[15]」は不幸な当たり日であった。

日本列島に上陸した台風十五号は急激に中心気圧を上げ、奈良・三重の県境附近を通過しながら本州を横断し、翌日未明に富山市東方から日本海に抜けた。その移動の速さは、『朝日新聞』が「特急台風」と表現したほどであった[16]。駆け抜けるように通り過ぎたとはいえ、被災地域にとってはまさに、悪夢のような一時であったといえよう。

台風の最盛期は日本列島への上陸前であったが、それでも列島全域に大きな被害を与え、同月三十日に気象庁によって「伊勢湾台風」と命名されたのである。二十九年の洞爺丸台風が海上運航の船に教訓を与え、狩野川台風が雨台風による河川氾濫の恐ろしさを訴えたように、この伊勢湾台風の名称が高潮被害の惨禍を人々に記憶させる効果を持つだろうと、当時の『朝日新聞』は評している[17]。

この伊勢湾台風による死者は約四七〇〇名であり、さらに行方不明者約四〇〇名、負傷者は三万九〇〇〇名近くにものぼり、明治以降の風水害としては未曽有の人的被害を与えたのである。伊勢湾台風における被害の特徴は十三号台風と同じく、低気圧による海面の吸い上げと暴風によって引き起こされた高潮であった。進路の東方にあたった伊勢湾では特に風速とそれによる高潮が強烈で、中でも名古屋市沿岸部の高潮被害はすさまじく、四メートル近い高潮によって沿岸の堤防は決壊し、貯木場のラワン材が工場や住宅地になだれ込み、多くの死傷者を出した。それだけでなく、名古屋市南部や木曽三川下流の干拓地では、台風通過後も長期間にわたって湛水被害に悩まされた。また、前述したように愛知県内の各海岸は十三号台風以降の改良工事の途次にあり、完成を控えた堤防が再び決壊するなどの被害があったのである。小稿で取り上げる南知多町師崎も、最高潮位二・四五メートルを記録している[18]。

建設省の『伊勢湾台風災害誌』は、ともに東海地方に大きな被害を与えた伊勢湾台風と昭和二十八年の十三号台風

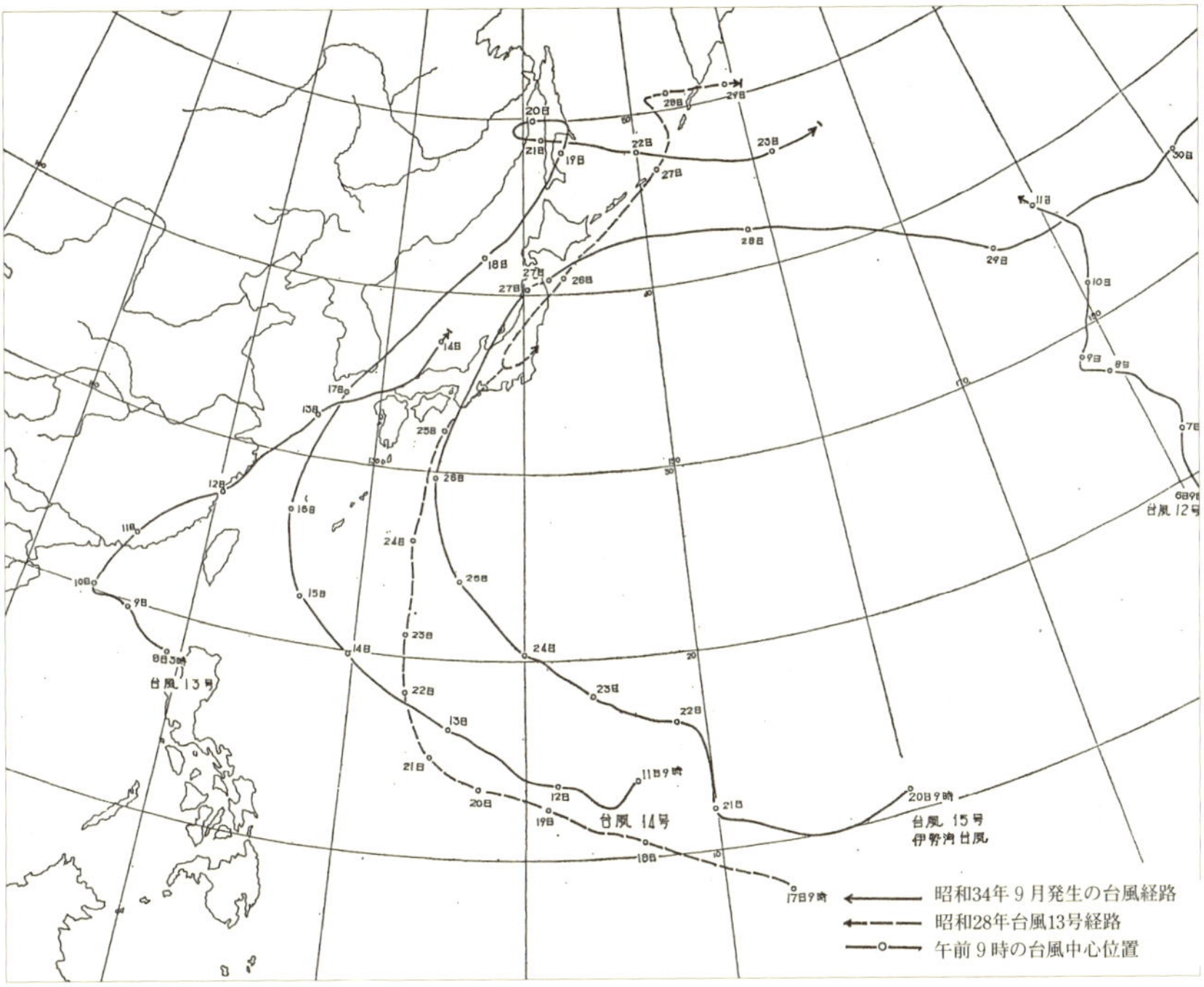


（注）台風15号は伊勢湾台風。破線が13号台風。

図3　13号台風と伊勢湾台風の進路（建設省『伊勢湾台風災害誌』より）

の比較を行なっている。まず台風の勢力としては、十三号台風の最低気圧が九〇〇ミリバールだったのに対して、伊勢湾台風が八九五ミリバールでほぼ同じとなっている。また、台風の最盛期が三日余りであったことも共通しているという。つまり、台風の規模としては両者とも大差がなかったといえよう[19]。しかしながら気象庁観測の瞬間最大風速を比較すると、十三号台風の秒速三〇メートルに対して、伊勢湾台風は秒速四五・五メートルを記録している[20]。このことからもわかるように、伊勢湾台風はいわゆる「風台風」としての性格が強く、著しい降雨被害はなかったものの、被害の多くもまた暴風によって引き起こされたものであった。また、暴風によって引き起こされた高潮被害は、十三号台風・伊勢湾台風に共通して発生した災害であるが、名古屋周辺に限ると伊勢湾台風の方が甚大な被害を与えた。規模としてはほぼ同じであった両台風であるが、なぜ高潮被害に違いが生じたのであるか。それは前述したとおり、両台風の進路の違いに原因が求められる。知多半島に上陸して長野・新潟を抜けた十三号台風は、名古屋の東方を通過した。低気圧はその中心に向って反時計回りに風が吹き込むため、十三号台風の西方であった名古屋では北北東から北にかけての風、つまり陸側から風が吹き込んだため、海水が陸地に吹き寄せることがなかった。しかしながら、伊勢湾台風は潮岬から紀伊半島に上陸し、富山方面へと抜けていった。伊勢湾台風は、名古屋の西方を通過したのである。台風の東方の名古屋では十三号台風の時とは反対に南南西の風が強く吹いたため、海から海岸へと海水が強く吹き寄せた。それにより、名古屋市の沿岸で急激な高潮が発生し、大きな被害を与えたのである。

このように規模として共通性を持つ両台風であるが、その進路の違いによって被害の度合いが異なった。両台風とも高潮被害と多数の死傷者を出したものの、伊勢湾台風は大都市名古屋にて多くの人的被害を出した。高潮によって貯木場からあふれ出した巨大なラワン材が住宅地を呑み込んだ写真は当時の報道でも使用され、その悲惨な光景が伊勢湾台風の名前とともに、多くの人々に記憶されたといえよう。

### 新聞記事にみる被害の実態

伊勢湾台風襲来当時の朝日新聞(東京版)を見ると、上陸前はその規模に最大級の警戒をしていたとはいえ、記事自体は普段の台風とあまり変わっていなかった。それが一変するのは、超大型台風が列島を駆け抜け、各地からの甚大な被害の実態が届くようになってからである。上陸の翌日、九月二十七日付の『朝日新聞』朝刊では、情報の遅れが目立つ。知多郡上野町の海岸堤防が決壊し、約二〇〇名が水中に孤立したことや、名古屋市や半田市、蒲郡市にも災害救助法が発動されたことなどを報じている。しかし、救助法の発動については、三河湾・伊勢湾の沿岸地帯が相当の被害を受けている模様だが、連絡の遅れから、被害が判明している地区にだけ発動されたと記している。被害の規模にもかかわらず、被害実態のじゅうぶんな把握がなされていないため、対策が遅れていることがわかる。その後、被害の実態が判明してくるにつれて、伊勢湾台風に関する記事は増加する。紙面に載る被災者数は日増しに増えていき、後に「昭和の三大台風」として並置される室戸台風・枕崎台風に次ぐものであると報じられた[21]。

伊勢湾台風は、上陸地点から離れた東京にも雨風の被害だけでなく間接的な影響も与えた。被害により中部地方からの交通が途絶し、翌二十七日の東京築地市場には関西からの魚や野菜の入荷が激減し、価格が急騰したのである[22]。それだけでなく、九月の月末に襲った台風は、当年の米の減収をも引き起こした。二十八日の『朝日新聞』朝刊では全国で米の減収が一五万トンにものぼるとの見通しを立てており、愛知県だけでもその半数に達すると推測した。台風は直接的な風水害だけでなく、流通が広範になればなるほど、遠隔地にもその間接的影響を及ぼすということがよくわかる事態である。

「特急台風」と呼ばれたように、伊勢湾台風の移動は速かった。しかしながら、被災地に残された爪痕は台風の通過とともに過ぎ去るわけではない。上陸の四日後の三十日付けの『朝日新聞』では被災地入りした記者たちの談話が設けられ、激甚地の名古屋の惨状が読者にも手に取るようにわかったのである。その座談会によると、最も被害の大きかった名古屋市南部では各区役所や小中学校、その他競馬場や病院などの比較的広い施設に、それぞれ一〇〇〇名単位の被災者が避難してきている。このように避難所生活をする人々は名古屋市だけで一六万人にものぼったが、二十九日までに名古屋市では一〇〇〇名以上の死者が出ているのである。被災直後の混乱で遺体の収容も満足に進まず、身元の整理すら困難な現状だった。それを目の当たりにした新聞記者たちも、「とにかくその惨状に言葉が出なかった。」と述懐しており、悲惨な状況をうかがわせる。また、大規模な風水害は伝染病の蔓延をも引き起こす。伊勢湾台風もその例外ではなく、名古屋市をはじめ、各地で赤痢などの伝染病の発生が深刻な問題となっており、被災地への薬剤散布や被災者の検診は、台風の被害が一段落したあともしばらく続いたのである[23]。

台風から約半月経った後、『朝日新聞』は十月十一日から二十一日までの一〇日間、全一〇回にわたって伊勢湾台風関連のコラムを掲載し続けた。「台風はまだ続いている」と題されたそのコラムは、台風直撃当時やその後の被害を、当事者の言葉を通して全国に伝えたのである。第一回は「子をうばった高潮」と題し、高潮で子どもを失った母へのインタビューから伊勢湾台風を象徴する惨事の実態を記録するとともに、排水だけでなく行政による復興も進んでいない現状を訴えた。わが子を失った母の証言は、みるみる内に人家を呑み込む高潮の恐ろしさを読者に語りかけただけではなかった。その女性は台風当時、半田市在住であったが、まさか高潮に襲われるとか考えていなかったという。だが、それは台風に対する認識の甘さによるものであったともいえない。同地は十三号台風の際にも決壊しなかった堤防が存在したのである。彼女は「あの堤防があるから大丈夫だ」との周辺住民の言葉に安心し、床上浸水したときも、それが堤防を破って浸入してきた海水だとは思いもしなかったという。「立派なのはみかけだったんです。」との彼女の言葉は、十三号台風の記憶が裏目に出てしまったことを象徴している[24]。これは三河湾側の半田市における事例であるが、伊勢湾側でも十三号台風の記憶が裏目に出て被害を大きくするということはあった。前述したように、十三号台風と伊勢湾台風では台風の規模などは大差なかったが、その進路の違いが被害の差を大きくした。十三号台風は知多半島の真上を通過したため、進路の西側にあたる伊勢湾沿岸では高潮がほとんど発生しなかった。この経験は、三河湾は高潮に弱いが伊勢湾は大丈夫である、という、一種の誤った伝承のようなものを作り出したという。この誤解と高潮の強烈さが、伊勢湾沿岸における高潮被害をさらに大きくしたといえる[25]。

自然災害に対する誤解は、被害をさらに大きいものにする。伊勢湾台風以前、伊勢湾周辺は歴史的にみても高潮被害の少ない地域であるといった誤解が持たれており、住民だけでなく行政の警戒感も薄かった[26]。伊勢湾工業地帯の建設に際して、当地が自然災害のない地域ということを利点として提唱されたという経緯は、行政レベルにおける自然災害に対する認識の甘さがうかがえる[27]。だが、前述したように、降雨の季節的偏差はあるものの伊勢湾沿岸は少雨地域とはいえない。また、小稿の風水害年表を見ても、知多半島及び愛知県が何度も台風などの風水害にさらされていたことは一目瞭然であろう。伊勢湾台風は自然災害に対する誤解の危険性と、戦後日本の脆弱性を一気にあぶりだす結果となった。被災地だけでなく国家レベルでも、自然災害への対策に取り掛かることは不可避となったのである。

## 三　復興と災害対策基本法

### 罹災直後の様子

伊勢湾台風の被害は、激しい風水害に対する脆弱性や、救援などの対応の遅さを露呈する結果ともなった。政府は九月二十八日午前、「中央災害救助対策協議会」を開催し、総理・副総理以下各省庁大臣の出席の下に、被害の実情把握と対策についての協議を行なった。しかし、被害のあまりの大きさにかんがみて、中央に「災害復旧対策協議会」を設置するとともに、名古屋市には「中部日本災害対策本部」を設置した。中央と現地の双方に対策機関を置くことにより、業務の大半を現地で処理して円滑な応急措置を行ないうることを期待したのである(28)。

だが、防災体制の不備は、台風襲来後では間に合わない。『朝日新聞』も「伊勢湾台風に何を学ぶか」という論説で防災体制の不備に対して、薩摩藩士の木曽三川分流工事を引き合いに出して、「藩政にも劣る〝知恵〟」と強烈な批判を加えた(29)。先述したように、十三号台風後の堤防改修工事は未完成だっただけでなく、それよりも激しい風水害に対して無力であったことを露呈した。当時の『中部日本新聞』によると、被災直後は電話線などの通信線はずたずたに切られ、電車各線もしばらく不通となった。そのため復旧の見通しはたたず、孤立状態に陥る町村が多く存在したことを伝えている(31)。また、復旧工事には地方によって遅速もあり、九月末になっても知多・津島・海部など激しい被害を受けた地域では復旧どころか、食糧や飲料水にも不足するような状態であったことがわかる。

そのような状況下、愛知県内の各市町村では、被災直後から浸水堤防の修復工事などが始まった。修復工事には、比較的に被害の少なかった地域の住民も応援に駆けつけ、排水や破損堤防の修復に力を貸した。半田市亀崎の衣浦干拓地の堤防締め切り作業は十一月に入っても完成せず、伊勢湾台風からの復興には莫大な人手と時間のかかったことがわかる[32]。

前述したように、政府は台風襲来直後に「中央災害救助対策協議会」を開催した。そして、名古屋市に設置された「中部日本災害対策本部」に、岸信介総理以下、厚生・農林・建設各大臣が赴いて被害状況の報告を受けるとともに、今後の対策を協議して、被災地の現地視察を行なった。彼ら以外にも、皇太子や衆参両院の代表団が現地入りし、被災地の視察を行なった。だが、大臣・議員らの被災地入りは、名古屋などの大都市とその周辺に限られていた。十月七日付の『中部日本新聞』の尾張版に、「南知多をわすれるな」という記事が掲載された。これは、武豊町以南の七ヵ町村長が近く、県の災害対策本部に陳情に出向くというものである。「南知多を忘れるな」との声は、大臣及び衆参両院や行政サイドに向けられたものであった。南知多町も伊勢湾台風の被害を受けたにもかかわらず、彼ら視察団がその直前で引き揚げてしまうことへの怒りであった。それ以前から知多半島先端部は電車が通っていないなど、孤立に近い状態に置かれてきた。そこへきて、このように直前で引き返してしまう視察団の行動は、半島先端部の住民にさらなる孤立感を抱かせるのにじゅうぶんであった。半島先端部は、文字通り〝孤島〟となってしまっていたのである。

また、南知多の陳情団の主張は、行政サイドにおける防災対策への不備を明らかにもした。彼らは復興のための建築資材と融資を求めただけではなく、農林・運輸・建設各省の歩調が合わず工事がバラバラだったため、このように大きな被害を招いたという点を指摘したのである。しかしながら、彼らの陳情は縦割り行政の欠点を指摘したにとどまらず、行政サイドの、農村寄りの姿勢に対する批判をも含んでいた。つまり、漁業者再建が農村関係より恩典の少ないことを批判し、漁船保険に入らない漁区に対する恩典や、水産加工業者に対する特別融資などの措置を求めたのである。「南知多を忘れるな」の陳情は知多半島先端部の地形的特性を示すとともに、農村寄りの政策が漁村の災害復興の足枷となっていたことを示唆しているといえる。

## 災害対策基本法制定

このように、伊勢湾台風は風水害の恐ろしさだけでなく、自然災害に対する国の脆弱性を露呈した。応急処置としては水防活動の実施や堤防決壊箇所の仮締切工事及び排水、応急住宅対策などがなされた。また、十月末の臨時国会で二七件の特別措置法を審議し、十二月に施行した。これらの特措法で注目すべきところは、その適用区域がきわめて広範囲にわたったことと、海岸事業の一部を国が直接行なうことにしたことである。これによって、国が大規模海岸事業を行なう前例が開かれたのである。また、復興事業の一環として、伊勢湾周辺の高潮対策事業が推進されることになった[34]。

しかしながら、伊勢湾台風は災害に対する国の施策に抜本的な改革を迫るものでもあった。伊勢湾台風以前にも様々な自然災害が日本を襲ったが、その都度大きな被害を出した原因は、間違いなくそれらを未然に防止することの欠如であった。このような欠点は以前から指摘されていたのだが、伊勢湾台風は、災害対策の空白を一挙に白日の下にさらすほどの被害を出したのである。水防体制及び警報伝達の欠如や、それに伴う避難の遅れ、また、防災的な配慮を欠いた都市計画などが被害をさらに大きくしたことが次々と明らかになり、世論自体が、自然災害に対しては応急処置的方法ではなく、さらに基本的な方策を考えるべきではないかと認識するようになっていった。つまり、自然災害が発生する度に特措法を制定するのではなく、それらの被害を未然に少なくするべきとの考えである。

そのような気運に押されるように、伊勢湾台風の翌月十月、政府及び与党間で「災害基本法」を制定することが合意された。これを受けて翌年の二月、常会において岸信介首相が「災害基本法を制定する」と言明したことにより、その立案作業は本格化したのである。[35]

昭和三十六年五月、政府内で法案の名称は「災害対策基本法」と決定され、同月二十六日の第三八回国会に提出された。しかしながら、この時は野党の攻勢によって廃案に追い込まれてしまう。だが、同年九月二十五日、伊勢湾台風からほぼ二年後、政府によって第三九回臨時国会に提出され、十月二十七日にほぼ満場一致で衆院を通過した。そして、十月三十日には参院でも可決され、災害対策基本法は成立したのである。[36] 同法の成立によって、日本の災害対策は新時代を迎えたのである。伊勢湾台風から約二年の後のことであった。

災害対策基本法の骨子は以下の五点である。第一は防災責任の明確化、第二は総合的防災行政の推進、第三は計画的防災行政の推進、第四は激甚災害等に対する財政援助、そして第五は災害緊急事態に対する措置であった。基本法制定以前、防災に関する業務は関係各省庁をはじめ、末端の機関まで一貫した体制が取れておらず、それが災害時の対策の遅れを招いた。基本法で内閣府に中央防災会議が設置されたのには、そのような背景が原因となっていた。この中央防災会議は防災基本計画を作成してその実施を推進するなど、防災に関する重要な役割を担う。また、都道府県には都道府県防災会議、市町村には市町村防災会議が設置され、それぞれが地域防災計画の作成や実施を行なう。このような組織化により、総合的な防災行政が円滑に推進できる態勢を整備することが目指されたのである。[37]

災害対策基本法は全国的なものであるが、伊勢湾台風の高潮によって甚大な被害を被った知多半島では、防潮堤や護岸の工事が進められた。こうして、海水浴や潮干狩りに適した遠浅な浜を持つ知多半島の海岸は、その多くが姿を変えていった。護岸堤防のかさ上げや海岸道路の整備の推進は、海と陸とを明確に区切っていくことになる。半島全体で海岸景観の変化が起き、半島中北部では海岸の多くが埋め立てられて工業用地化した。また、半島南部でも同様の整備が進み、住宅地増設のための埋め立てなどともあいまって、人々の暮らしから海が遠のいていったのである。[38]

半田市亀崎の潮干祭りは、その名の通り、潮がひいた浜に五台の山車が曳き揃えられる祭りであった。しかしこの祭りも、防潮堤と護岸整備によって、山車の曳き下ろしは行なわれなくなった。潮干祭りにおける山車の曳き下ろしは平成五年に復活した。地元住民の働きかけによって神前神社近くに人工の浜が造られ、斜路も新設されたことによって、再び浜辺で山車の曳き下ろしが行なわれるようになったのである。潮干祭りは見事に復活をとげ、平成十八年には国指定重要無形民俗文化財として登録された。しかし様々な護岸工事のため、現在では知多半島全体の海岸でも、自然のままで残っているのは三ヶ所に減ってしまい、それは海岸線全体の〇・五パーセントに過ぎない[39]。伊勢湾台風は東海地方に甚大な被害をもたらしただけではなく、その後の防災対策の推進によって、民俗や景観などにも大きな変化をおよぼしたのである。次節では知多半島の先端部、南知多町師崎を調査対象地として、当地での十三号台風および伊勢湾台風の被害実態、そしてその後訪れた生活や景観の変化を具体的にみていく。

## 四　南知多町師崎の事例

南知多町師崎は、知多半島の中でも最先端部に位置する集落である。漁業を中心とした集落であるが、過去には知多八十八ヶ所巡礼などの観光地ともなっていた。しかしながらこの師崎も、戦後、埋め立てや護岸工事などにより景観と生活が大きく変化した。本節では、師崎での十三号台風と伊勢湾台風に関する聞き書きから当時の状況を描き出すとともに、海岸線の変化が与えた景観と生活の変化を追う。師崎は伊勢湾台風時の名古屋のような被害を受けたわけではないが、台風を真っ向から受ける半島の先端部を通して、風水害と半島とのあり方を探りたい。

十三号台風と伊勢湾台風の被害実態

師崎で台風の話を聞くと、十三号台風と伊勢湾台風という語が、あたかも当地における台風の代表であるかのように語られる。両者を経験した世代にとっては、どちらも強烈な印象を与えたようである。「十三号台風の方がひどかった。」、「伊勢湾台風の方がひどかった。」とその証言がわかれるのは、両台風ともに師崎にとっては忘れ難い大台風であった事実を表しているといえるだろう。

両台風が師崎に与えた最大の被害は、他地域と同じく高潮である。十三号台風当時の『中部日本新聞』を見ると、師崎町[40]が南知多地域で高潮による家屋被害の筆頭であったことがわかる。それによると師崎町全体で高潮による床下浸水は三〇〇戸、床上浸水は三〇戸。羽豆神社のある羽豆岬の護岸一五〇メートルをはじめ、三ケ所の護岸が決壊した。また、師崎から豊浜へ向う道路も決壊したという[41]。十三号台風は知多半島の野間上空を通過している。台風の東側にあたる師崎の、南向きの海岸が被害を受けたことがこの記事からわかる。高潮被害は家屋への浸水だけではない。各地の港町で係留されていた船が高潮で陸地へ乗り上げるという被害があったが、師崎でも例外ではなかった。現在こそ師崎は国道二四七号線が海と住宅地を遮断しているが、当時は所々に砂浜があった。そのため高潮が鳥東にある大井戸（現地でいう浜井戸）のところ（地図上・地点①）まで押し寄せ、浜辺附近に並んでいた旅館には漁船が突っ込み、的場の造船所(名鉄海上観光船の修理工場周辺)のあたり（地図上・地点②）にも船が打ち上げられるなどしたという。

この十三号台風と伊勢湾台風とでは、話者によってどちらが激しかったかという印象はまちまちであった。それは、両台風とも似たような風を師崎に吹きつけたからだとの証言からもわかる。伊勢湾台風の際にも師崎は高潮の被害に見舞われた。師崎の北方にあたる荒井集落の一部、神戸浦という小字では、その際に海水が流れ込み、周囲には漁船用の燃料を備蓄するドラム缶がいくつも浮かんでいるほどの浸水状況であった。神戸浦は現在では海岸線からかなり離れており、師崎港からは緩やかな勾配を越えた地点にあるので、そこまで海水が流れ込んだとは想像しがたい。しかしながら、当時の師崎は現在とは異なった姿であった。現在、林崎や新師崎と呼ばれる地点は、現在でこそ住宅などが立ち並んでいるが、伊勢湾台風当時は海であった。現在は荒井から大井・片名方面に抜ける国道が通っている。しかし、荒井はもともと海に面した字であり、片名への道も通っておらず、師崎にとっては行き止まりのような場所であった。現在の国道が通っているあたりは山になっており、荒井はその林崎の山と、現在でも存在する浅間山とに挟まれた土地であった。高潮によって押し寄せた海水は、ふたつの高地に挟まれて漏斗の筒口になったような荒井を通り、その先の神戸浦に浸水被害をもたらしたのであろう。神戸浦はそもそも田尻と呼ばれていて、華誉山宗真寺の土地であった。田尻には明治三十五年に埋め立てられるまで、その名の通り、宗真寺の水田があった。また、神戸浦は国道から少し下がったところにあり、小さな盆地といってもよい。そして浅間山の崖下にあり、そもそも水はけの悪い湿地帯であったという事情から、台風の際も浸水被害が大きかったのであろう。ちなみに、伊勢湾台風時の南知多町全体における被害は死者六名、重軽傷者三三〇名、全壊半壊及び流失家屋は一四五二戸、浸水家屋は三〇〇〇戸を超えている(42)。

また、高潮は浸水被害だけでなく、港町では船の流失も招く。漁船が一艘丸ごと打ち上げられることもあったが、他には、港に係留していた漁船同士が激しい風浪のために互いにぶつかり合って破損し、その残骸が打ち上げられることも多かったのである。十三号台風の際は師崎町だけで流失した漁船が二〇隻、大破、中破、小破の合計一五〇隻の被害を受けて全滅に近い有様であった(43)。生活の手段である船を失うことは漁村にとっては致命的である。台風直後では修理をしようにも、被害に対して船大工の人数が足りないという事態も出来する(44)。そのため師崎では、台風など深刻な時化が予想される場合は豊浜や、遠くは半田の港にまで漁船を避難させるなどの対策をとったという。

## 師崎の景観と生活の変化

伊勢湾台風後に制定された災害対策基本法を契機として、全国で護岸や堤防の整備が行なわれ、各地で海岸線の景観などが大きく変わっていった。師崎もまた、その景観に大きな変化を経た町である。知多半島の先端部に位置する師崎は住宅とする土地が限られていたため、明治時代から各所で埋め立てがなされていた。先述した神戸浦もさることながら、林崎・新師崎の埋め立ては住宅の増設を可能としたが、景観の変化も招いた。師崎の変化は激しいもので、先述した国道の開通によって、久しぶりに帰郷した者が師崎を通り過ぎてしまい、「師崎が消えてしまった」と思ったほどであるという。

このような変化だけでなく、師崎は海岸の変化も大きかった。埋め立てもさることながら堤防も多く築かれ、師崎漁協に残されている航空写真のパネルを見ると、現在に至るまで何本もの堤防が増設されて海岸の景観が大きく変わっていることがわかる。海岸の変化は師崎で行なわれている祭りにも変化を及ぼした。現在では十月となっているが、師崎の羽豆神社の祭礼は旧暦の九月の、大潮の日であった。羽豆神社から発した神輿が的場地区の砂浜を通って、お旅所へと巡行することから、シオドキ祭とも呼ばれている。しかし、現在の師崎には砂浜は存在しない。羽豆神社から発した神輿が通るのは砂浜ではなく、道路である。この変化も伊勢湾台風後の港の改修及び堤防の整備が原因であったと言われており、それは先述した亀崎潮干祭と同様である。浜降りをしなくなった師崎祭は潮の影響を考慮する必要もなくなったため、全国の多くの祭礼と同じく日取りの変化も容易となり、現在では十月の土日に固定されている。師崎祭は必ずしも台風が直接的原因となって変化したとは言い切れない。しかし、台風が原因となって護岸や堤防の整備が進められ、それによって海岸自体が変化し、それが師崎祭の変化という形として表された。師崎祭の変化の遠因として台風が存在したことは言をまたない。

海岸の変化は祭以外にも、師崎の生活に変化を及ぼした。現在の師崎は釣漁などの小規模漁業が中心であるが、貝やテングサなどの収穫物も少なからずある。だが、以前は「師崎はイソバタ這っても生きていける」という言葉が存在したように、磯からの収穫物が重要かつ豊富な収入源となっていた。この言葉は、それらの収穫物がそれだけでもじゅうぶん生活していけるほどであったという事実を示している。しかしながら、現在の師崎で残っている磯は、羽豆岬の西側の一部分だけである。もちろん、イソバタ這っても生きていけるほどの収穫物は見込めない。海岸の変化により磯の多くが消失し、「イソバタ這って」でも生きていけた生活を変えた。ここにもまた、遠因として台風が存在していたのである。

師崎は十三号台風及び伊勢湾台風の際には高潮被害を受けたが、集落が全滅してしまうほどの大損害を被ったわけではない。しかしながら台風の影響は直接的な被害ではなく、防災体制の構築のために全国的な護岸・堤防の整備によって起こった海岸の変化などが、師崎の景観や生活に大きな変化を及ぼした。砂浜がなくなり、祭の浜降りはなくなった。磯の消失により、沿岸での収穫物による収入が減少した。また、宅地造成も含めた埋め立てなどにより土地そのものの景観が変わった。師崎の景観と生活の変化の遠因に、両台風とその後の行政の対応があったことは確かである。

一方で、大台風の存在は、半島先端部として行き止まりであった師崎に新たな道路を敷設するためのきっかけとして　利用　されたという側面もある。前述したように、現在の神戸浦の北東を走る国道は、十三号台風当時は存在しなかった。その場所は青年団によって土嚢や石が寄せられて、人が通れるほどのスペースが確保されていたのだが、それも十三号台風によって破壊されてしまった。そこで師崎では十三号台風の後、周囲に散乱した石などを集めて斜面沿いに寄せておき、視察に来た県の職員に対してあたかもそこに立派な道路が存在したかのように見せたという。この道路の完成はさらに伊勢湾台風を待たねばならないが、この話は人々が台風をある種のきっかけとして、自分たちの生活を変えていったことを意味する。確かに、災害対策基本法による上からの生活変化もあったが、このように台風が地域の改革あるいは改善のきっかけとして利用されたという側面も見逃してはなるまい。

また、大台風の被害は景観や生活の実態だけではなく、人々の意識にも変化を与えずにはいなかった。第一には、師崎に限ったことではないが、防災への意識が人々のなかで高まりを見せたことである。十三号台風もそのような契機となったが、師崎では伊勢湾台風が拍車をかけて防潮堤が設置された。完成を見た防潮堤が思いのほか背の高いものであり、人々の目線から海が遠ざけられてしまったという側面もあるが、そこにも防災への意識の高まりを見ることができよう。

また、台風との直接的因果関係はないかもしれないが、筆者は当地で「伊勢湾台風を境にして、漁師の数が減少した」との証言を得た。台風イコール漁師減少を直接的に結びつけることは困難だが、伊勢湾台風後、日本は高度経済成長期に突入する。師崎でも、念願であった水道の通水（愛知用水の通水）などの公共事業がなされるようになる。防災体制の構築も、それに類する事業であったといえよう。つまり、天候などに大きく左右される漁業とは異なり、確実に稼ぐことのできる商売が増加し、そこに多くの漁師が流れていったということである。伊勢湾台風が、漁師を減少させたとは言い切れない。しかしながら、その後の経済的環境および産業構造の変化の契機として、伊勢湾台風が語られる。もはや大台風はその被害実態にとどまらず、ある時代を画するメルクマールのように用いられているのである。大台風は、師崎の道路敷設の説得材料として〝利用〟された一方、その前後の時代をわける指標のようにも用いられているのである。台風は襲来時の直接的被害だけではない。その後の世の中を変え、人々の意識をも変えていく可能性をはらんでいる。

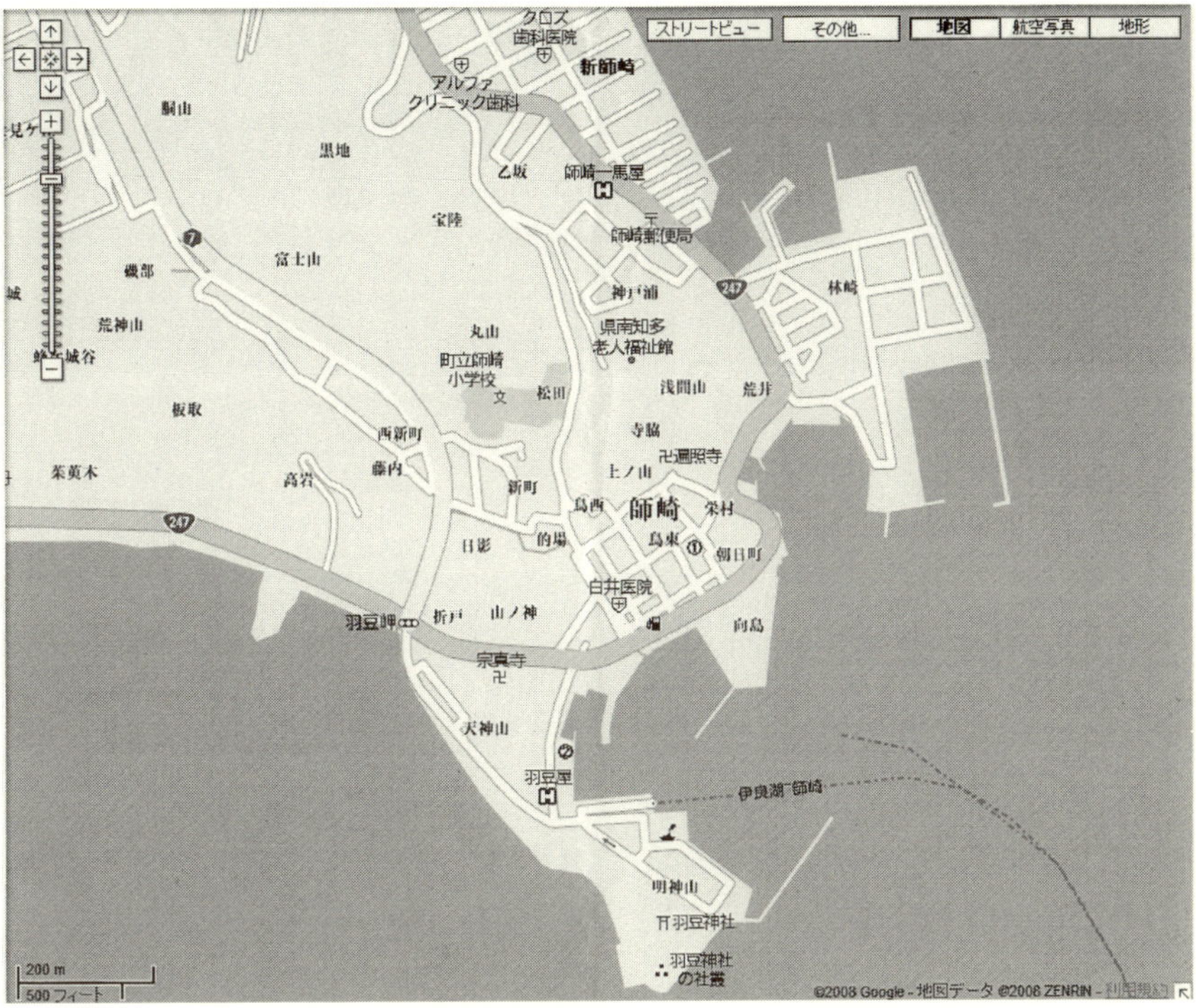


図4　南知多町師崎（Googleマップより）

## おわりに

小稿は半島を人やモノだけでなく、台風などの自然にとっても窓口のようなものでもあったと規定した。そして、知多半島にも大きな被害を与えた十三号台風と伊勢湾台風を例にとり、その当時の被害状況や災害後の行政の対策を追うことにより、風水害がその後の人々の生活の変化を招来した経緯をみた。渇水に悩まされた知多半島も、その原因が少雨ではなく降雨の季節的偏差によるものであることから、台風などの風水害から無縁ではなかった。特に十三号台風や伊勢湾台風は知多半島の附近を通過しており、それにより発生した高潮は普段穏やかな伊勢湾及び三河湾の海況を一変させた。太平洋に開いた両湾では、台風によって吹き寄せられた海水が行き場を失う。半島のつけ根に激烈な被害を与えたのものためであった。台風の被害といえば、強風と豪雨と、それによって引き起こされる洪水がイメージされるのではないだろうか。しかし、四方三方を海に囲まれた島や半島で大きな被害を与える高潮は、沿岸部でなければあまり意識されることはない。十三号台風と伊勢湾台風は、強風や豪雨もさることながら、この高潮の被害が激甚であった。激しい高潮は知多半島の漁村に浸水被害や漁船の打ち上げといった被害を与え、堤防の決壊も多くみられた。このような大災害に対する備えを欠いていた国は、伊勢湾台風を契機として一挙に法整備に乗り出し、その二年後に災害対策基本法を成立させる。それにより国及び地方自治体レベルでの防災体制が構築されるようになった。

伊勢湾台風による高潮で大きな被害を受けた伊勢湾一帯でも堤防や護岸の整備が進み、それは当然ながら知多半島にも及んだ。だがこの事業は、海岸の景観を一変させて祭礼の中止など人々の生活にも大きな変化を与えずにはおかなかった。小稿で調査対象地とした南知多町師崎でも、海岸地形の変化は師崎祭の神輿浜降りの中止や、磯の消失での水産物の収量減少などという、生活上の変化が起こったのである。台風が生活を一変させたというわけではないが、大災害の備えとしてなされた整備事業が、後に人々の生活を変えた例であるといえよう。その他にも、大台風が地域改善の説得材料として〝利用〟されたという一面と、その地での時代の前後を画するメルクマールのように用いられていることも見落としてはならない。これは、台風の直接的被害ではなく、その後に続く間接的影響である。それは政治を変え、地域を変え、人々の意識をも変えていく可能性をはらんでいた。

従来の民俗学では、災害に対する予兆などの信仰や村落の開発伝承などとの関連で研究されてきた[45]。それらは、人々が、自らの生命を脅かす災害とどのように付き合ってきたのか、つまり防災伝承とでもいうべきものを明らかにするために重要である。小稿は、知多半島における十三号台風と伊勢湾台風を取り上げることにより、自然―行政―民俗の連環構造をとらえようとした。特に伊勢湾台風は、国の防災体制強化の一大契機となり、発生の二年後に災害対策基本が成立した。それは戦後史の中で、自然の猛威が行政を動かしたひとつの大きな例である。そして、伊勢湾台風後の防災体制構築は全国的な堤防及び護岸の整備の契機ともなり、高潮による大被害をこうむった伊勢湾周辺も当然ながらその例外ではなかった。一方で堤防、護岸の整備は海岸地形を一変させることにもなり、景観や人々の生活にも変化を及ぼしたのである。だが、小稿ではその民俗の変化に対する追究がじゅうぶんとはいえなかった。今後は知多半島全域で、風水害に対する人々の語りや、その後の生活変化のあり方をさらに深く掘り下げる必要があるだろう。島でもなければ内陸部でもない。まるで大きな桟橋のように、人もモノも台風も迎え入れる窓口のような半島。知多半島に限定すれば、渇水と高潮という、まったく異なる性格の水の問題を抱えた地域から、自然―行政―民俗の連環構造を見出すことは、半島部の特徴を明らかにするうえでも必要なことであろう。

**表　知多半島風水害史**

| 災害の種類 | 発生年月日 | 概　要 | 備　考 |
|---|---|---|---|
| | 一八七五・六月 | 赤坂に東京気象台創立 | 『日本災害史』 |
| | 一八八七・一月 | 東京気象台を中央気象台に改称。 | 『日本災害史』 |
| 大雨 | 一八八九・九・一一 | 三河湾には海嘯を起こし、沿岸被害甚大。死傷者八七五人、住家損壊一三八五〇戸 | 『愛知県の気象』 |
| 地震 | 一八九一・一〇・二八 | 濃尾地震。尾張北西部を襲った地震。管内の死傷者九二〇〇人、住家倒壊六〇〇〇〇余戸。 | 『愛知県の気象』 |
| 異常低温 | 一九二七・一・二四 | 氷点下一〇・三度に達し、名古屋地方気象台創立以来の記録となる。 | |
| 旱魃 | 一九二七・六月 | 空梅雨。名古屋の総降水量七〇・九ミリメートルで名古屋地方気象台創立以来の記録。 | |
| 大雨 | 一九三二・七・七 | 死者・行方不明者二人、浸水家屋一三九四九戸。 | 『愛知県の気象』 |

| | | | |
|---|---|---|---|
| 台風 | 一九三四・九・二一 | 室戸台風。死者・行方不明者七三人、全半壊家屋一三二四戸。中心から数一〇キロ離れた名古屋地方でも、二〇分間平均最大風速SSE三一・九m／sを記録。 | 『愛知県の気象』 |
| | 一九三五・七月 | 暴風警報を、暴風警報と気象特報(現在の注意報)に区分。 | 『日本災害史』 |
| 台風 | 一九三六・一〇・三 | 知多半島北部から西三河にかけての地域に雨量が多かった。死傷者一〇人、流失・全半壊家屋四戸、床上浸水六四三戸、床下浸水一四四六二戸。 | 『愛知県の気象』 |
| 大雨 | 一九三八・七・一～五 | 三日から五日にかけて各地とも大雨。死傷者七人、流失・全半壊家屋二九戸、床上浸水一一二九戸、床下浸水六五五五戸。 | 『愛知県の気象』 |
| 地震 | 一九四四・一二・七 | 東南海地震。強震。午後激しいうなり音とともに当地方を襲ったこの地震によって、家屋など多数が倒壊したが、戦争末期で報道管制がしかれ、被害などははっきりしない。 | 『愛知県の気象』 |
| 地震 | 一九四五・一・一三 | 三河地震。強震。東南海地震が午後であったのに反して、この地震は、夜中の午前二時ころであったため、犠牲者が多かった。余震が何回もおそったため、人々は寒空に屋外へ仮小屋を建てて寝泊りした。死者二二五二人、負傷者三一八一人、全壊家屋五二三三戸、半壊家屋二六四八戸。 | 『愛知県の気象』 |
| 台風 | 一九四五・九・一七～一八 | 枕崎台風。死傷者一二人、全壊家屋三八五戸、半壊家屋五〇七戸、床下浸水五八〇戸、堤防決壊七ヶ所。 | 『愛知県の気象』 |
| 地震 | 一九四六・一二・二一 | 南海道地震。強震。死者一〇人、負傷者一四人、全壊家屋七八戸、半壊家屋一二九戸。 | 『愛知県の気象』 |
| 台風 | 一九四七・九・一四～一五 | カスリン台風。蒲郡、半田、武豊、名古屋護岸及び物置き場破損。 | 『日本災害史』 |
| | 一九四七・一〇月 | 災害救助法公布。災害に際して、国や地方公共団体、日本赤十字社などが国民の協力のもとに、応急的な救助や生活の救済、秩序の保全などを図る。 | |
| | 一九四九・六月 | 水防法公布。洪水、高潮に際して水災を警戒し、防ぎ、被害の軽減し、公共の安全を図る。水防団の設置。 | 『日本災害史』 |
| 台風 | 一九五〇・七・二八～二九 | ジェーン台風。死者六人、負傷者三六人、全壊家屋四〇戸、半壊家屋一〇九戸、床下浸水二七七戸、堤防決壊三ヶ所。 | 『愛知県の気象』 |

| | | | |
|---|---|---|---|
| | 一九五二・六月 | 気象業務法公布。気象業務の健全な発達を図り、災害の予防や交通の安全の確保などにつとめる。気象予報士の設置や、予報・警報の通知。 | |
| 大雨 | 一九五二・七・一〇 | 負傷者三人、半壊家屋五戸、床上浸水一八七〇戸、床下浸水二五四二〇戸、堤防決壊六二ヶ所。 | 『愛知県の気象』 |
| 旱魃 | 一九五二年夏 | 七月三一日に降ってから二〇日間も早ばつが続き、電力や農作物の被害大。 | |
| 大雨 | 一九五三・七・一七〜二〇 | 死者三人、負傷者三人、全壊家屋五戸、半壊家屋三二戸、床上浸水一八戸、床下浸水二六三三戸、堤防決壊四ヶ所。 | 『愛知県の気象』 |
| 台風 | 一九五三・九・二五 | 一三号台風。高潮を伴って夕刻より吹き荒れた。護岸堤防は各所で決潰。家屋の浸水流失、田畑の冠水多数。漁船の流失・破損おびただしい。 | |
| 台風 | 一九五四・八・一八 | 台風五号。負傷者一人、全壊家屋五戸、床上浸水七戸、床下浸水三〇九戸、堤防決壊三三ヶ所。 | 『愛知県の気象』 |
| 台風 | 一九五四・九・一四 | 台風一二号。負傷者一人、全壊家屋一戸、床上浸水五戸、床下浸水三六七戸、堤防決壊一〇戸。 | 『愛知県の気象』 |
| 台風 | 一九五四・九・一八 | 台風一四号。行方不明者一人、全壊家屋二戸、半壊家屋三戸、床下浸水三五三戸、堤防決壊六ヶ所。 | 『愛知県の気象』 |
| 台風 | 一九五四・九・二五〜二六 | 台風一五号。死者一人、負傷者五人、全壊家屋四戸、半壊家屋二戸、床上浸水六九戸、床下浸水三六一五戸。 | 『愛知県の気象』 |
| 台風 | 一九五五・一〇・二〇 | 台風二六号。死者三人、負傷者一八人、全壊家屋六五戸、半壊家屋六一戸、床上浸水二五戸、床下浸水五九九戸。 | 『愛知県の気象』 |
| 暴風 | 一九五五・一一・二一 | 低気圧による暴風。知多半島・渥美半島の野菜の被害大。 | |
| | 一九五六・五月 | 海岸法公布。高波や波浪などの被害から海岸を防護することを目的とする。 | 『日本災害史』 |
| 台風 | 一九五六・九・二六〜二七 | 台風一五号。全壊家屋一六戸、半壊家屋八戸、床上浸水一四戸、床下浸水六八九九戸、堤防決壊一三ヶ所。 | 『愛知県の気象』 |
| 大雨 | 一九五七・八・七〜八 | 死者三三人、負傷者二七人、行方不明者二人、全壊家屋四九戸、半壊家屋四五戸、床上浸水三三二四戸、床下浸水二六九四二戸。堤防決壊五五ヶ所。 | 『愛知県の気象』 |

| | | | |
|---|---|---|---|
| 台風 | 一九五八・八・二五〜二六 | 台風一七号。死者二人、負傷者一人、行方不明者一人、全壊家屋五戸、半壊家屋二五戸、床上浸水一一六戸、床下浸水四六八二戸、堤防決壊五ヶ所。 | 『愛知県の気象』 |
| 台風 | 一九五八・九・二六 | 台風二二号。負傷者一人、行方不明者四人、全壊家屋二戸、半壊家屋三戸、床下浸水二五戸、堤防決壊五ヶ所。 | 『愛知県の気象』 |
| 大雨 | 一九五九・七・一四 | 負傷者二人、全壊家屋一戸、半壊家屋一戸、床上浸水一一四戸、床下浸水一七八七戸、堤防決壊一四ヶ所。 | 『愛知県の気象』 |
| 台風 | 一九五九・八・一三 | 台風七号。負傷者一人、全壊家屋五戸、半壊家屋二〇戸、床上浸水一四戸、床下浸水八八二六戸、堤防決壊二ヶ所。 | 『愛知県の気象』 |
| 台風 | 一九五九・九・二六 | 伊勢湾台風。名古屋地方気象台観測結果（気圧九四二ミリバール、最大風速三七メートル、瞬間最大風速五〇メートル。名古屋湾における高潮三・五メートル、それに加えて二〜三メートルの高波。降水量一六六ミリメートル）南知多町の被害、死傷者四二〇人、全潰・流失家屋二九四戸、船舶四二一隻、被災者総数一八八〇四人。 | |
| 大雨 | 一九六一・六・二三〜二九 | 三六・六梅雨前線豪雨。死者四人、負傷者一三人、行方不明者二人、全壊家屋二九戸、半壊家屋七二戸、床上浸水七九六九戸、床下浸水六六六五四戸、堤防決壊一四六ヶ所。 | 『愛知県の気象』 |
| 台風 | 一九六一・九・一四〜一五 | 第二室戸台風。死者三人、負傷者一二四人、全壊家屋一一七戸、半壊家屋二六三戸、床上浸水六〇七戸、床下浸水六一七四戸、堤防決壊一ヶ所。 | 『愛知県の気象』 |
| | 一九六二・一一月 | 災害対策基本法公布。 | 『日本災害史』 |
| 集中豪雨 | 一九七四・六・五 | 南知多町を襲った集中豪雨。床上浸水二五三戸、床下浸水五〇三戸。 | 町誌 |
| 集中豪雨 | 一九七四・七・七 | 集中豪雨。別名七夕豪雨。内海川が氾らんし、内海地区の被害甚大。南知多町では床上浸水四五七戸、床下浸水五五九戸。 | 被害状況は町誌 |
| 集中豪雨 | 一九七六・九・一一 | 台風一七号により前線が刺激され八日の昼ごろから降雨がはじまった。一二日まで強く降り続いた。中小河川がはんらんした。南知多町では床上浸水一六八戸、床下浸水三三七戸。 | 被害状況は町誌 |

注

（1）名古屋地方気象台『愛知県の気象』気象協会名古屋支部 一九六二年 二〜三頁
（2）名古屋地方気象台ホームページ「地域特性について（愛知県の気候の特徴）」：http://www.tokyo-jma.go.jp/home/nagoya/hp/yoho/shikumi5.html（二〇〇八年八月七日）
（3）前掲注（2）
（4）南知多町誌編さん委員会『南知多町誌 本文編』南知多町 一九九一年 一四頁
（5）酒井正三郎編『愛知用水と地域開発』東洋経済新報社 一九六七年 二六頁
（6）前掲注（4）一七頁
（7）前掲注（1）二二頁
（8）前掲注（4）一九頁
（9）九月十二日、この豪雨は気象庁により「平成二十年八月末豪雨」と命名された。
（10）気象庁ホームページ「災害をもたらした気象事例 台風十三号」：http://www.data.jma.go.jp/obd/stats/data/bosai/report/1953/19530922/19530922.html（二〇〇八年八月十日）
（11）愛知県土木部『昭和二十八年十三号台風海岸復興誌』愛知県 一九五六年 一頁
（12）前掲注（11）
（13）岩切信編『写真・絵画集成 日本災害史三 気象』日本図書センター 二〇〇一年 六七頁
（14）全国防災協会『伊勢湾台風災害誌』全国防災協会 一九六五年 九一一頁
（15）『朝日新聞』一九五九年九月二十七日付の朝刊には「三度び〝魔の二十六日〟襲う」という見出しが掲げられている。
（16）『朝日新聞』一九五九年九月二十七日付朝刊
（17）『朝日新聞』一九五九年九月三十日付夕刊
（18）建設省『伊勢湾台風災害誌』建設省 一九六二年 四八六頁
（19）前掲注（18）
（20）前掲注（10）及び、同「災害をもたらした気象事例 伊勢湾台風」：http://www.data.jma.go.jp/obd/stats/data/bosai/report/1959/19590926/19590926.html参照。
（21）『朝日新聞』一九五九年九月二十七日付夕刊
（22）前掲注（21）
（23）『中部日本新聞』の尾張版でも、年内いっぱいは伝染病検診やそれを訴える記事が掲載され続けた。

(24)「台風はまだ続いている①子を奪った高潮」『朝日新聞』一九五九年十月十一日付朝刊
(25)藤吉洋一郎監修『ＮＨＫ二十世紀日本大災害の記録』日本放送出版協会二〇〇二年二七五頁
(26)前掲注（25）一八八頁
(27)『朝日新聞』一九五九年十月五日付夕刊
(28)前掲注（18）三頁
(29)前掲注（27）「伊勢湾台風に何を学ぶか」
(30)『中部日本新聞』一九五九年九月二十八日付尾張版
(31)『中部日本新聞』一九五九年九月二十九日付尾張版
(32)『中部日本新聞』一九五九年十一月六日付尾張版
(33)前掲注一八五頁
(34)建設省の『伊勢湾台風災害誌』によると、ここでいう伊勢湾周辺とは渥美半島先端、伊良湖岬から熊野川にいたる伊勢湾及び三河湾、熊野灘に面する区域、と規定されている。
(35)野田卯一『災害対策基本法』全国防災協会一九六三年四九頁
(36)前掲注（35）六九頁
(37)防災行政研究会編『逐条解説災害対策基本法〈第二次改訂版〉』ぎょうせい二〇〇二年二九頁
(38)森靖雄『知多半島の今昔』郷土出版社二〇〇六年五頁
(39)前掲注（38）九八頁
(40)一九五三年から一九八一年まで、師崎は片名、大井とともに知多郡師崎町であった。
(41)『中部日本新聞』一九五三年九月二十五日付尾張版
(42)前掲注（4）二二頁
(43)『中部日本新聞』一九五三年九月三十日付尾張版
(44)「台風はまだ続いている⑦海辺の声々」『朝日新聞』一九五九年十月十七日付朝刊
(45)野本寛一編『講座日本の民俗学④環境の民俗』（雄山閣一九九六年）中の大村和男「開発と災害の民俗」や野本寛一「災害の伝承と民俗」参照。

参考文献

愛知県土木部『昭和二十八年十三号台風海岸復興誌』愛知県　一九五六年
岩切信編『写真・絵画集成 日本災害史三 気象』日本図書センター　二〇〇一年
大西晴夫『台風の科学』日本放送出版協会　一九九二年
建設省『伊勢湾台風災害誌』建設省　一九六二年
全国防災協会『伊勢湾台風災害誌』全国防災協会　一九六五年
名古屋地方気象台『愛知県の気象』気象協会名古屋支部　一九六二年
野田卯一『災害対策基本法』全国防災協会　一九六三年
藤吉洋一郎監修『ＮＨＫ二十世紀日本 大災害の記録』日本放送出版協会二〇〇二年
防災行政研究会編『逐条解説 災害対策基本法〈第二次改訂版〉』ぎょうせい　二〇〇二年
南知多町誌編さん委員会『南知多町誌 本文編』南知多町　一九九一年
森靖雄『知多半島の今昔』郷土出版社　二〇〇六年

# Ⅳ　半島南端部の個別事例研究

# 人生儀礼の変化と生活の変化
## ——南知多町の儀礼と社会

山本　質素

## はじめに

「広域（圏）民俗誌」というものを作成するには明確な方法論と相当の時間とが必要である。なぜなら、旧村単位の民俗誌や、やや広い範囲の「市町村史民俗編」等の作成においてさえ、生活に根ざした民俗が社会の中で人を介して相互連関している姿と、その民俗が時代の中で生活とともに変化してきた姿を捉え、描くことを求められるからである。そのように描かれた民俗誌は、民俗が変化する過程を題材にして、生活の変化を捉えることができるものになるはずである。

「広域（圏）民俗誌」を、地域社会の生活との関連で構想する試みの一つとして「人生儀礼」とくに「葬送儀礼と習俗」に焦点を当て、儀礼と習俗がどのような過程を経て変化してきたのか、すなわち変化させた原因や、変化した結果がさらに何を変えたのか等、生活と民俗とのかかわりの中で捉え、考察する。主たる対象地域は南知多町の内海《うつみ》であるが、周辺地域の民俗資料や生活史の聞き書きも付け加える。なお、南知多町師崎の母子健康センター開設当時の聞き書き資料と当時の産育習俗に関する資料を検討し、センターの開設と儀礼・習俗の変化が関係しているのかどうかについても考察する。

## 一　内海の地区と共有地

### （一）旧町村と地区

南知多町は、昭和三十六年（一九六一）六月に旧内海町、旧師崎町、旧豊浜町、旧日間賀島村、旧篠島村が合併して成立した。当時の南知多町には三万人の人口があったが、現在の人口は約二万四〇〇〇人である。全体としては農業主体の町だったが、江戸時代末以来、尾州廻船内海船の拠点として栄えた内海や、漁業の盛んな師崎など、生業面での多様性を含んだ知多半島の南半分を占める町である。

南知多町のうち旧内海町（明治二十六年町制施行）は明治十一年（一八七八）に内海村となるまでは、その範囲に一一の旧村があった。川東（内海川の左岸）には、山側に内福寺《うつふくじ》村、名切《なぎり》村、利屋《ときや》村、楠《くす》村、浜側に東端《ひがしばた》村の旧五村があり、川西（内海川の右岸）には、山側に北脇村、馬場《ばんば》村、中之郷村、岡部村、浜側に吹越《ふっこし》村、西端《にしばた》村の旧六村があった。

これらの旧一一か村の範囲が現在の「区」に相当する。各区はかつてのムショ（埋め墓）跡などの共有地を持ち、独自の予算で公民館などを建設し、地区内の神社の祭礼を独自に行う、自治的に運営される単位ということができる。

各区のおおよその世帯数は、川東では内福寺―約六〇、利屋―約八〇、楠―約二五～三〇、名切―約二五、東端―約二五〇、川西では北脇―約七〇、馬場―約八〇、中之郷―約二七〇、岡部―約六〇、吹越―約八〇、西端―約二〇〇、合計で約一一〇〇世帯となる。これは居住者が捉えた什長《じっちょう》の付き合い（後述）をする家の概数であり、平成十七年（二〇〇五）四月の住民基本台帳によれば内海地区には一五六六世帯、四六九五人、一世帯平均三・〇人が居住している。世帯数、人口ともに南知多町全体（六九八三世帯、二万二三四七人）の二二パーセント強が内海に居住していることになる。

海岸部を、南に三キロメートルほど離れた山海（やまみ）地区とは、内海山海地区として地区区長会長を出す単位になっている。山海地区の旧六か村もそれぞれが区となっている。

### （二）地区の共有地

前述のように、各区には共有地がある。大きな収益をあげる共有地を有するのは主に海岸部（浜側）の区であり、昭和三十年代頃から、中部圏からの海水浴客が多くなり、その観光客が減少し始めたころ、駐車場として共有地を利用することが可能になったという背景がある。例えばA区のように、海岸に区有地があり、夏の売店に何区画も貸し、その利益で土地を買って区有地として駐車場にするなど、大きな収益を上げている区もある。

B区では財産区を組織し、地区外へ転居すると区有地の権利はなくなるが、転入してきた人も区費を払い、同じ権利をもつ。新旧の区別はない。

各区の会所（区会所、公民館）をそれぞれの区が独自に建設することも多い。A区では、財産区からの収益は、全部個人に分配する。浜掃除などに出ると日当が出る。B区では財産区からの収益は個人には分配せず、公共の用の費用とするなど、共有地からの収益の使用法も多様である。

## 二　葬送習俗と儀礼の変化

### （一）現代の葬式―平成十二年の葬儀覚え書きノート―

実際の葬儀について、覚え書きを残していた人がいる。中之郷に住むIさんで、平成十二年（二〇〇〇）に亡くなった母の葬儀の時の覚え書きである。これは古老や家族に確認しながら記録した九ページ（横書き）のもので、Iさん自身は葬儀の後に書いた備忘録のようなものという。四十九日の法要をはじめ、三年忌、七年忌の記録もあることから、その後も記録として書き足していったものであることが分かる。現代の葬儀の実際を理解するために、許可をいただき再録、掲載する。（　）の部分は記載のまま記し、文字を補った部分には［　］を付した。個人名や実際に支払われた金額については省略し、［省略］と記した。※印以下は、再録しているときに用語等の聞き書きをした部分である。

平成十二年（二〇〇〇）の葬儀

【1頁目】　葬儀屋へ連絡（霊柩車の迎えの時間）

・知人に連絡　※　連絡は身内の血の濃い人にする

・役場へ死亡届―焼き場日時予約―寺へ枕経・葬儀・通夜の日時

・写真手配

・ハガキ用　［葉書に記載する］戒名を書いてもらう

・死者に一番近い身内が枕花を用意

・（死者へ）医院で　脱脂綿またはガーゼで血縁順に口に軽くしめらせる

　両手を胸の上でくむ。アルコール・ぬるま湯で洗い清め、綿を詰める

　髪・顔を整える

　葬儀屋　白木綿の着物を左前に着せ、浄衣《じょうえ》を持っていればそのうえに被らせる。顔に白布をかける

・枕花1対・掛け軸・衣を寺へ取りに行く

・仏間で布団の上に寝かす（頭北、面西）
・遺体へ着物を逆さにかける。寺から持ってきた衣もかける
　※　衣は北へ向けてかけるか、または遺体に逆さにかける。
・窓を少し開いておく。着物を（北向？）一枚かけておく
・枕元へ寺からの軸をかけ、台をおき、香・華・灯明を整え、
・故人常用の茶碗に山盛飯・つけ箸を一本立てた一膳飯・水・線香一本用意する
・故人愛用の念珠を合掌した手にかけ、五重・血脈・納経帳を枕辺に供える
（小さいおにぎり二ケ、米ぬか、糸、針、六〇円を入れる）焼けない物は入れてはいけない。
　※　ここ一〜二年の知人の葬儀では、おにぎり以下は供えなくなっている。
・枕元へ台が用意（葬儀屋）
【2頁目】　葬儀屋
・祭壇へ海山里の飾り
・大飾りもち（嫁の実家）
・まんじゅう（血の濃い人）
・木綿一反、その上に乞布料［省略］円　七日に寺へ持って行く
・御淋見舞　色々
　※　通夜の前に火葬することと関連して、近所の人が、焼く前に亡くなった人の顔を見に来ることを「さみし見舞い」という。さみし見舞いに行くときは何かしらの品物を持ってゆく。菓子、まんじゅう類などが多い。
・朝　出棺二時間前位に、念仏ババ他数人で念仏

※　焼く前に念仏を上げる。部落ごとに念仏講がある。中之郷は全体にではなく什長（組）ごとに念仏講があり、それぞれの形態が異なる。この家が属している什長に講はないが、念仏のグループがある。このとき（平成十二年）はグループのおばあさん方三人にお念仏を頼んだ。

※　となり組のことを什長という。この家の什長は一五、六軒。葬儀の際の仕事（手伝い）は什長の仕事。二つの什長を頼むこともある。

・ボーサンも焼き場まで来る

・出棺一五分くらい前に、寺ボーサン［が］経を読みにくる。　※　枕経は、旦那寺の坊さんがきてくれる。

※　葬式の時は、一般に坊さんが六、七人くらいくる。檀那寺でなくても親しくしている坊さんは葬式にくる。檀家の和尚さんが、葬家の大きさ（経済力など）をみて、同じ宗派の坊さんに声をかけるようだ。一人あたり［省略］円から［省略］円をお布施として包むのが普通なので、費用もかかる。葬式が会館で行われるようになった最近は、葬儀に来る坊さんは一人か二人のことも多い。

・黒服で、役場よりもらって来た死体埋火葬許可証

火葬場。霊柩車使用許可証の二通を持ち

車に乗ったらすぐに運転手へ「志」、名前を書いておく。［省略］円位

・焼き場の人にも「志」同上くらいをわたす

・〔火葬場は向かう〕車は続いて切れないよう。行き帰りの道をかえて進む

・他にティッシュペーパーと一円（玉）六枚がいる

※　焼き場では一円玉六枚を棺に一緒に入れて焼く。母の時には棺に一〇円玉を六枚入れた。

通夜　念仏までに供える（水・塩・ごはん・みそ）

※挿図には、奥左に「水」・奥右に「塩」・手前左に「ごはん」・手前右に「みそ」と記されている。

・念仏ババ三人で六時半頃より念仏を始める

・一六番くらいでお茶・お菓子を出す。最後でもう一度、お茶・お菓子を出す

※通夜の念仏　お通夜の時も念仏のおばあさんを頼んだ。通夜は会館で行い、念仏は家で行った。このあたりの念仏は西国三十三か所観世音御詠歌といい、三三番くらいまである。一六番くらいのところで茶菓子を出す。念仏は地域によって異なり、吹越では「吹越念仏」があげられる。

【3頁目】　葬式前　一〜二時間くらい前に念仏ババが来て念仏

※仏様に供える御礼供膳《おれいくぜん》を麩、にんじん、大根、ピーマンなどでつくり、念仏が始まる前までに供えた。

・となり組……寺ボーサンの荷物を取りに行く

・七日の食事代金は、御斉料《おときりょう》（食事代）として、［省略］円×人数を各々に包む。葬式が済むとすぐ、おれいくを作っておいて、ミソ・塩のものと変える。ひらわん（煮物）・つぼ（なます）・高付（和え物、漬け物）・ごはん・汁

※挿図には、奥左に「ひらわん」・奥右に「つぼ」・中央に「高付」・手前左に「ごはん」・手前右に「汁」と記されている。

・七日時のため寺へ位牌・塔婆・骨・写真……とか、血の濃い者が順に一人一つずつ持って行く。線香・墓用花を持って行く（役場からの死体埋火葬許可証も寺へ持って行く。寺へ掛け軸・衣を返す）。

※葬儀は一二時か午後一時頃から始まることが多い。葬儀が終わってその日のうちに身内だけで「七日（なのか）」を行う。開始は午後四時頃になる。嫁の実家が供える二升取りの大きい餅（大飾り餅）と、子や孫が供える大まんじゅうの、両方を切って三方に飾る。「七日」が終わると、木綿一反を添えるなどして、飾り物、まんじゅう、供え物などを葬儀の手伝いをしてくれた近所の人などに配る。

※　七日時（なのかどき）、七日の念仏は葬儀の夜に行うところと、翌日の夜に行うところがある。お礼念仏という。
・家を出るとき、念仏ババ等、念仏をしながら送り出す。さい銭を忘れないように！
・海・山・里・工〔＝香〕等〔の〕お供えは、となり組の人が用意し、先に運ぶ
・籠盛り二、花二も同じように寺へ運ぶ。六地蔵へハランの上にみそ・塩を盛って用意する。（吹越のときは七つ分用意）寺へ運ぶ。
・大きい箱の骨は墓へ入れ、小さい箱の骨は家へ持ってきて詣る。

写真１　オシャリサン

※　骨壺は大小二つがある。大きい骨壺は寺へ持って行き、墓に入れる。小さな壺（写真１）はオシャリサン（舎利：ノドボトケ）を入れ、四十九日くらいまでは家の祭壇に置いておく。祭壇は近所の人がつくってくれる。その後、本山へ納める。
・仏間に台を作って餅二［を］飾り、花・線香・ローソク・水・おれいくか〔＝または〕ごはん（はっきりしらない）・鐘・木魚・線香立て　両脇に生花と籠盛り一～二を飾る。
※　段飾りを変えるのは葬儀屋。
※　おれいく（御礼供膳）は仏様に供える。葬儀の半ば頃まではご飯と、水、塩、味噌を供え、半ば頃にご飯と漬け物、煮物に代える。用意してくれるのは近所の人。
・となり組は身内が寺に行っている間に片づけ、支払い、淋し見

舞い、籠盛り等を、念仏ババと手伝いの人の人数で分ける。

・夕食は身内がとなり組の人を接待する。念仏ババの食事等は手伝いの人と同じに付ける。

【4頁目】　葬式の時の焼香に使う数珠は白の房。色の房は念珠といって法事などの時に使う。

・葬式の後日（次の日）七日のお礼念仏。念仏ババを頼み、

お礼として三日分　［省略］円×人数分を払う。「多いので、半分ほどでよい」といわれる。

　駐車場へお礼（菓子）

となり、身内、念仏ババへモチとアラレをつける。

念仏のお茶、お菓子を用意する。（淋し見舞い、籠盛り等を残しておいて分ける家もある）

　※　葬儀の日の夜は念仏のため、近所の人に頼みに行くので忙しいから。ここの什長では支払いも近所の人がやってくれる。

・性抜き……山海里工のお供え（十塩・洗米・お酒一～二合のもの）と一回［省略］円位のお礼

・性入れ……　〃　［同右］

　※　性抜《しょうぬ》き、性入《しょうい》れは、今回、墓石の位置を少し動かしたので、坊さんに言われて、性抜きをして、また性入れをした。

・初七日等　家に来たとき、ボーさんへお斎《とき》またはお伽《とぎ》料として食事代一回に付き、［省略］円を包む。

・翌日　岩屋へお詣り。遺品を持って行く。小さいもの。寺へのお礼　［省略］円

　奥の院へ……線香、ローソク立て、三場所あり、賽銭の用意。

　※　葬式の翌日、岩屋［寺］へお詣りした。故人が身につけていた眼鏡、時計などの遺品を持って行った。

【5頁目】　四十九日　念仏用、モチかざりと砂糖一キログラム

前日　仏壇と新仏《あらぼとけ》に一対ずつのモチ（三合用）
　寺用　　　　　　　　　二かざり　　（計）四かざり
　寺へお布施　［省略］円位。おそなえ　食事代
当日　四十九モチ　小四九と大一ケ　寺へ
［九名の氏名：親戚］＋［一名の氏名］（送り膳）　おはぎと寿司
　　　　　　　家　四人　　　　［一名の氏名］　念仏バーさん三人
お寺　食事代　［省略］円で済ます
食事　おはぎ　寿司
（注）四十九日目（満中陰＝まんちゅういん）まで寺へ毎日詣りに行く（私はバス週一位）
　〃　おれいく膳を朝・昼・夕　作って供える
・新仏様用の台は、四十九日の法事が終われば、仏壇へお舎利様（骨）を移して陶器の花立てや線香立て等は寺へ処分してもらいに行く。（陶器の器は仏壇で使うものではない）
【6頁目】　百ケ日
　前日　海・山・里・工のもの　お供え
　お寺へ［省略］円位　謝礼として「お布施」と書き、持って行く。食事代
　提灯を出し、おれいく膳をボーさんの来る前に用意する。
【7頁目】　お十夜　袋（十夜袋）に米を入れて持って行く。［省略］円
・お塔婆料　一本　［省略］円　　　［省略］円
　（先祖一本、新仏一本）　今年は二本分

【8頁目】　一年法事

前日　寺へ　お供え（餅五合　一対、二かざり、山工里海の野菜など）
　フルーツか菓子など仏さんの好きなもの。
　おっさまにお布施　［省略］円
家へ　夕　仏さんにおまいりに来てくれるので、食事代［省略］円
　おれいく膳を供える。家にも餅（一対）、お供え、フルーツ、菓子
　山工里海の野菜など
　夜　となり組・親戚等、念仏をやる所は餅、お菓子など用意する。茶菓子

・寺参り　［一一名の氏名　家族］寿司、菓子のみを持って行った。
　〔午後〕一時に寺に集まってもらい、家で寿司、まんじゅう。冷カニ（食事の代わり）を持って行っても
　らった。寺にも、寿司、まんじゅうを持って行った。

【9頁目】　三年　［五名の親戚の氏名］

・七年　［六名の親戚の氏名］
　前日　寺へ　［省略］円と長めの花、仏さんの好きなもの
　夕方　家で食事代　［省略］円
　家で　おれいく　　おそなえ　　ちょうちん・木魚・かね

（二）葬式と葬送習俗

1　葬儀の特徴と変化

**葬儀前の火葬**　知多半島の南半分では「お通夜のときにはお姿がない」という。南知多町と美浜町の地域では通夜の前に火葬を行うので、通夜にはすでに姿はなく、骨壷に入っていることを表す言葉である。火葬を早く行うのは、このあたりの人は働くことに価値を置くためと説明されている。三〇～四〇年ほど前、夏の海水浴客が多かった頃、火葬してから、一か月後に葬式を行った家もあった。また、名古屋から葬儀に参列した人が、焼香の後に式場の外に出て、火葬場へ向かうはずの出棺を待っているということがよくあったという。最近では、南知多の葬儀では先に火葬が済んでいることは知られるようになっている。葬礼は、火葬の前日の枕念仏、葬儀前日の火葬と通夜、葬儀当日の告別式と七日、と続くことになる。

南知多町と美浜町の共同の火葬場が完成したのは昭和四十三年（一九六八）のことであるが、内海にはそれ以前の、明治・大正時代から火葬場はあった。

**ムショとラントウ**　当地域の墓制でもっとも特徴的なことは、各家が浜側や山の上にあるムショと、寺の境内にあるラントウという二つの墓を持つことである。ムショは土葬時代の埋め墓として、および火葬が普及した後もしばらくの間は火葬骨を埋葬する場所として機能していた。ムショに遺体を埋めるのは「自然に返る（土に返る）」「土に返す」という意識だったといわれるが、ムショはケガレているからお詣りに行かないということも言われていた。現在はそのようなことは言わなくなっている。ラントウに遺骸や遺骨を埋めることはなかた。ラントウが寺域にあるのに対して、ムショは、基本的には地区内の家々の宗派・旦那寺を同じくする家々のものが集まっていたため、「〇〇寺のムショ」と呼ばれることが多かったが、ムショの土地は地区の共有地である。

なお、ムショはムショウ（無生）とも発音される。また天保十二年（一八四一）の「知多郡師崎村繪図」には海岸近くに赤字で「無常所」と書き込まれた場所が二か所ある。かつて無常所と呼ばれていたものが、ムショウ、ムショと変化したものか、あるいは話し言葉のムショ・ムショウに絵図の作成時に漢字名をあてたものかは不明だが、ここでは日常語としての「ムショ」と表記する。地区別のムショの位置と現状を次に示しておく。

葬儀の変化　南知多町内の葬儀の内容が大きく変化したポイント（時点）は四つある。一つは土葬から火葬への変化であり、二つめはムショ（埋め墓）の移動または消滅であるが、この二つは同時に起きたわけではない。火葬については、南知多町内で早い地区（内海など）では昭和二十年代から、他地区でも昭和三十年代には普及している。一方、ムショについては、早い地区では昭和四十年代から、他地区（岡部など）では平成になってからの移動等がみられる。また町内で現在でもムショとラントウ（詣り墓）という二つの墓を持つ形態を維持している地区もある（大井、片名、豊浜小佐、内海馬場など）。二つの変化の時間差を考慮すると、この地域の葬送習俗の時代的変化は、①ムショへの土葬、②火葬してムショへ埋葬、③火葬してラントウまたは墓への埋葬、という三つの段階を経験していることになる。

葬儀の内容を変化させた三つ目のポイントは葬儀会場の変化であり、四つめは隣り組の手伝いの変化である。前者は自宅葬から会場葬への変化であり、出棺と葬連（葬列）等に関わる習俗を変化させ、後者は火葬の普及と人々の就業形態・生活様式の変化がもたらしたものである。

以下に、葬儀の変化のポイントに注意しながら、この地域の葬儀の経過と葬送儀礼・習俗を記す。前述の平成十二年に行われた葬儀の覚え書きに記されていたことに触れる際は「現代の葬儀」と断り書きをする。

2　さみし見舞いと念仏

念仏　人が亡くなると、病院から家へつれてきて、念仏講の人に「枕念仏」（西国三十三番、善光寺十五番など）をあげてもらう。霊柩車に乗せて火葬場へ向かう出棺の一時間くらい前にも念仏を行う。出棺の時には僧による「お別れの念仏」がある。通夜の念仏は通夜に来る人が焼香する間、一時間くらいかかる。

さみし見舞い　組の中の誰かが亡くなるとすぐに、組内の人は菓子や線香などを持って、さみし見舞いに行く。

表１　内海の地区別のムショ（位置と現状）

| 地区名 | ムショの位置 | 現　状 | 宗　派 | 旦那寺 |
|---|---|---|---|---|
| 東端 | 地区内海岸部 | 区営駐車場 | 曹洞宗 | 慈光寺<br>宝積院<br>唯信寺 |
| 馬場 | 中学校裏の山 | 現在も使用 | 曹洞宗 | 妙音寺 |
| 中之郷 | 西端海岸近く | 駐車場 | 曹洞宗 | 性海寺 |
| 岡部 | 浜岡部海岸近く | 駐車場 | 曹洞宗 | 円通寺 |
| 西端 | 西端海岸近く | 駐車場 | 浄土宗 | 西岸寺 |
| 吹越 | 吹越海岸近く | 数年前まで使用<br>ムショは現存 | 浄土宗 | 宝樹院 |

2008.8現在（内福寺、利屋、楠、名切、北脇については未調査）

さみし見舞いは「最後のお別れ」の意味で、さらしをとって本人と対面し、側に用意してある水を綿にしめらせて末期の水を飲ませてやる。その後に葬式の出し方、役割などを決める。

３　什長組の手伝い

什長組と什長さん　隣り組のことを什長《じっちょう》または什長組という。葬儀の際の手伝いは什長組の仕事とされる。什長組は隣り組と同じだが、江戸時代の庄屋の下の五人組とは異なり、居住者から見ると互助組織にあたる。

中之郷の什長組は一五、六軒、馬場の約一〇〇軒の家は一〇組、西端の同じく約一〇〇軒が八つの組に分かれる。吹越では海岸端を一〇軒前後ずつの五組に分けている。東端区の二五〇世帯のうち、会社や商店や別荘を除いた約二〇〇軒は一〇軒くらいずつで什長を構成し、二〇組の什長組がある。什長組の組長のことを「什長さん」という。内海では什長さんは一年交代の役で、区からの連絡事項や区費を集めるなどの仕事をしている。

什長組の手伝い　葬式のときは同じ組の人が、亡くなった当日の夜、翌日の通夜、葬儀の当日の合計二日半～三日手伝ってくれる。一軒の家からは二人の手伝いが出る。年輩者は念仏の組、男は墓掘り・受付など、女はまかない方（おさんどん）である。

はじめに什長さんに知らせ、什長さんが組内の家に連絡してくれる。亡くなった日の夜に家または公民館（区会所）などに集まってもらい、葬儀の役割を作る。役割としては寺行き、まかない方、山行きなどがある。

寺行きは、和尚さんが経を読むときに座る折り畳み式のいす（キョクロク）やジャガランポン二組を寺から借りてくる。ジャガランポンは二人の和尚さんが経の終わりに鳴らすもので、ジャガランポンが鳴るとお手伝いの人が「葬式が終わる」とわかる。まかない方は五〇～一〇〇人の食事を作る。食事の数量は仕長さんが、親戚の数等を聞いて、参列者の数を五〇～一〇〇人などと見当を付けて決める。これが最も大変な仕事だった。今は会場で葬式を行うので、仕出し等を頼むようになった。山行きは墓穴を掘る役で、組内の一番若い人、結婚していない人、結婚していても奥さんのお腹に子どもがいない人などから選ぶ。「（奥さんの）腹に子どもが入る人は山へ行ってはいけない」という。

格式の高い家では二つの隣組（仕長組）をお手伝いに頼むこともあるが、この場合は隣りの組がお手伝い、まかない方などをする。

仕長さんが、葬儀委員長のような役をする。葬儀前日からの寺の世話、はがきの印刷物の世話、供え物の世話、会計などの役をする。山行きなどの特定の役以外は何でもする。会計は、告別式が終わり、食事会が終わるまでに清算をしなければならない。

現在は、パートなどに出ている人も多くなり、前日に一人、当日に二人に来てくれるようにしている区もある。東端区では今は「お一人ずつお願いします」といわれるので、通夜と葬儀当日に一人ずつ手伝いに出るくらいになった。仕長組の手伝いが縮小した理由として、自宅ではなく、会場で葬式を行うようになったことがあげられる。河和にある美浜ＪＡの美浜やすらぎホール（斎場）で行われるようになると隣り組の手伝いを頼むこともなくなった。斎場には係のものがいるので、とくに違和感はないという。

**祭壇**　祭壇は喪家の者と仕長さんが相談して、仕長さんから葬儀屋に依頼する。家によっては親戚などが「変な葬式を出すと笑われる」ということもあるので、家族は「とにかく笑われないようにやってくれ」と仕長さんに頼むことが多い。

寺の和尚さんとの交渉役もお手伝いの人（親方、汁長さんなど）が先に行き、喪家の希望と和尚さんの話をきき、次に家のものが行って決めてくる。段飾りは葬儀屋がこしらえる。

4　出棺と葬連

**御礼供膳**　「現代の葬儀」で述べたように、朝から葬儀の途中までは水・塩・ご飯・味噌を仏前に供え、葬儀の半ば頃に漬け物と煮物に代える。煮物は、麩・にんじん・大根・ピーマンなどで、用意するのは近所の人。

**北向き**　出棺まで遺体は北向きに寝かせ、枕もとに子どもや孫一同から贈られた枕花（まくらばな）一対をあげることは現在も行われている。葬儀屋が枕花として生花を用意してくる。そのほかに身内や親戚からも生花や花輪が届く。花輪は家の前に並べる。

野間では亡くなった人の着物（普段着）を北向きにして廊下につるした。葬式が終わるまでつるしておき、敷布団などとともに葬式の後にお寺へ持ってゆく。岩屋の岩屋寺に持っていった。

**座棺と寝棺**　棺は葬儀屋が用意した。火葬で焼くようになると寝棺になったが、土葬時代は座棺だった。ガンヤは棺屋のことで、内海には棺寅（がんこう）という葬儀屋があったが、数年前に店を閉めた。内海にはぬし仙《せん》という戦後からの葬儀屋が現在もある。

**葬連**　土葬時代に、遺体をムショまで運ぶ葬列を葬連《そうれん》といった。葬連は六地蔵が案内（先頭）し、鉦などのジャランボンが続く。このため、葬連のことをジャランボンともいう。竹、棺担ぎなど三〇～四〇人くらい、多いときには五〇～六〇人くらいにもなった。現在は火葬場へ迎えに行くのも、ムショ（あるいは墓）へ壺を持って行くのも、家族と親戚だけになった。

内海では火葬の普及後もしばらく葬連は続いていたが、現在は行わなくなった。山海では昭和三十年頃まで葬連があった。葬連の順番については、位牌を持つ役、写真を持つ役など、兄弟が多い時代にはもめることも多かったという。

馬場では、跡取りが白木の位牌を持ち、次の身内の人が骨《こつ》を持つ。そのあとは順番に血の濃い順に持つ。

美浜町奥田では、土葬時代の葬連の役は、位牌と手桶に入れた「水」を跡取り夫婦が持ち、「白木の位牌」は孫の人数分だけ作って、孫が持った。兄たちが位牌や写真を持ち、末の妹（未婚）が柄杓と水を持った例もある。白木の位牌には、ふところ餅など色の付いた菓子を貼り付けた。白木の位牌は棺屋さんが棺と一緒に作って持って来た。

棺は輿などに乗せて担いだ。棺を担ぐのは男四人で、跡取りの弟（次男、三男、四男など）。

ムシロをたたく　土葬時代、出棺して墓（ムショ）へ向かうとき、什長さんが門口の所でムシロをたたいた。ムシロは普段使っているものを用いる。二人がムシロの両端を持ち、縦に立てて両側からたたくので、パタンパタンと五～六回の音が聞こえる。火葬にした昭和四十五年（一九七〇）の葬儀の時にも行っていた。

吹越では　ワラを燃して、その灰をまたいだという。

竹の門　竹にシキビの枝をさした門を一対作り、門口に立てておく。この門は出棺が終わるとすぐに片づける。葬儀を斎場等で行うようになると、この門を作ることもなくなったが、丁寧な家や自宅で葬儀を行うときなどには、今でもこの門が見られる。

木槌を曳く　二人目の葬儀の時は木槌を曳く。昭和四十五年頃、足かけ三か月の内に二度目の葬式を出すことになった家では、三回目の葬儀が家から出ないようにと、什長さんがワラをたたく木槌を縄で縛って作ってくれた。遺骨を寺から墓へ持って行く葬連の中の、親戚の一番後ろの人が縛った木槌をごろごろと曳いてきた。

出棺に関しては、霊との関係が語られることが多い。火葬場へ行くときは、往きと帰りとでは同じ道を通らない。往きは近道、帰りは遠回りの道を選ぶなどする。霊が一緒に戻ってこられないようにするためといわれている。土葬の時代もやはり往復に同じ道を通らないようにしていた。

野間では亡くなった人が生前に使っていた茶碗を割って出棺する。これも亡くなった人の霊が戻ってこないようにという意味で行われる。これは今でも行われている。

**墓標**　土葬の頃には、ムショまで墓標を担いでいった。火葬になってからも告別式が終わって、既に火葬にしていた骨を埋めるために、ムショまで墓標とともに運んだ。

写真2　ムショの蓮台

**ムショの蓮台**　馬場（妙音寺の檀家）では、山のムショに行くと入口のすぐそばに蓮台《れんだい》がある。幅が一メートルくらいの石で、上が平らになっている。今は上の台が下に落ちているが、元々は基石の上に乗っていた。基石にはハスの花がかたどられている（写真2の奥）。土葬の時代に座棺を担いでいった頃、蓮台の前でいったん棺を下ろして、蓮台の周りを左回りに三回まわった。和尚さんと喪家の人が付いていって、蓮台の前で一時間くらい経を上げた。火葬になってからは蓮台の周りを回ることはなくなった。

山海の岩屋寺の奥の院のムショにも、上が平らになっている丸い石があり、周りに蓮の花が彫ってあった。担いで行ったスワリ棺（座棺）を石の上に載せて、皆が石の周りをぐるぐるまわった。石の前には現在も六地蔵がある。

東端でも、葬連はムショについてから蓮台の周りをくるくる回っていたが、昭和四十年頃には行わなくなっていた。

## 5　山行き・埋葬

**山行き**　土葬のときは墓穴を二メートルくらい掘った。穴を掘る役は山行き、山人足といい、「山へ行って掘ってきてくれ」と頼む。什長組の人の役であるが、若い人はこれから子どもを産むので、年輩者が掘った。地区によって異なるが、通常は二～五人。棺に入れて、穴を深く掘る。現在は、焼くときの番をする役を山人足と呼ぶ。海岸部にあるムショの場合は砂地だったので掘るのは楽だったが、山のムショの場合は頁岩《けつがん》だったので、つるはしで穴を掘るなど、山行きは大変な仕事だったので、相当な待遇をした。喪家から酒一升と重箱にかまぼこ・ちくわの煮物などの料理を入れてムショに持って行った。持っていった酒と料理は持ち帰ってはならないといい、必ずムショで飲んで食べてきた。

**のぼりさお・七本竹**　掘った穴に土をかぶせ、上にのぼりのさおを立てる。竹に布が付いたもの。のぼりさおは葬連に並ぶ。

土葬のときは、埋めた後に四本くらいの竹を半折れにして荒縄でつないだものを、穴の上に作った。墓穴を犬が掘るのを防ぐためのものだった。吹越では、ムショを使用していた数年前まで、細い竹七本を、土葬の時と同じように縄で束ねて埋めたところに立てていた。これはシチホンダケといい、六地蔵と親地蔵を表しているという。火葬になっても、カメ（骨壷）を埋める穴を掘ったので、山人足の役は残っていた。什長さんから指示があり、前日に用意しておく。美浜町上野間では、土葬時代には、掘った穴の上に編み籠をかぶせ、ワラで縛ってキンキラに飾り、真ん中に竹を一本立てた。今は火葬なので編み籠をかぶせることも竹を立てることも行わなくなった。

土葬時代は箱（座棺）のまま埋め、上に石を載せたが、石は重いので、別の所に移して、時が経って、穴が落ちた所で石を戻すこともあった。

現在は墓（ムショ）に埋めに行く場合でも身内だけになったところが多い。

## 6　火葬と二つの骨壷

**火葬**　現在は、告別式の前日、つまり通夜の日の午前中に火葬にすることが多い。火葬には約二時間かかる。昭和四十三年（一九六八）に完成した南知多町と美浜町との共同の火葬場へは親戚だけが着いて行く。あるいは焼けるまで見届ける役として山人足を設けている地区もある。

火葬の際には一円玉六枚あるいは一〇円玉六枚を棺に一緒に入れて焼く。「現代の葬儀」で記したように、もともとは、枕元に供えた小さいおにぎり二個、米ぬか、糸、針、一〇円玉六枚などを棺に入れていたが、最近は燃えないものは入れないようになってきている。焼き終わるまで、親戚の中でも血の濃い、つながりの深い人三～五が待っていて、終わり頃に連絡を受けて、家族・親戚が一五人くらい、三～四台の車で迎えに行く。

焼きおわると、二人ずつが竹と木の箸で挟んで骨を拾い、次いで、係りの人（オンボーさん）が頭から足の先まで、遺骨の身体の各所の一部ずつを骨壺に入れてくれる。この骨壺は墓地に納める。

火葬した骨を全部拾ってムショへ埋めていた時期があった。焼いた骨をラントウに入れるようになって、骨壺が小さくなってきた。

**オシャリサン**　骨壺には大小二つのものがある。大きい骨壺は寺（ムショ）へ持ってゆき、墓に入れるが、小さな壺（写真1参照）にオシャリサン（舎利：ノドボトケ）を入れ、四十九日くらいまでは家に作った祭壇に置いておき、その後は仏壇に入れて毎日拝み、一年あるいは三年忌などの機会に旦那寺の本山へ納める。浄土宗の檀家は京都府長岡市にある大本山光明寺へ、曹洞宗の檀家は加賀の永平寺へ本山詣りをして納めてくる。

### 7　通夜の念仏

**什長組の念仏講**　通夜の念仏は前日の念仏と同様に、什長組の念仏講、地蔵講あるいは念仏のグループのおばあさんに頼む。火葬後、骨になって家に帰ってくると、作っておいた祭壇に安置し、周りに花輪を供えて、その晩に通夜を行う。自宅で行う場合は夜の七時か八時半ころまで、念仏だけで終わる。その間に焼香の人がなくなるまでやると九時頃になる場合もある。馬場では地蔵講が念仏をあげる。善光寺の念仏、西国八十八か所の念仏、野辺送りの念仏など、二時間くらいかける。

通夜のときにも念仏講あるいは念仏のおばあさんを頼んだ。通夜を会館で行うようになっても、念仏は家で行っている家が多い。西国三十三か所観世音御詠歌は三三番くらいまであり、一六番くらいのところで茶菓子を出す。仏様に供える御礼供膳として麩、にんじん、大根、ピーマンなどでつくり、念仏が始まる前までに供えるという。

**馬場の地蔵講**　馬場の地蔵講は、元は一二軒でやっていたが、今は八軒に減っている。地蔵講のある組とない組とがある。通夜の念仏は自分が参加している組に頼むが、自分の組に地蔵講がない場合は、他の組に念仏を頼むことになる。講はないが前述「現代の葬儀」に記された中之郷のように、念仏のグループを作っている組もある。

8　葬儀会場

**ヨハチ**　以前のすまいはヨハチといい、四つ間八畳の境を取り払うと、自宅で結婚式や葬式ができたが、今の家ではできないので、葬式は寺や斎場で行うようになった。

**斎場**　斎場で葬式を行うようになったのは一〇年位前からのことで、ＪＡが平成十八年（二〇〇六）に河和にＪＡやすらぎホールを作ってからは、斎場任せの葬儀が増えてきた。現在は、葬式の半分くらいが「やすらぎセンター」のセレモニーホールで行われている。

9　葬儀後の「七日」と供養

**七日**　昔は、七日目に初七日をしたが、今は葬儀が終わった夕方に初七日を行う。これを「七日（なのか）」「七日時《なのかどき》」という。葬儀が終わってその日のうちに身内だけで七日を行う。葬儀は昼の一二時か午後一時頃から始まることが多く、七日の開始は四時頃になる。嫁の実家が供える二升取りの大きい餅（大飾り餅）と、子や孫が供える大まんじゅうの、両方を切って三方に飾る。七日の念仏は葬儀の夜に行うところと、翌日の夜に行うところがある。

お礼念仏という。

「七日」が終わると、木綿一反を添えるなどして、飾り物、まんじゅう、供え物などを葬儀の手伝いをしてくれた近所の人などに配る。

**四十九日**　葬儀後の年忌供養には、四十九日、百か日、一年法事、三年忌、七年忌などがある。四十九日の前日には、仏壇と新仏《あらぼとけ》に供える餅を一対ずつ（各三合）、寺へ納める餅を二対（二飾り）作り、四十九日は親せきとともに寺で法事、家で念仏をしてもらう。念仏用にも餅飾りをする。念仏を上げてくれるネンブツバアサンたちにもおはぎや寿司を用意する。当日は寺へ四十九餅（小さな餅四九個）と大きな餅一個を納める。四十九餅は菓子屋に「しじゅうくえんの餅」として頼む。

四十九日までは寺へ毎週あるいは毎日お詣りに行く。また、毎日朝、昼、晩に御礼供膳を作って供える。新仏用の台は、四十九日の法事が終われば、仏壇へお舎利様（お骨）を移して、陶器の花立てや線香立て等は寺へ処分してもらいに行く。陶器の器は仏壇で使うものではないという（「現代の葬儀」参照）。

**岩屋寺へ遺品を納める**　葬式の翌日、山海の岩屋寺へお詣りをし、眼鏡、時計など、亡くなった人が身につけていた遺品を納めてくる。岩屋寺は、尾張高野山の総本山で、尾張弘法ともいう。弘法大師が高野山を開く前に一〇〇日間、修業をした岩穴（岩屋）がある。宗派に関係なく、南知多町、美浜町などからも葬儀の後に遺品をおさめに行くが、最近では「燃やせるような物を」とか、「あまり、数を持ってこないように」といわれる。

美浜町野間からは葬儀の間、北向きにつるしておいた、亡くなった人の普段着や、敷いていた布団などを納めた人もあった。

**本山へオシャリサンを納める**　火葬して骨を拾うときに、ノドボトケの一部を別に分けて小さな壺に入れることは前述したが、このオシャリサン（舎利壺）は、一年くらい後に、あるいは三〜五年経ってから、本山（永平寺など）

へ納めてくる。本山へオシャリサンを納めることは、今も行われている。

埋めた骨を少し掘り出して、本山へ納骨した例もある。一年、三～五年に限らず七回忌、十三回忌などに納めることも行われている。

**彼岸・正月・最終年忌**　その後は、彼岸に塔婆を上げる。塔婆料とともに米一升を重箱に入れて寺へ持って行く。新仏が出たときの初めてのお盆には、家族、兄弟がそれぞれ米一升を、三角のさらしの袋に入れて寺へ持って行くと、和尚さんが用意した三方に乗せて供えてくれる。一緒に持って行った果物などは三方の下に飾る。

元旦には旦那寺に茶菓子代を包んで持って挨拶に行く。

二五年を区切りとして弔いを終わりとする人もあるが、百年忌までする家もある。

## 三　産育習俗と母子健康センター

### （一）産育習俗

**産婆**　内海には昭和十年代に三人、昭和三十年代には二人の産婆さんが居た。吹越の大正二年生れの人は農業をしながらの産婆さんだった。産院の見習いの看護婦で入って、産婆の資格を取り、戦前に活躍した。大井では、陸軍病院で産婆資格を取った人などがいた。病院で出産するようになったのは終戦後のことで、半田市の病院（藤田病院、厚生病院の産科など）へ行くようになった。

**帯祝い・お稚児さん**　帯祝いは、戌の日にサラシを巻くもの。さらしは母や姑のたんすに入っているものを使った。坊さんの得度（受戒）の時のゼンノツナ（サラシ）を腹に巻くと「ありがたい」という。さらしにはさみを入れるものではないといわれる。

学校へ行くまでにお稚児さんに三回続けてつけると丈夫になるといわれる。着物は産着・七五三のものを着せる。お稚児さんは、坊さんが得度（受戒）するときの役目。今も、近隣の寺で受戒がある予定を聞くと、宗派に関係なく、「あんたんとこ、孫はどうする？」などの会話が交わされるという。

**安産祈願**　安産祈願は時志の観音様などに行くことが多かった。

昭和四十年頃の出産のとき、お腹に子供が居るときに雄雌(オスメス)のアワビの刺身を食べると目がきれいな子が生まれるといわれた。

**納戸で出産**　昭和三十年代前半まで、あるいは四十年代頃までは、自宅の納戸で寝産で出産した。産婦は出産後、一か月くらいは動かなかった。「血の道が起きるといけない（から）」と母からいわれた。今の人が出産後、一週間から一〇日で動くのは少し早すぎる気がすると、当時出産した人は思っている。

**カチマケ**　いとこ同士などに三月違いの産があるときなどは、「勝ち負けがあるので」、お互い様に祝い事をしない。

**エナの処理**　エナを産婦が自分で処理することはなかった。内海の人は山の上の方に井戸があり、そこに捨てに行った。エナを入れたションボケ（小便桶のこと。ふたがない）に紐を付けて担いで捨てに行った。ゴサン（ノチザン）ともいうが、どこに埋めたか覚えていない人も多い。

**産婦の禁忌**　産婦の禁忌として、子を産んだばかりの人はクド（カマド）前に行ってはいけない。髪を洗ってはいけない、などがある。血が若い（血が汚れている）からといわれるが、母体を大事にすることに関係しているともいう。

**お七夜**　お七夜まで生き延びる子は育つという。戦前のお七夜の祝いの膳には、菓子（ようかん、巣ごもりの鶴亀、白い落雁に小豆（あずきはおこわに見立てたもの）が並んだ。お七夜のときに、産婆さんに鯛をご馳走した。

**初誕生**　初誕生の時に一升餅を背負わせる。歩くようになっていても、餅を背負わせると転んでしまうものだった。

**髪おき**　三歳と小学校一年生のときに髪おきの祝いを行う。明治初め頃の三歳の髪おきの祝いには、内海の中の川西中に餅一重ねを贈った家があった。

**初潮**　初潮があったときには赤飯を炊いて祝う。月のものがあるときは洗濯するときのたらいを代えることなどもあったが、海女さん以外はあまり関係ないともいう。

**母子健康センター**　師崎には、母子健康センターが四〇年くらい前まであった。師崎、大井、片名、豊浜などの人もこのセンターで出産した。

## （二）南知多町母子健康センター

師崎のSさん（大正八年生まれ、女性）は自宅での出産が通常だった昭和三十年頃、自身が助産婦を営み、町に母子健康センターを開設するよう働きかけた人である。以下は、Sさんの体験である。

**助産婦資格**　名古屋の看護学校を卒業して、明治病院で看護婦となり、昭和十五年に退職。昭和十六年に名古屋の城北病院で助産婦になり、小児科、産婦人科勤務を経験。戦後も同病院で三、四年間勤め、昭和二十三〜四年頃に師崎に来て、自分で助産婦の仕事を始めた。初めて「助産婦　〇〇〇〇」という看板を掲げたときには「すけさんぷ」と読まれたという。現在の家に移ったのは昭和二十八年。「助産婦」の看板は元の家の玄関先に今も残っている（写真3）。昭和二十三年（一九四八）にそれまでの産婆規則に代わり、保健婦助産婦看護婦法が制定されている。

**働きかけ**　当時の師崎にはSさんを含めて助産婦が二人いた。全国的に母子健康センターができてきた頃、二人が協力して町に母子健康センターを作るよう働きかけた。

町が母子健康センターを師崎に作ることになったとき、二人で菊池先生にお願いに行って、顧問になってもらった。

写真３　昭和23､4年開業時の「助産婦」の看板

菊池先生は師崎で医院を開いて二代目の人だった。

**開所**　母子健康センターは顧問一名、助産婦二名で始まった。助産婦は自宅で産むのを手伝う仕事だが、センターでは一週間前に診察に行き、お産の当日はセンターの分娩室で産ませ、産後に泊まる部屋を設けてあった。

**センターの施設**　センターは、玄関を入って一階の右側に、手前から外来トイレ、受付、待合室、片づけ部屋（材料室、助産婦の休憩室）、洗濯室、機械室と並び、一番奥が分娩室だった。まっすぐの廊下を挟んで左側には、診察室に続いて産婦が泊まる部屋が五室並び、一番奥に台所があった。産婦が泊まる五室は二人部屋で、それぞれ一〇畳弱の部屋にベッド二つと赤ちゃんのベッド二つが備え付けてあった。センターは一週間で退院することになっていた。一階入り口の右側に二階へ上がる階段があり、二階には婦人会の人が料理の講習をするような部屋があった。

センターが開設してから二年も経たない内に、もう一人の助産婦さん（四歳年上だった）が亡くなり、その後はSさんが一人でセンターを切り盛りしていた。

センターができてからは、師崎だけでなく、大井、片名、豊浜の妊婦さんの家に自転車で通うこともあった。一年間で一〇〇人以上産ませたこともあった。助産婦さんは各集落にいたが、困ってしまうとセンターに連れて来たこともあった。島からも妊婦さんがやって来たので、泊まりも多くなった。

**病院出産**　その後、河和に厚生病院、内海に大岩産院などができて、保健所の人も「お産の時は病院に行きなさい」と指導するようになった頃、私の出番はなくなったと思い、「三月いっぱいでやめます」といったことを覚えている。

**産育習俗とセンター**　以下は、昭和二十年代～三十年代の、師崎を中心とした出産にかかわる習俗と、センターでの出産との関わり方である。

・出産の時は、男がそばにいると「産が重くなる」といって、産室から追い出した。センターになってからも同じことをいった。

・エナは、産湯、ゴザン（後産）と一緒に家の者がションボケ（小便桶）に入れて、昔、避病院があったところまで運び、大きな穴に埋めていた。センターで出産した場合も同じようにしていた。

・産んだ後、一週間は台所に入ってはいけない。ウブスナ様がいるといっていた。母は「ひと月（厳密には一〇〇日間）は近くの橋は渡ってはいけない（遠くへ行かないように）」といっていた。

・お宮参りの時、師崎の栄村では千賀橋の所で御神酒をあげてから羽豆神社へ行った。

・お七夜には、助産婦が生児の髪を剃る。生児は皮膚が弱いからということで、センターができてからはお七夜に髪をすることはやめた。

・お七夜の祝いには切り鍋に大きなボタモチ（経二〇センチメートルくらい）を七つと、おこわを作って祝った。お七夜には助産婦も招かれた。

・へその緒を入れる桐の箱は、県や郡の助産婦会の会合のときに、業者が売りに来ていたので、これを買ってセンターにためておいた。へその緒を煎じて飲ませるということはない。嫁に行くときに持たせるとはいうが、その先はわからない。

・生児の名前は羽豆神社の宮司さんにもらいに行ったり、旧家の人に付けてもらったりした。
・月経中の女性は正月や祭りの時だけはオク（納戸の奥の部屋）で、一人で食事の支度をして食べた。

## 四　儀礼・習俗の変化と生活の変化

ここでは、上述の聞き書き資料等をもとにして、民俗の変化と生活の変化の相互関係を捉える。生活の変化が民俗（具体的な儀礼や習俗）の変化を促し、民俗の変化が生活の変化を促す過程を整理してみる。その過程で、変化しなかった習俗等も整理することで、民俗の変化を促す要因、民俗を維持する要因を考察する。

### （一）葬送儀礼・習俗の変化と生活の変化

**葬儀の順序を変えた火葬の普及**　火葬―通夜―告別式―七日、と続く当地域の現代の葬儀は、通夜・告別式の前に火葬を済ませておくという特徴を持っているが、これは、火葬の普及がもたらしたものである。土葬から火葬への変化は町内でも地区ごとに異なる。内海地区では戦前から火葬が行われ、昭和二十年代には六〜七割に普及した。他の地区では昭和三十年代頃から火葬が普及し始めている。昭和四十三年（一九六八）の内海町と美浜町の共同火葬場の完成は、火葬の普及をさらにすすめた。

このような経過を経て普及してきた火葬であるが、昭和三十一年（一九五六）に東端で行われた葬儀では、告別式の前に火葬をしていなかったという例がある。このことから、火葬の普及が即、通夜前の火葬を実現させたわけではなかったことがうかがえる。昭和四十年代頃の海水浴客が多い夏の時期に、火葬から日をおいて葬儀を行った例が語られていることから、その頃から始まった特異な事例が一般化して、葬儀の形を変えたものと考えられる。

火葬による葬送習俗の変化　棺の形が座棺から寝棺に変わったのは火葬のためである。焼きやすさという火葬場の施設との関連で、葬儀屋等が用意する棺の形の変化は受け入れやすかったと考えられる。骨壺が小さくなってきたのは、骨をラントウに入れるようになってからのことといわれる。ムショで墓穴を掘る山人足（山行き）という役は、什長組の手伝いの役として最も重要な役として意識されていたことと関連して、焼き終わるまで火葬場にいる（火葬の検分）役に内容を代えて、今も残っている。

会場葬の普及による変化　土葬時代に遺体をムショに運ぶ葬列（葬連）と、それに関わる習俗は火葬の普及とともに行われなくなったと捉えられがちだが、実は、火葬骨をムショに運ぶための葬連として、しばらくの間は続いていたと捉えるのが妥当である。火葬した骨を全部拾ってムショへ埋めていたという話や、告別式後に、既に火葬していた骨とともに「墓標」をムショまで運んだこと、また、葬連の出発時に「ムシロをたたく」習俗が、すでに火葬が広く普及していた昭和四十五年頃の葬儀でも行われていたこと等が、ムショに全部の亡骸（火葬骨）を埋めることと、それに伴って骨をムショに運ぶ葬連がある程度の期間は続けられていたことを示している。

これに関しては、土葬時代の名残で、「土に返る」「土に返す」という意識が、火葬になっても続いていたことがうかがえるが、これらの習俗の変化（消滅）を促したのは自宅での葬儀に代わり、会場（斎場）葬が普及してきたためと考えられる。土葬時代の出棺時に灰を撒き、葬連がその灰を踏んで出棺すること、葬連がシキビをさした竹の門をくぐって出てゆく等の習俗は、自宅葬から会場葬への変化とともに行われなくなっている。斎場葬は一〇年くらい前から行われるようになってきたが、町内の人も今後いっそう斎場まかせの葬儀が多くなることを予想している。

什長組の手伝いの変化　会場葬の普及は、職業の多様化というもう一つの要因とあいまって、什長組の手伝いの質と量をともに縮小させた。手伝いのうち、まかない方の役は、会場を使い、仕出しを頼むようになってからはほとんど不要となる。それに対して、寺行きは葬式の時に用いる道具を寺から借りてくる役で、読経等の変化がない限りこれからも維持される役である。山行き（山人足）については、前述のように墓穴を掘る仕事としては軽微なものになり、火葬場での役などに変化したが、重要な仕事という認識のもとに役としては維持されている。妻が妊娠している人はこの役に就かせないという意識は薄れてゆくものと思われる。

これらの役の変化（軽減）は、必然的に手伝いの人数・日数を減少させた。現在は、組内の人の勤務を考慮して、前日に一人・当日に二人とか、通夜と葬儀当日に一人ずつというような頼み方になっている。葬儀の手伝いの質量の変化が、什長組自体の構成をどこまで変化させるかについては、現状ではまだ明らかになっていない。

**葬連の消滅に伴う習俗の変化**　五〇人〜六〇人もの人が葬列を組んでムショに向かう葬連は、今はまったく行われていない。これに伴って葬連の持ちもの（のぼりざおなど）の役がなくなり、棺担ぎがなくなったことで、ムショで蓮台を回る習俗もなくなっている。

**変化していない出棺前の習俗**　土葬においても火葬においても、死者を北向きに寝かせ、枕もとに枕餅を供え、枕念仏をあげる習俗は変化していない。出棺までの死者（遺体）への接し方は変わっていないと捉えられる。

なお、亡くなった直後に死者の顔を見に来る「さみし見舞い」という習俗も維持されている。このさみし見舞いは、『葬送習俗語彙』に「サブシミマヒ」として、「尾張起町では葬式前夜に、親戚知人等から贈る饅頭菓子の類を淋し見舞といひ、通夜の人々に御馳走する（葬號）。信州の下伊那等では、葬後数日間に贈る忌中慰問品を淋し見舞と呼んでいる」と解説されている習俗である（柳田国男編　一九三七『葬送習俗語彙』国書刊行会　一九七五復刻）。聞き書き資料と『葬送習俗語彙』の説明とでは、お別れに行く行為をさすか、品物をさすかの違いはあっても、昭和十年代には周辺地域でも行われていた習俗であることが分かる。現代の人にとっては、火葬までの短い時間に「亡くなった人の顔を見る機会」として捉えられているようである。

**維持されている葬送習俗**　死後の枕念仏をはじめ、出棺前の霊を送る念仏、七日の供養の念仏等、念仏の位置づけは変わっていない。通夜の念仏の時間的位置づけは変化したが、念仏講等により、地域社会の人々とともに霊を送り、慰める意味は変化していないといえる。オレイクゼン（御礼供膳）等、供え物も基本的には変化していない。また、土葬時代の葬連がムショへの往き返りの道を違えていた意識は「霊が戻ってこないように」というものだったが、火葬場へ向かう車列についても火葬場への往き返りの道を違えることとして現在も維持されている。霊との関連で語られることとしては、出棺時に灰を撒き、竹の門をくぐらせる等の習俗が変化（消滅）したことと対照的である。

また、二人目の葬儀の時に「木槌を曳く」習俗は昭和四十五年頃の葬連の中でも行われていた。同じ家から二回葬儀を出すこと自体がまれなことなので、この習俗は覚えている人がいる間は維持されてゆくと思われるが、葬連自体がなくなった現在以降は、どのような形で行われるか不明である。

**火葬の普及による新しい習俗**　土葬から火葬への移行に伴い、新しい習俗がいくつも生まれている。竹と木の箸を用いて二人ずつで骨拾いを行うこと、二つの骨壺を用いてシャリだけを別にとりわけること、大きい壺は墓に入れ、小さい壺は仏壇に祀ること、などである。オシャリサン（のど仏）を入れた小さな骨壷（舎利壺）を一年忌や三年忌あるいは七年忌、十三年忌が済んで、本山へ納めに行く習俗は、火葬の骨拾いのときに一部の骨を取り分けておくことで可能になる習俗のようにも思われるが、埋めた骨を少し掘り出して本山へ納めたという事例があることから、さらに、現在も続いている、山海の岩屋寺へ遺品を納めに行く習俗との関連から、火葬の直接的な結果ではなく、長く続いている習俗であるか、あるいは遺品を納める習俗が遺骨の一部を納める習俗へ拡大した結果とも考えられる。

**葬送習俗の変化の過程**　当地域の葬送習俗の変化は、前述したように、①ムショへの土葬、②火葬してムショへ埋葬、③火葬してラントウまたは墓への埋葬、という三つの段階を経ている。この段階的な変化、言い換えれば緩やかな変化を選択したことにより、当地域の葬送習俗は、土葬時代の習俗の一部を火葬普及時にも引き継いだが、その後の職業の多様化・仕事時間（生活時間）の多様化という生活の大きな変化が什長組の手伝いを減少させ、さらに会場葬の普及が多くの習俗を消滅させたという過程を捉えることができる。

## （二）母子健康センターと産育習俗の変化

**南知多町母子健康センター**　師崎に助産院としての「南知多町母子健康センター」が設置された年について、助産婦として勤務していたSさんは正確には記憶していないが、全国初の母子健康センターは昭和三十四年（一九五九）開設といわれ、Sさん自身が「全国的に母子健康センターができてきた頃」と語っていることから、昭和三十年代中頃から後半頃のことと思われる。また四十歳代の人が母子健康センターの最後のころに生まれていることから、昭和四十年代前半から半ば頃まではこのセンターがあったことがわかる。河和や内海に病院・産院ができて、そこでの出産が勧められるようになって、Sさんは退職した。この間に母子健康センターでは開設されていた師崎だけでなく、大井、片名、豊浜、島部の人が出産している。昭和三十年代半ば頃から四十年代半ば頃までの間に、広い範囲で、出産の場所、方法が変化したことになる。

**自宅出産から施設内出産へ**　全国的には、昭和二十五年（一九五〇）の出産数二三三万余のうち、施設内出産（病院、産院、助産院などでの出産）四・六パーセントに対して、施設外出産（自宅、その他での出産）九五・四パーセントだったものが、一〇年後の昭和三十五年（一九六〇）には、出産数一六〇万余のうち、それぞれが五〇・一パーセント、四九・九パーセントとなり、さらに一〇年後の昭和四十五年（一九七〇）には出産数一九三万余のうち、それぞれが九六・一パーセント、三・九パーセントとなった。つまり、昭和二十五年からの二〇年間に、自宅出産の割合が約九五パーセントから約四パーセントに激減し、病院出産等の割合が約五パーセントから約九六パーセントに激増したことになる（藤田真一　一九八八『お産革命』朝日新聞社）。母子健康センターはまさに、同時期に施設内出ていた。

産への流れを促す役割を担ったのである。内海では、昭和三十年代あるいは四十年代頃までは、自宅の納戸で出産していた。

センターと習俗　出産のときに男を追い出すこと、エナの処理法（ションボケに入れて避病院跡に埋めたこと）、などは、それまでの習俗をセンターでも否定しなかった。またお七夜の祝いには、それまでの産婆と同様に助産婦も呼ばれていった。一方で、当時、お七夜に生児の髪を剃ることも助産婦の仕事だったが、母子健康センターができてからは、生児は皮膚が弱いからという判断で、お七夜に髪を剃ることをやめている。医学的判断が習俗の変化を促した事例と捉えられる。

産育習俗の変化　産育習俗の変化は、自宅出産から施設内出産への移行が大きく影響している。それは出産に関する経験的・伝統的な知識・技術でお産に関与した産婆さんから、科学的知識・医療技術をもった助産婦・医師の関与へと移行したことによる結果である。その交代は出産に関する考え方や習俗を画期的に変えるものだった。しかし、南知多町の場合、母子健康センターが開設していた期間が比較的短かったため、習俗を大きく変えることにはならなかった。Sさん自身は高齢のため、聞き書きの時間を長くとることはできなかったが、産育習俗については、その後の病院・産院出産の普及を含めて、長い期間の変化の過程を捉えなおす視点が必要となるだろう。

# 両墓制から単墓制へ
## ――火葬化による墓制の変貌

畑　聰一郎

## 一　問題の所在

わが国の火葬普及率は、一九九九年で九九・三一パーセント、世界第一位である。同年における香港が七八・三パーセント、チェコが七六・四四パーセント、イギリスが七〇・三九パーセント、アメリカが二五パーセント、フランスが一六パーセント、イタリアが四・〇九パーセントであり、さらに特質すべきこととし、火葬後に「お骨上げ」という拾骨があることも指摘される。[1] また、明治三十年（一八九七）の全国の火葬率が、二九パーセントであることも指摘されている。[2]

世界でもずば抜けた火葬率の高さはなぜだろうか。明治時代でも約三割の火葬率を示していることは、アメリカ、フランス、イタリアの現在よりも、明治時代の日本の方が高いことも、注目すべきことであろう。だが、従来からの土葬区域で、火葬方式が採用されたのは古いことではない。昭和三十年（一九五五）頃から、火葬が増え始め、約五〇年ほどで、火葬が一般化したのである。

遺体を埋める場所と、お詣りする場所の二ヶ所に墓を持つことを、両墓制と呼び、遺体を埋める場所に石塔を建ててお詣りの目印にすることを単墓制と呼ぶ。だが、火葬の普及により、両墓制は崩壊した。短期間における土葬から火葬への転換はどうして実践されたのであろうか。

かつて、南知多町各地区の多くは、埋葬場所をムショウと呼び、お詣りする場所をラントウと呼んできた。本稿は、南知多町の大井地区、片名地区、師崎地区、豊浜小佐《おざ》地区、豊浜中洲地区、内海《うつみ》地区の内海東端《ひがしはた》地区、内海西端《にしはた》地区、内海中之郷地区、内海岡部地区、内海吹越《ふっこし》地区、内海馬場地区、日間賀島地区の墓制が、火葬の導入によって、各地区で何が起きたかを比較考察したものである。

## 二　ムショウとラントウ

### 大井地区

遺体を埋葬する墓地をムショウと呼び、集落に近い五つの寺に囲まれた墓地をラントウと呼ぶ。ムショウは、集落から離れた山中にある。ラントウとムショウはいずれも集落の共有地的意味を持っており、区の管理である。

現状のムショウは、集落から離れた場所にあるが、かっては集落中央にあった。しかし火の玉が飛んだとか、衛生的に良くないなどの声があり、移転が検討され、昭和二十六〜二十七年（一九五一—一九五二）頃に移転が始まり、現在地の山中のヤマに移った。旧ムショウにあった石塔は、全て現在地へ移したが、ムショウ移転の頃から火葬が始まり、火葬骨をムショウあるいはラントウに持っていくようになった。

旧ムショウの土地は、宅地用に販売されたが、墓地跡を購入すると繁盛するといわれ、人気が高く、すぐに売却出来たという。

ラントウは、かっては大小の墓石があり、家によって墓域にも相当な違いがあって、満杯状況となった。昭和六十年（一九八五）前後に、大小の墓石を整理して、各墓の墓域を平等にするため、墓地の整理、集中化に着手し、遺骨をラントウに納めてよいこととした。大井の墓所は、公園墓地のような外観を呈し、寺院に囲まれ、集落の中心に位置しており、墓参にも便利で、多くの人がお参りに訪れ、花や線香が絶えない。ムショウ、ラントウともに地区の管理であるが、近年ではムショウを放棄する家もある。また、新家は、墓をラントウに購入することが多い。ムショウの手入れが不十分となり、二つの墓地の草取りを、区の役員である駐在と婦人会で行っている。

写真１　大井地区旧ムショウ跡

写真２　大井地区ムショウ

写真３　大井地区ラントウ

片名地区

ムショウは海岸沿いにあり、場所こそ残っているが、ほとんど利用されることはない。墓地としての外観があるので、先祖へのお参りとして、花などが供えられていることもある。だが、相当数の遺骨は、寺にあるラントウへ移された。昭和四十~五十年（一九六五ー一九七五）にかけては、ムショウからラントウへの移動が盛んであったという。現在では、ムショウは、ほとんど放置された状態であり、火葬骨は、寺にあるラントウへ納めている。

師崎地区

この地区には、ラントウ、ムショウという言葉はなく、両墓制という形態をとっていない。地区には五つの寺があるが、檀家を持つ寺は二ヶ寺であり、それぞれ、地区の檀家を持つ。墓所は、それぞれの寺院にあり、単に墓と称している。

豊浜小佐地区

現在、ムショウはないが、昭和四十年代（一九六五）までは、海岸沿いで、川が海に注ぐあたりにあった。かつて、カイジョウと呼ばれた旧公民館（現老人憩いの家）の裏庭にあたり、現在は駐車場として利用されている。ムショウは、土葬時代には利用されており、一方、寺院の墓所はラントウと呼ばれ、お詣りするだけの墓地であった。

昭和四十三年（一九六八）に、火葬場が完成してからは、火葬が飛躍的に増大した。この前後の時期は、年寄り自身が火葬を拒否することがあり、土葬と火葬が併存しており、ムショウ、ラントウともに利用されていた。だが二ヶ所の墓へお詣りすることへの疑問が生じ、墓を一ヶ所にする提案があり、ムショウを廃して、寺の墓所とした。

平成二年（一九九〇）に、ムショウの廃止を決定し、個々の墓地から出土した骨を、寺の墓所へ移動させ、埋葬した。また誰の骨かわからないものについては、一ヶ所に整理し、まとめて埋葬した。寺院の墓所はラントウであり、火葬骨を埋骨する場所がない。墓所の整備が必要となり、ラントウを改修することで、解決した。

## 豊浜中洲地区

ムショウは地区の東西二ヶ所にあり、海岸沿いのニシノハカと山中のヤマノハカ（ヒガシノハカ）がある。現在、中洲の寺院は影向寺《ようごうじ》のみであるが、明治以前には、浄心寺・影向寺・興福寺の三寺があった。明治初年に統合され、浄心寺の建物を影向寺としたという。寺の統合ということで、現影向寺には浄心寺のラントウがあった。だが、ラントウはお詣りされることもなく、戦後になりラントウを廃し、ムショウに移動した。ラントウにあった石塔を、東西のムショウに移した。

ヤマノハカには、ラントウにあった石塔、埋骨可能な新しい墓石を含め、蓄積されており、相当な量を維持している。だが、集落からは、遠くはないが、かなりの急坂があり、傾斜地に石塔が林立した形状をなす。ニシノハカは海岸に近く、急坂を登ることもなく、お詣りに便利ということで人気が高く、手狭になったために、ラントウから移動した石塔類を廃棄した。

元のラントウの場所は、昭和二十七、八年（一九五二、三）に保育園としたが、現在は閉園となり、庭園として観音様等が建立されており、参詣客も多い。

二ヶ所の墓所となった元のムショウは、寺の管理下にあるが、檀家による墓地管理委員会が運営している。

## 内海地区

内海地区は、行政的には山海《やまみ》を含めて一七の地域で構成される。かってのムショウは、海岸沿いと山中に位置した。確認出来た範囲ではあるが、海岸沿いのムショウは、東端《ひがしはた》、西端《にしはた》、中之郷、岡部、吹越《ふっこし》の各地区で、海から集落方向に向かい、砂浜海岸・旅館街となり、道路を隔てた旅館の裏手に当たる広大な範域であった。ここが、かっての埋葬場所としてのムショウで、砂山に雑木林が広がっていた。吹越のムショウは、現存するが、海岸の近くではあっても、砂浜からは北側にすこし入った地であり、土饅頭や塔婆が林立し、犬猫など動物を埋める場所もある。一方、山中に位置するムショウは、名鉄知多新線の内海駅の北側、内海中学の裏山には、馬場地区が管理するムショウが広がっている。

ラントウは、寺の敷地内にある墓で、寺院の管理下にある。詣り墓であり、ラントウにお骨を入れる例もしばしば見られるが、本来的には遺体やお骨を入れるべきでないとする。だが、ムショウを廃止したり、使われなくなったりで、ラントウにお骨を入れることも増え、ラントウとしての意味がなくなり、寺院の墓所となった。

東端のムショウは、昭和六十三年（一九八八）に最後に残った墓が移動し、廃止となった。主に、慈光寺、宝積院、唯信寺が菩提寺であり、ムショウのお骨や石塔類を、それぞれの寺の墓所に移した。ムショウ跡地は、駐車場として利用されている。

西端のムショウは、戦後すぐの昭和二十年代（一九四五）に、中学校建設のために墓地を潰し、その土や砂を利用した。お骨は、ラントウのある西岸寺の墓所に移した。ムショウ跡地は、現在は駐車場として利用されている。

中之郷のムショウは、昭和四十年～五十年頃（一九六五－一九七五）に撤去された。性海寺の檀家が多く、元々中之郷にあった寺であったが、現在は水難で中之郷から引っ越している。ムショウにあったお骨は、寺院の墓所へ移動した。ムショウ跡地は駐車場として利用されている。

岡部のムショウは、平成五〜六年（一九九三ー一九九四）に撤去し、駐車場としたが、元あった六地蔵の地蔵一体を飾ってある。お骨は、ラントウのあった円通寺へ移動した。

吹越のムショウは現存し、墓標や石塔があるが、お骨はラントウのある宝樹院へ移動し、六地蔵も移した。墓所は、お骨を入れられるように改修した。

写真４　片名地区ムショウ

写真５　内海地区岡部のムショウ跡

写真６　内海地区吹越ムショウ

馬場のムショウも現存する。内海中学校の裏山に、塔婆や石塔が連なっている。ムショウは、昭和四十七年（一九七二）前後までは火葬骨を入れていた。土葬の時代には、遺体を埋葬していた。だが、ムショウをお参りするのに不便だとし、ムショウ、ラントウの両方への参詣は少なかった。また、ムショウの石塔を廃して、ラントウへ移す家も増加している。ラントウは、妙音寺の敷地内の墓所である。ある檀家は、三〇年ほど前に石塔を建てたが、ムショウからお骨を出して、ラントウに入れ、ムショウにあった六地蔵のうち、一体をラントウへ持ってきたという。墓の移動はオスサン（僧侶）にショウヌキをしてもらい、経をあげてもらった。古老の言によれば、本来ラントウはお詣りする墓であり、ラントウにお骨を撒くことなど考えられないことであったが、平成十年頃（一九九八）から、ラントウにお骨を入れる事例が増えてきたという。

日間賀島地区

人々が住む居住領域は、東里と西里という二カ所の集落である。それぞれの集落には、ムショウとラントウバがあった。埋め墓をムショウと呼び、集落から離れた島の中央部にある。一方、集落内部の寺院には、詣り墓であるラントウバがある。人々は、集落内部の寺院にあるラントウバへお詣りしていたのであるが、西里のムショウでは、第二次大戦の後半頃、東里のムショウも、昭和三十五（一九六〇）年前後になると、ムショウに石塔が建てられるようになった。土葬時代でも、ムショウは、遺体埋葬の場であるとともに、石塔を建て、詣り墓としても意識されるようになった。昭和六十年代（一九八五）から火葬が増え、平成年代に入り西里、東里の墓地の整理が行われた。新たな石塔は、火葬骨を収納する部分を加え、墓所としての体裁を整えた。墓地の整備に伴い、ラントウバから移設する墓が増え、ラントウバの石塔は倒され、ショウを抜かれた状態となっている。こうしてラントウバは廃され、ムショウが墓所として確定し、両墓制は消滅したのである。(3)

## 三　火葬の導入

### 火葬導入時期

火葬は、戦前から行われてきた。大井地区では、現在の大井小学校の奥に火葬場が出来て、昭和七～十年（一九三二－一九三五）頃には、結核など病気で亡くなった人を火葬にしたが、大多数は土葬で埋葬した。師崎地区では、昭和十年代（一九三五）には火葬場がなく、胸の病などで亡くなった人を大井で焼いたことがあった。時間がかかり一日がかりで燃したという。内海地区でも、火葬は戦前からあって、古い火葬場で時間をかけて火葬した。火葬に関与する人を、オンボウ役と呼び、かつて墓穴を掘る役割を果たしたヤマオトコは、火葬終了時まで番をしたという。

戦後の昭和二十年代（一九四五）になると、内海では、六割から七割は火葬だったというが、他地区では、昭和三十年代（一九五五）以降になって、火葬を選択する家が増え始め、昭和四十三年（一九六八）に美浜町・南知多町共同の火葬場が完成した。行政も積極的に火葬を推進し、火葬の選択は飛躍的に増大した。それでも昭和四十五～五十五年（一九七〇－一九八〇）頃までは、当人が火葬を嫌がれば土葬も可能であり、土葬・火葬は並行して行われていた。したがって、遺体・遺骨は各地区のムショウに埋葬していたが、遺骨をラントウに埋めてもよいことになり、平成になってからは、ムショウの廃止が進み、ラントウと呼ぶ、寺にある墓所を改修・整理して、お骨を入れた。

### 葬儀の実態

火葬による葬儀は、どのようにして行われるのであろうか。ここでは内海地区の事例を紹介する。

内海地区では、亡くなると、身内の血の濃い人に、葬儀屋への連絡を頼む。ジッチョウと呼ぶ近隣の人の手伝いや、同級生の援助もある。かっては、自宅で葬式を出すこともあって、親戚などの泊まる場所の手配や、手伝ってくれる人への食事の準備など、大変であった。だが、現在では、自宅ではせず、寺あるいは会館（河和のやすらぎ会館等）で行うことにより、手伝いも不要となり、ジッチョウの役割も減少した。食事も仕出し弁当を頼み、個々人の負担は減じている。

死が確認されると、近所の人や親しい関係者が、サミシミマイといって、お菓子や饅頭、線香などを持参して、遺体と対面し、末期の水として唇を湿してやる。オスさん（僧侶）は遺体の前で、枕経と呼ぶお経をあげる。また、念仏講のある場所では、頼んで、オネンブツを唱えるが、デタチの念仏という。出棺前にも念仏が唱えられ、オスさんの読経があり、オスさんも同行して火葬場へ向かう。土葬時代には、墓穴を掘る役割としてヤマオトコがあり、隣組の四人から五人を頼み、掘ってもらったが、火葬になると、ヤマオトコが、火葬場に行って、焼き終わるまで火の番という名目で待機した。火葬場へは、ヤマオトコと親戚、身内のみが付き添った。火葬されたお骨は、いくつかに分けて箱に納める。大きな箱は、通夜・告別式の祭壇に供え、小さい箱は、仏壇に供えるという。お骨の中で、オシャリサンと呼ぶ喉仏の骨は、大事なものとされ、仏壇に供える家もある。お骨は全て拾うわけではなく、主要なもののみ骨壺に入れ、他は廃棄する。だが、ムショウに埋葬していた頃は、全ての火葬骨を入れたこともあったという。火葬場から自宅あるいは葬儀場へ戻る時は、行きと帰りの道を違える必要がある。霊が戻ってこないように、と理由づけされている。葬儀場では、骨壺が祭壇に供えられ、ジッチョウや同級生などが用意したオレイクゼンというお膳が出て、通夜の念仏が唱えられる。参列者の多くは通夜に参列し、告別式には出ない。葬儀終了後、各種のお供え類をジッチョウや同級生など、手伝ってくれた人へ分ける。墓所への埋葬は、昔のように、葬列を組んで行くこともなくなり、親戚や身内のみで埋骨する。

## 火葬の影響

この内海の事例にもあるように、遺体は死の確認後、簡単なお別れの後、火葬場へ送られ、お骨になって戻り、通夜・告別式となる。お骨の拾骨も火葬場で行われ、墓所へ埋骨する骨壺、仏壇に供える骨箱等への分骨などが行われる。お骨は全て拾骨するわけではなく、頭骨や手足の一部などの一部拾骨で、不要となったお骨は廃棄される。かつて土葬火葬並行時代にあっては、お骨は、ムショウにもラントウにも埋葬されていた。だが、ムショウが廃止されるにつれて、寺の墓に埋骨することが通常となり、現状では、お骨は、寺の墓あるいは大井のようにラントウと呼ばれる墓所に入れることになる。ムショウの衰退は、大井にあっては「不便」が大きな理由であるが、片名や豊浜小佐、内海の海岸部のムショウは遠隔地ではない。新火葬場の新設により、火葬は飛躍的に増大した。遠隔地であるための不便が理由ではなく、火葬による利便性が、従来の土葬方式を駆逐したのであろう。

両墓制を維持してきた大井、片名、豊浜小佐、内海の各地区も、単墓制であった師崎地区も、両墓制を廃止して、単墓制となった豊浜中洲地区や日間賀島地区も、全て通夜・告別式前の火葬を選択している。お骨を対象とした葬儀となったことに、地区毎の差異はない。

お骨の埋骨場所は、ムショウ・ラントウ双方であったが、単墓制を選択した豊浜中洲と日間賀島を除き、ラントウへの埋骨が支持され、従来からの遺体埋葬の場であったムショウは不要となった。ラントウは、本来は詣り墓であって、遺骸・遺骨を埋める場所ではないとされていたが、ラントウの改修により、ラントウの性格も大きく変貌した。

## 四　両墓制の崩壊

### ムショウ・ラントウの現在

埋め墓であったムショウが現存している地区は、大井、片名、豊浜中洲、内海吹越、内海馬場、日間賀島の各地区である。

ラントウを廃止して、ムショウを墓所とした地区は、豊浜中洲と日間賀島の二つの地区であり、かってのムショウが、新たな墓所となった。埋め墓であるとともに、詣り墓としての機能をも兼ねたのである。豊浜中州のラントウのあった場所は、保育園となりその後閉園し、庭園として観音様等が建立されている。日間賀島のラントウは、石塔が倒れ、放置状態となっており、墓地の形態は保っている。この二つの地域は、遺骸を埋葬した経験から、土葬から火葬への埋葬方式の変更に対して、通夜・告別式以前に火葬をして、お骨での葬儀を行った。基本的な葬儀の形を崩さず、遺体ではなく遺骨を対象とした葬儀に変わったと考えてよいだろう。

ムショウは存在するが、個々人がラントウへの移行を選択した地区が、大井、片名、内海吹越、内海馬場である。ここでは、大井を除き、ムショウへの新たな埋骨はなく、ほとんど利用されていない。だが、墓としての形態を保っているために、先祖の埋葬場所として、花などが手向けられることもあり、お詣りもある。

ムショウの墓地としての機能を廃した地区が、豊浜小佐、内海東端、内海西端、内海中之郷、内海岡部の各地区である。ここでは、ムショウは存在せず、駐車場として利用されている。墓所は、寺院にあるラントウだけであり、ラントウにムショウとしての機能を付加した。ムショウに埋葬された遺骨を掘り出して、ラントウに埋葬したのである。ラントウは埋葬・埋骨する場ではない。よって、お骨を埋骨するための墓の改修が必要となる。ラントウは、詣り墓

表1　南知多町各地区の墓制

| 地区名 | 土葬時代 | | | 火葬時代 | | | 備考 |
|---|---|---|---|---|---|---|---|
| | ムショウ | ラントウ | 単墓 | ムショウ | ラントウ | 単墓 | |
| 大井 | ○ | ○ | | ○ | ○ | ○ | 火葬骨をラントウへ埋骨可 |
| 片名 | ○ | ○ | | ○ | ○ | ○ | 火葬骨をラントウへ埋骨可 |
| 師崎 | | | ○ | | | ○ | |
| 豊浜小佐 | ○ | ○ | | × | ○ | ○ | ムショウは駐車場に |
| 豊浜中洲 | ○ | ○ | ○ | ○ | × | ○ | ラントウは観音堂等 |
| 内海東端 | ○ | ○ | | × | ○ | ○ | ムショウは駐車場に |
| 内海西端 | ○ | ○ | | × | ○ | ○ | ムショウは駐車場に |
| 内海中之郷 | ○ | ○ | | × | ○ | ○ | ムショウは駐車場に |
| 内海岡部 | ○ | ○ | | × | ○ | ○ | ムショウは駐車場に |
| 内海吹越 | ○ | ○ | | ○ | ○ | ○ | 火葬骨をラントウへ埋骨可 |
| 内海馬場 | ○ | ○ | | ○ | ○ | ○ | 火葬骨をラントウへ埋骨可 |
| 日間賀島 | ○ | ○ | ○ | ○ | ○ | ○ | 寺院のラントウは放置 |

注　豊浜・内海各地区は一部のみで全地区ではない

としての機能に、遺体・遺骨を埋葬・埋骨するムショウの機能をも付加された。寺院に属するラントウは、単なる墓所となった。

ムショウを廃し、駐車場とした地区は内海で顕著であった。内海は観光地としてよく知られた地区である。内海に外来者が多く訪問するようになったのは、海水浴場として知られるようになったためで、大正から昭和戦前まで、内海は潮湯治でよく知られていた。泳ぐというよりは、砂浜で太陽の光に当たり、健康な身体を作ることを目的とした、比較的上流階級の子女の訪問が多かったという。また、内海のサンドスキー場も知られ、海岸に五、六メートルから一〇メートルほどの堆積された砂を利用した。戦後になり、内海の砂に注目した企業が砂を購入し、大量の砂を売却して「砂御殿」と呼ばれるほどに利益を得た家もあったという。砂の売却については、砂の飛散防止のための作業を行ない、売却は中止された。一方、昭和三十年（一九五五）頃から海水浴客が集中した。当時は知多新線も開通されておらず、河和からバスあるいは徒歩で内海まで通ったという。知多新線は、昭和五十五年（一九八〇）に開通したが、海水浴のピークは過ぎており、漸減状態が続いている。ムショウは、早い地区では昭和二十年代（一九四五）、おおむね、昭和四十年（一九六五）から平成五、六年（一九九三、一九九四）頃までに廃止になっている。ムショウの廃止は、観光客の増加によったものではなく、減少対策であったと思われる。海岸部に連なるムショウを廃止し、駐車場としての利用に供したのである。

大井では、ムショウへの埋骨は減ってはいるが、ラントウを持たない家などで、ムショウに埋骨されることはある。ラントウほどではないが、お詣りもあり、ラントウとムショウの両方にお詣りする人もあり、花や線香が供せられ、清掃等も村仕事として地区で行っている。先祖を埋葬したムショウと、火葬骨を埋骨したラントウを、共に祀っているのだが、遠いムショウへのお詣りは、ラントウに比べると、少なくなっている。外見としては、両墓制が生きている地区といえよう。だが、その内実は、ラントウへの埋骨を認めており、両墓制としての特質は失われているとみてよい。

両墓制の特質であった埋め墓、詣り墓の区分は、消滅した。埋め墓であるムショウは、大井を除き、痕跡はあっても、現実に埋葬地としての機能を失なった。大井のムショウとラントウとは、両墓制を維持しているかに見えるが、ラントウへの埋骨を認めており、ムショウの衰退は明らかであって、墓参者も減少しているという。

両墓制を採用しなかった師崎と、早く両墓制を廃し、単墓制に移った豊浜中洲と日間賀島とは、遺体・遺骨を墓所あるいは旧ムショウに埋葬・埋骨した。両墓制を採用した大井、片名、豊浜、内海の各地区では、ラントウと呼ぶ区画へ墓所を移し、火葬骨を埋骨した。同じく単墓制への推移ではあっても、旧ムショウを墓所とした地域と旧ラントウを墓所とした地域に区分出来る。火葬骨を埋骨した場所を墓所と呼ぶことにより、南知多地域は同質化したと考えてよいだろう。

### 墓所の改修

詣り墓、埋め墓を継承した墓所は、従来からのラントウ、ムショウではない。墓所は、死者個人のお骨を埋骨する地となった。だが、ムショウは、先祖の埋葬地でもあり、廃棄されない限り、参詣は可能であり、ムショウには、現在でも花や線香が見られる。

両墓制を崩壊させた火葬化だが、埋骨設備の改修は、全ての継続された石塔で必要な作業である。現在、存在する墓所は、ラントウ・ムショウの機能を引き継いだ新たな墓所（南知多町全域）、遺骸を土葬し、その後同一場所に火葬骨を埋骨した墓所（師崎、豊浜中洲、日間賀島）、利用の減少したムショウ（大井、片名、内海吹越、内海馬場）である。また、当地から他の都道府県市町村へ移動した家で、墓所の移動までしていない家の石塔は、残存する。火葬率百パーセントであっても、過去から現在までの、歴史のあかしとして累積した墓石群は、墓地の解体がないかぎり、過去を引きずっており、存在し、お詣りもなされているのである。早急な結論を出すことは困難であろう。

## 五　総括

本稿は、両墓制から単墓制への移行の要因を考察したものである。土葬から火葬への移行は、戦後、昭和四十年（一九六五）頃から始まり、火葬場の設備更新もあり、急速に火葬化が進展した。元来、わが国の火葬率は高く、明治時代の火葬率も比較的高かった。だが、ほぼ一〇〇パーセント近くの普及は、昭和後半期に始まっており、短期間（五〇年間ほど）で、わが国の遺体は、土葬ではなく、火葬されることになったのである。

南知多町では、一つの墓へ遺体を埋葬した地区が、師崎地区であり、土葬時代にラントウと呼ばれる詣り墓を放棄した地区が、豊浜中洲地区と日間賀島であった。ここでは、遺体を埋葬した場所に石塔を建て、お詣りをしたのである。一方、伝統的に二つの墓を維持した地区は、大井、片名、内海吹越、内海馬場であった。いずれもムショウ、ラントウという二つの墓所を持ち、ムショウに遺体を埋葬し、ラントウには石塔を建て、お詣りする墓所となった。ムショウを廃して駐車場とした地区は、豊浜小佐、内海東端、内海西端、内海中之郷、内海岡部である。ラントウに焼骨を埋骨している。

両墓制について、柳田国男は、「即ち一方はいけ墓・上の墓・又棄て墓とさへいふ土地があって、多くは山の野や野の末、人の通らぬ海端などに送り、やがては不明になり、又さうなるのを好いとして居る處もある。之に対して他の一方には参り墓・祭り墓、もしくは内墓とも寺墓とも謂ふのが有って、多くは寺に托し又参拝に都合のよい設備をして居る」(4)と解説し、最上孝敬も埋め墓、詣り墓という二つの墓について言及し「埋め墓のけがらわしさの故に、そこをすてて別に清らかな祭りの場所を求めるにいたったとみたのであるが、その前に霊魂の肉体からの分離が考えられており、霊魂の依る所、あらわれる所というのも定まっており、その場所で霊魂をまつるため詣り墓が設けられたのが、むしろ両墓制のはじまりではないかということも考えられそうである」(5)。最上は、遺体を埋葬した場所が穢れており、別の場所に、お詣りするための石塔を設定し、詣り墓としたことが、両墓制のはじまりとしているが、原田敏明は「そこで詣墓はこの村境の外にある埋墓とは別に、むしろそれとは関係なしに死者尊重の考えから、仏教信仰に基づいて礼拝供養するために建てられたものをいうのである」(6)と指摘し、新谷尚紀も、両墓制は土葬が前提であるとし、「両墓制の概念規定は、やはり限定的に、埋葬墓地と石塔墓地とを異質なものと考えている、たとえば呼称の上でも区別している、景観の上でもはっきりしている、そういうものをまず対象とした方がいい」(7)と述べる。

両墓制とは、遺体を埋葬する場所と拝むべき場所とを異にすることであって、二つの墓を一つとしたことは、墓制の大きな変化を意味する。筆者が日間賀島で聞いた話は、埋め墓であるムショウを墓所とした理由を、故人を見送るための葬列を維持するためであったという。火葬骨を墓所に埋骨する場合、師崎や豊浜中洲、日間賀島だと、土葬時代と大きな違いはない。遺体が遺骨に変わっただけである。ただ、火葬骨の埋骨は、土葬時代の石塔には埋骨出来ず、墓域に撒くか、埋めるかの判断が必要となり、お骨を埋骨出来る設備が必要であって、改修は不可欠となる。

ラントウを墓所とした場合、ムショウから出たお骨の処理と、ラントウに埋骨出来る設備が必要なことは当然で、改修は必要であった。単墓制地域の師崎の人々は、両墓制での「詣り墓」を、中身のないカラバカをなぜ祀るのか、と疑問を提出していた。中身つまりお骨を埋骨することにより、墓所として確認される。死者の痕跡である遺骨の埋骨場所を、墓所とするならば、両墓制の根幹である埋め墓と詣り墓という区分は不要となる。

東日本と西日本とは、火葬後の拾骨に違いがあり、東日本は、火葬骨の全部を拾骨するのに対し、西日本では、選択的拾骨である。この知多半島先端地域は、西日本的拾骨であって、一部大事な部分のみを拾骨する。お骨の相当部分は、墓所に埋骨するが、喉仏はとくに大事とされ、シャリと呼び、このシャリツボを一定期間仏壇に飾り、お寺の本山へ納骨することもある。

拾骨に関して、尾上一明は、中部地方と関東地方での拾骨の違い、全部拾骨と一部拾骨との差異に注目するとともに、遺骨への意識に着目して「日本人の遺骨信仰は、かえって火葬が普及した今日…（中略）…一般の人々へ定着しつつあると考えられないだろうか。…（中略）…もともと遺骨を祀る観念には強弱があり、管理する方法も多様であったと考えるほうが正解であろう」[8]と述べる。遺骨を祀る観念に強弱のあったことは、是認できようが、火葬骨での埋骨が圧倒する現在、遺骨信仰の定着というよりは、速やかに火葬骨にして、墓所に埋骨するという、効率性の優先にあったと考えた方がよいかもしれない。

沖縄・奄美諸島には洗骨という慣行がある。一定期間を過ぎた死者のお骨をきれいに洗い、改めて納骨する作業である。一方、東京都の八丈島にもシャリトリという儀礼があり、埋葬後一三年目にシャリを拾い、甕に移す作業である[9]。これらはいずれも改葬儀礼であり、遺骨に対する特殊な感覚があったことを意味する。明珍健二は、和歌山県のコツアゲと八丈島のシャリトリを比較し「改葬分布地域の人々の改葬（シャリトリやコツアゲ）をして遺骨を葬り直す意識は、やはり他の地域の人々の間と、骨に対する意識の差異を認めなくてはならない」[10]と述べている。

だが、この火葬の一般化は、洗骨儀礼の行われた沖縄、奄美でも、知多半島の南端部でも同じ形態をもたらした。山折哲雄は、遺骨崇拝について、遺骨の保存と遺骨の尊重は、同じことを意味しないとして、「遺骨の尊重という観念は遺骨に対する祭祀をともなうのにたいして、遺骨の保存はかならずしもそれをともなわないからである」と指摘しつつ、「平安時代のネガティブな無常観としての『死穢過敏症』から、鎌倉時代のポジティブな無常観としての『白骨崇拝』への転換を意味する展開であったといえないこともない」と述べ、遺骨に対する二つの見方として「一つは、遺体ー遺骨をたんなる『なきがら』として捨てて顧みず、霊魂を祀ることのみを重視する立場であり、これに対して第二は、遺体ー遺骨と霊魂とのあいだに密接な関係があるとする立場から、遺骨を通して霊魂を祀ると考える見方である」[11]と述べる。山折のいう、遺骸を「なきがら」とする立場は、両墓制における埋め墓と詣り墓との関係であり、遺骨を通して霊魂を祀る見方は、沖縄・奄美に見られた洗骨習俗であろう[12]。

山折は、遺骨崇拝の存在を指摘し、遺骨の尊重が祭祀を伴い、遺骨の保存は祭祀を伴わないという。だが、現在の火葬率一〇〇パーセントの相当部分は、遺骨崇拝ではなく、単なる遺骨の保存と言えるのではないか。遺骨を保存するための墓所も、故人の個性をひきたたせる記念碑的墓所へと変化していく。カロード式の墓所であれば、墓所に余地があれば何度でも利用可能である。墓所は穢れの場所ではなくなった。墓所は、単なる火葬骨の保管庫となったのではないだろうか。

注

(1) 高橋繁行、二〇〇四、『葬祭の日本史』、(講談社)　七三ー七四頁
(2) 横田睦、二〇〇〇、『お骨のゆくえー火葬大国ニッポンの技術ー』、(平凡社)　六二頁
(3) 畑聰一郎、二〇〇二、「葬儀と墓制の変化ー愛知県日間賀島における両墓制の崩壊・火葬の受容」『日本民俗学』　二三一、(日本民俗学会)　九七ー一一〇頁

(4)柳田国男、一九六九、「先祖の話」『定本柳田国男集』一〇、(筑摩書房)　一〇四―一〇五頁
(5)最上孝敬、一九八〇、『詣り墓(増補版)』、(名著出版)　四四頁
(6)原田敏明、一九七九、「両墓制の問題　再論」『葬送墓制研究集成』四　墓の習俗、(名著出版)　一三五頁　(初出『社会と伝承』十巻二号 一九六七・五)
(7)新谷尚紀、一九九八、「シンポジウム・両墓制　民俗学にとって両墓制とは何だったのか」『日本民俗学』二一四、(日本民俗学会)一四―二五頁
(8)尾上一明、一九九六、「遺骨のゆくえ―火葬骨の扱いをめぐって―」『民俗的世界の探求―かみ・ほとけ・むら―』、(慶友社)　二〇〇頁
(9)畑聰一郎、一九八〇、「村落社会と婚姻及び葬送儀礼(下)」『法政人類学』四　(法政大学人類学研究会)　一五頁
(10)明珍健二、一九八四、「墓制と改葬」『近畿民俗』九八、(近畿民俗学会)　四七頁
(11)山折哲雄、一九八六、「霊魂の浄化―遺骨崇拝の源流―」『日本民俗文化大系　十二　現代と民俗―伝統の変容と再生―』、(小学館)三四〇―三四一頁
(12)尾崎彩子、一九九六、「洗骨から火葬への移行にみられる死生観―沖縄県国頭郡大宜見村字喜如嘉の事例より―」『日本民俗学』二〇七、(日本民俗学会)五八―八三頁　加藤正春、二〇〇一、「焼骨と火葬―南西諸島における火葬葬法の受容と複葬体系―」『日本民俗学』二二八、(日本民俗学会)　一―三四頁

# 漁村集落と漁撈習俗
## ――知多半島の海とくらし

小島　孝夫

### はじめに

国内の多くの半島が外海に面しているのに対して、知多半島は周囲を波穏やかな内湾に囲まれている。また、知多半島の基部は大消費地名古屋市に連なっており、外海に面した各地の半島の多くが概して大消費地と隔絶した場所に位置しているのに対して、消費地との関係などの条件が大きく異なっている。そのため、漁業の移り変わりにも他の半島地域とは異なる展開がみられる。

本節では、知多半島の自然環境と沿海地域の概要を確認する事からはじめたい。次に知多半島の漁業の成り立ちと移り変わりを確認し、さらに半島南端部の南知多町師崎地区を具体的な事例として、漁撈習俗からみた知多半島の漁業の特徴について検証してみたい。そのうえで、知多半島のくらしの特徴を海との関係から再検討してみたい。

## 一　知多半島の漁村

### 知多半島の自然

知多半島は熊野灘から遠州灘にむかって流れる黒潮の影響により、年間をとおして温暖な気候である。半島南部の年平均気温は一四度ほどで冬季でも四度以下になることはまれだという。降水量は年間一五〇〇ミリで、年間を通じて少ない方である。

写真１　鳥羽市神島からみた知多半島

これは知多半島の低平な地形に起因するもので、知多半島は海抜四〇～一三〇メートルの丘陵、二〇～四〇メートルの台地、二〇メートル以下の低地から成り、半島の最高地点は南知多町内海の南東一、五キロに位置する一二八、三メートルの三角点である。このような地形は雨雲を発生させる障壁にはならないため、知多半島の降雨は少ないのである。

こうした知多半島の地形の特徴を示す事例として、知多半島南端部と向き合うように三河湾口に位置する三重県鳥羽市神島の人びとが、春先まで知多半島方面から吹いてくる寒風を「伊吹山からの風」と呼ぶことがあげられる。神島の人びとは、この風を日本海から滋賀県の伊吹山を経て吹き降ろしてくる風と捉えており、眼前に横たわる知多半島を濃尾平野と一体となったものとしてみているのである。

このような知多半島の自然環境は陸での生活や生産活動には、水の確保という課題を発生させた。知多半島全域に分布する溜池はその名残である。

一方、知多半島周辺の海域に注目すると、渥美半島と幡豆・蒲郡山地に囲まれる三河湾は渥美湾奥から知多半島側に向けてなだらかに深まる浅い盆状の海底地形を成している。最深部は三〇メートルほどである。知多半島と三重県の間に広がる伊勢湾も、南北に細長い、浅い盆状の海底地形が広がっている。最深部は四〇メートル弱である。知多半島先端の内海から師崎にかけての海岸線沿いの海底には細長い凹地が広がり、その南西側に伊良湖水道からの土砂供給によって形成された大きな砂堆地形が発達している。それに対して、知多半島の先端付近や伊勢湾口付近は島嶼部の海底地形が発達している。潮流の作用によって基盤岩が抉り取られた海斧地形が発達し著しく複雑な海底地形を形成している。

一見するとおだやかで単調にみえる知多半島周辺の海は、多様な海底地形により形成されており、魚介類の成育に適した環境であると同時に、多様な魚種が生息できる環境を備えている。両湾に流入する大量の河川水によって汽水域が形成されることも、湾内の生息環境を豊かにする役割を果たしている。

## 知多半島の漁村

知多半島は、西は伊勢湾、東は三河湾に面した半島で、半島先端には篠島・日間賀島・佐久島が連なる東西五～十四キロ・南北四〇キロの低平な地形である。知多半島の伊勢湾沿岸は木曽三川河口付近から知多半島先端の羽豆岬にいたる海岸線が、三河湾側は矢作川河口からまでの海岸線が広がる。三河湾は幡豆郡一色町の生田鼻と佐久島を結んだ線が境界となってその西側が知多湾、東側が渥美湾となる。伊勢湾と三河湾の境界、知多湾と渥美湾の境界に愛知三島が位置している。さらに東方には渥美半島が延びており、両半島が三河湾の湾口を形成している。現在、西海岸では名古屋南部臨海工業地域が東海市・知多市を経て常滑市まで延び、常滑港沖には中部国際空港が建設されている。東海岸では半田市を中心に衣浦臨海工業地域が造成されている。

沿海地域がすべて漁村となるわけではない。現在の知多半島沿海地域で漁業地域は限られている。さらに、漁業に従事する地域であっても、集落の背後には後背湿地を利用した水田を擁しており、漁業に従事しながら水田耕作を行うという事例が多かったようである。そうした知多半島の漁村の中で、専業で漁業に従事した集落は限られており、それらは知多半島南端部に集中している。

伊勢湾と三河湾、そして渥美半島の外に遠州灘を擁する愛知県の漁村の現状は次のとおりである。平成十六年『愛知農林水産統計年報』によれば、漁業経営体数は県内総数二七四一で、市町村別では、知多半島南端の南知多町が九八三（三五、九％）を数え最も多い。次いで、三河湾に臨む一色町が四九六（一八、一％）、渥美半島の渥美町（現、田原市）が四四五（一六、二％）となっている。そして、この三町で県内漁業経営体の約七割を占めている。また、知多半島には南知多町の他に、常滑市二一一（七、七％）、美浜町一三一（四、八％）の漁業経営体があるので、知多半島全体における漁業経営体は一三二五（四八、三％）を数える。すなわち、愛知県内の漁業経営体の半数弱が知多半島に集中していることになる。また、知多半島の漁港の分布をみると、常滑市の三漁港（大野・鬼崎・苅屋）、美浜町の二漁港（小鈴谷・河和）以外の漁港はすべて南知多町に分布している。なお、これらの漁港周辺の漁業経営体数を見ると、鬼崎と小鈴谷以外は目だった漁村はない。

かつては、知多半島北部にも漁村はあったが、東海岸では昭和三十二年の衣浦臨海工業地帯造成、また西海岸では昭和三十七年の名古屋南部臨海工業地域の埋め立てにより周辺の漁村は姿を消した。また、昭和三十四年に襲来した伊勢湾台風の被害は甚大で、その後、漁村は大きく変容し、知多半島北部は工業地帯、及び名古屋市等に通勤する住民の居住地に性格を変えていった。これに先立って、昭和三十一年からは対岸の三重県四日市市でも石油コンビナートの建設が始まるなど、伊勢湾側の社会的環境は大きく変化しはじめており、、伊勢湾側の自然環境もまた大きく改変されていくことになった。このような状況のなかで、愛知県における漁業経営体数の推移は、昭和三十八年の一万

ピーク時の二割まで激減するという大きな変化を遂げてきたのである。(1)

現在の知多半島の沿岸部を概観すると、半島基部の北部の漁沿海地域は臨海工業地帯が拡がっており、半島南部の伊勢湾側地域は遠浅の浜が拡がっており、夏季には海水浴、冬季には海苔養殖が行われている。南部の三河湾側も遠浅な海岸線が拡がっているが、小石が主のため海水浴場には適さず、春季には潮干狩りが行われている。半島南端部は岩礁が多いため、漁業が盛んに行われている。知多半島南部の海岸線は三方向で姿が異なるのである。

漁村景観の変化――南知多町を事例に――

知多半島南部及び島嶼部の集落を事例に知多半島の漁村がどのように変化してきたのか確認しておきたい。

半島沿岸に立地する集落の姿を『尾張徇行記』（文政五年）を参考に見ていくと、(2)師崎は、尾張藩御船奉行であった千賀氏が拠点として屋敷を構えた地であり、廻船業と漁業を主な生業としていた。当時の師崎の漁師は三九人であった。片名の漁家はわずか一軒のみで、ほかの人々は農業で暮らしを立てていた。また、大井には三〇戸余りの漁家があって半農半漁の暮らしであった。現在、知多半島でもっとも漁業の盛んな豊浜地区の須佐は、近世、若干の農商を兼ねた者がいたものの農業中心の集落であった。漁業は須佐の枝郷である中須が盛んで、中須には四〇艘の漁船があった。小集落である小佐では漁業を行わず農業で暮らしを立てていた。内海地区では、東端・西端が近世後期に廻船業が栄え、「内海船」の船持が屋敷を構えた。東端には漁民はなく、西端にわずか六軒の漁家があったにすぎなかった。浜辺の吹越にも漁民はいなかった。山海地区では、大泊村は回漕業や船乗りで暮らしを立てていて漁民はいなかった。久村では農業の傍ら小規模な荷船で薪などを運ぶことを少し行っていたが、ここにも漁民はいなかった。

海辺の集落といえども、このように性格はそれぞれ異なっていたのである。また、現在、愛知県における漁業経営体構成比の三五、九％を占めている南知多町であるが、近世後期の漁家数は意外と少なかったようである。漁業を第一として暮らしを営む者は篠島と日間賀島に集住しており、半島沿岸部には少なかったことが分かる。各谷の小河川河口部に広がる湾入地形の砂堆平地上に形成され集落では、その背後の耕地を利用して農業を営むことが可能であったことがその理由である。また、湾入地形は見られないが、砂浜の際に発達した集落もまた後背湿地などで農業を営むことが可能であり、漁業に依存する割合は少なかった。ただし、西端だけは農業に頼らず、海を媒介とする商いをはじめとする多様な暮らしが営まれていたようである。海食崖の裾に立地した中須と大泊は、いずれも耕地が少なく農業に頼ることができなかった。

谷沢明は知多半島沿岸部の集落の立地を、三つに大別している[3]。一つ目は師崎・片名・大井・須佐・小佐で、侵食谷の小河川の河口に当たる湾入地形の砂堆平地上に形成されている。師崎は海岸から丘陵末端まで人家が密集しているが、片名・大井・須佐・小佐の各集落背後には耕地が開ける。二つ目は内海・久村松原で、ここには湾入地形は見られず、集落前は一直線の砂浜となっている。内海は、海岸寄りの砂堆に東端・西端・吹越が立地し、東端・西端は内海川河口を挟んで集落が形成されている。三つ目は中洲・大泊で、この二集落はいずれも伊勢湾の海食崖の裾に帯状に細長く形成されていて背後に耕地をもっていない。島嶼部である篠島は一島一集落、日間賀島は一島二集落である。この二島は、いずれも平地に恵まれず、小規模な入江を前に集落が立地した。篠島では島の北岸の入江に船入を築いて集落が形成され、日間賀島では島の東西に集落が立地した。日間賀島東部の集落は大里浦・小戸浦、西部の集落は里ノ浜の入江に面して形づくられた。

集落の立地する自然環境および地域のあゆんだ歴史は、ともに集落の性格に影響を及ぼした。古来、海部として海産物を貢納していた篠島・日間賀島だけが、中世・近世を通じて農業にほとんど頼らぬ漁村として生き続けてきたようである。

写真２　昭和53年頃の師崎漁港（師崎漁業協同組合提供）

写真３　平成10年頃の師崎漁港（師崎漁業協同組合提供）

知多半島の漁業が大きな変化を見せるのは、明治後期から大正・昭和初期にかけてである。明治四十一年、篠島に設置されていた水産試験場が石油発動機付の漁業試験船「愛知丸」を建造する。これを契機に大正末期から漁船の動力化が進み、出漁範囲が広がっていく。ちなみに、南知多町の漁家総数は明治四十二年一六五九戸、大正七年一七二二戸となっている。昭和二十五年の漁港法成立により、国の方針の下に大掛かりな漁港整備計画が立てられ、この実施に伴って知多半島沿岸の漁港整備は急速にすすめられた。加えて、昭和三十四年に襲来した伊勢湾台風の復旧工事も海岸線の姿を変え、海辺に高い防波堤が築かれていった。さらに、戦後普及したワカメ・ノリの養殖漁業も海辺の風景を変えた。そして、集落前にあった海岸線は、原風景を探るのも困難なほど変容していった。

知多半島沿岸南部の集落や島には明治期から海水浴客や「新四国弘法めぐり」参詣客などの来訪があり、漁業だけでなく訪れる客を相手にした「弘法宿」と呼ばれた旅館業などのサービス業が早くから芽生えた。すでに明治二十年代、篠島，師崎・内海などには遠来の客が訪れ始め、その後、内海・山海は海浜の保養地としての性格を帯びるに至った。また、昭和七年に知多電気鉄道が河和口まで延び、昭和九年に半島南部の海岸沿いに新道が整備されて交通の便が良くなると、多くの観光客が南知多地域を訪れるようになった。昭和三十三年にはこの地は三河湾国定公園に指定された。昭和三十七年に愛知用水からの水が海底送水管により離島に送られると、それまで飲料水に不自由をきたしていた篠島・日間賀島では大量の観光客の受け入れが可能になり、島に民宿・ホテルなどが建ち並び、集落景観は大きく一変した。

家数の増加に伴い、知多半島南部の沿岸集落や島嶼部では、谷間の窪地や丘陵の斜面、あるいは台地上へと人家が広がっていった。一方、海岸を埋め立てて新集落が成立した。海岸を埋め立ててつくられた初期の集落の例として南知多町の変遷を見ていくと、まずは戦前の昭和九年～十年にかけて須佐ノ浦が造成された。豊浜地区ではその後も埋め立てが進み、昭和三十年代にかけて、かつての海岸線が次々に住宅地となっていった。また、戦後の大規模な埋め立てとして、昭和四十年代に入ると新師崎の造成（昭和四十一年～四十八年）と篠島の浦磯造成（昭和四十六年～四十九年）が行われた。新師崎では、埋立地に漁業者住宅・水産加工場・活魚料理店が建てられたが、埋立地の多くは旧集落からの移住者が占めた。また、篠島の浦磯も旧集落からの移住者による住宅・民宿などとして利用され、旧集落から新集落への住民の移動が見られた。

一方、集落背後の耕地は、豊浜地区・大井地区を中心に宅地化がなされた。背後に広い農地が広がっていた豊浜地区では、昭和四十三年に南知多町役場が移転新築した頃から開発が始まり、県道豊丘・豊浜線に沿って人家が建ち並んでいった。また、大井地区では、南知多道路開通（昭和五十八年に大井・豊丘間が開通）前後から水田を造成した土地区画整理（昭和五十五年～現在）が開始されて宅地化が進んだ。さらに、内海地区では、昭和五十五年の内海駅設置とともに名古屋方面への通勤地となり、集落周辺の耕地に家々が建ち並んでいった。さらに、昭和六十年代から平成にかけてのバブル期には、知多半島南部の景観に更なる変化が生じた。内海地区では、海浜に高層の宿泊施設などが林立し、海浜の風情は消え去った。また、大井地区においても風光明楯な海辺の台地が開発され、大規模なリゾートマンションが建設され、海から見た景観を著しく変えた。これらは、総合保養地整備法成立と期を同じくする動きであり、これら景観の変化には、前述した集落の内発的な膨張という要素はなく、社会の動きに呼応した外圧的な変化であった。

集落形態や景観の変容を通じて知多半島沿岸南部の地域社会を見ていくと、それぞれの時代、暮らしの立て方の変化などに応じて集落は生成展開を遂げていることがわかる。社会経済の在り方が変わる中で、知多半島の集落の姿もまた移り変わっていったのである。そして、その変化の在り方は、集落が置かれた自然環境に基づいて方向づけがなされていることも見えてくる。一般的に集落景観がこきざみに移り変わっていく様子は農村とは違っており、そこに海をくらしの場としてきた人々の生き方が反映していると考えられる。さらに、知多半島における沿海地域の変化

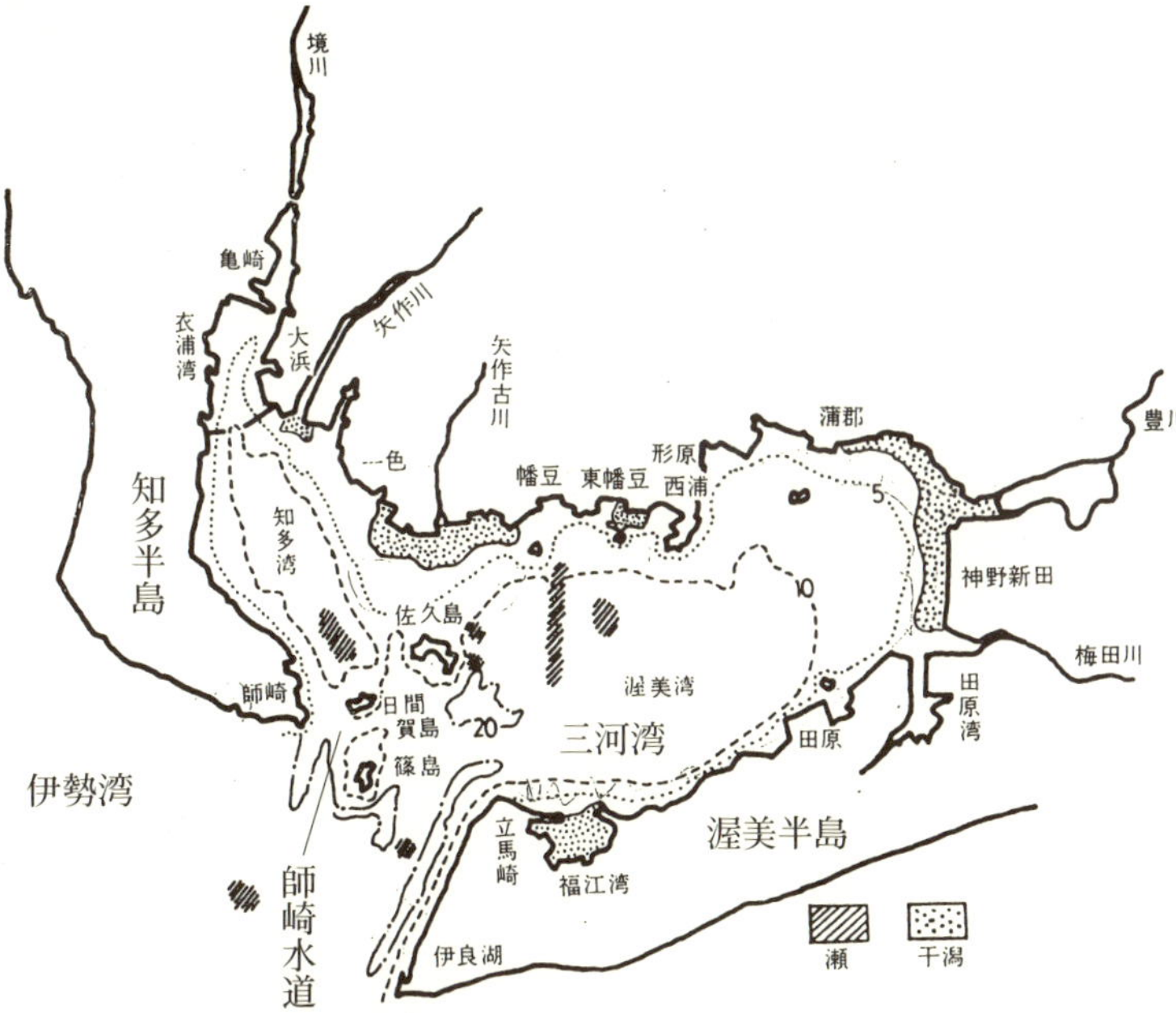


**図１　三河湾の水深および干潟、瀬の分布**（昭和50年代）

には、時代や社会の変化に応じてさまざまな需要を生み出し続けてきた大消費地名古屋の存在や都市生活者の存在が大きくかかわっていることが想起される。

## 二　知多半島の魚と漁

### 知多半島の魚

知多半島は、伊勢湾・三河湾・渥美外海の海面で囲まれており、さまざまな漁業や養殖業が営まれている。網漁では旋網・ばっち網・船曳網・小型底曳網（まめ板・えび桁・貝桁）・餌料びき・源式網・三枚網・サワラ流し網・改良囲目網・角建網があり、釣漁では一本釣・延縄があり、その他の漁法として、アナゴかご・カニかご・ナマコ桁（すくい）・潜水・採貝・採藻などの漁法がある。これらの漁法の多くは砂泥海底で操業するもので、伊勢湾・三河湾における漁法の特徴を示している。

また、知多半島周辺の主要漁獲物に注目すると、

次のように分類できる。(4)

A　一生を湾内で生活する魚種。イシガレイ・マコガレイ・アイナメ・メバル・マダコ・テナガダコ・ジンドウイカ・ミミイカ・ナマコ・イシガニ・シャコ・アカガイ・トリガイ・サルボウ・アサリ・タイラギ・ミルクイ・バカガイ・ウチムラサキ

B―a　産卵場、生育場とも湾内であるが、秋になると越冬のため湾内から外海に移る魚種。サヨリ・ヒイラギ・ギマ・シロギス・コオイカ。

B―b　産卵場は湾内から外海沿岸域であるが、生育場は多くの場合湾内であり、秋には越冬のため湾内から外海に移動する魚種。コノシロ・カタクチイワシ・イカナゴ・クロダイ・コチ・クルマエビ・アカエビ・ヨシエビ・サルエビ・シバエビ・ガザミ。

C　産卵場は外海であるが、生育のため湾内に来遊してくる魚種。秋には越冬のため湾内から外海に移動する。スズキ・ボラ・マアナゴ・マイワシ・マサバ・マアジ。

D　産卵場も生育場も外海であるが、生活史の一時期に湾内に来遊する魚種。サワラ。

このように知多半島周辺には多様な魚種が生息しており、とくに春季から秋季にかけてはA～C群の魚介類が湾内に生息することになり、年周期の漁撈活動の大半が湾内で操業されてきたことがわかる。

師崎の漁業

師崎地区は、漁業史のうえではわが国における組織的な捕鯨の発祥地として知られており、捕鯨をはじめとして、内湾という海面の条件を利した漁法が展開してきた場所である。現在行われている主要な漁法には、小型底曳網漁（まめ板網・餌料びき・貝桁網）・機械船曳漁（ばっち網・イカナゴシラス船びき網・サヨリ船びき網）・刺網漁

（サワラ流し網・キス刺網・源式網）・潜水漁（素潜り・潜水器）・かご漁などがある。

師崎水道に面した漁場を有するため、網漁に対して釣漁に従事する漁民の割合が高い。釣漁は個人単位の操業となるため、大きな資本を必要とせず、漁法自体にコストがかからないため、現在も小規模な釣漁を中心とした漁業が行われている。第二次世界大戦前後の漁業の急速な展開を体験してきた漁夫たちが季節ごとに多様な釣漁に従事している。

師崎の漁業が大きく展開していくのは、昭和四十年代である。半島の南端ではこの頃から地元のサービス業や水産加工業などを対象としていた漁業から、名古屋や各地の消費地を対象とした漁業へと流通体系を含めて大きな転換が図られていったのである。こうした展開は半島南端の漁村としての師崎の生活を変えていくことにもなった。より広範な販路を模索していく過程で、鮮魚等の流通は半島の道路網を前提としたものになったし、なによりも最大の消費地として名古屋の存在が師崎の人びとの間でも意識されていくことになったのである。半島両端の師崎から名古屋への鮮魚の流通が、知多半島の総体を経済圏として意識させることになったのである。

こうした傾向は、近世期からの回船の寄港地の分布、日間賀島や篠島にまでいたる観光開発、半島全域と南知多町に集中する巡礼施設の分布などによっても、説明することができるのであるが、戦後の水産物の全国的な流通の展開により、知多半島の空間的な一体性が明確に意識されるようになったのである。

漁業の展開は、さらに知多半島と周辺の地域との関係にも変化を生み出すことになった。

イワシなどの多獲性魚種を対象とした網漁業が盛んになると、半島内では確保できない労働力をオクゴオリ(5)と呼んだ対岸の渥美半島から求めるようになり、師崎の漁業従事者数は増大していくことになった。この半島外からの労働者がやがて家庭をもつようになると、新たな居住地の揮発が必要となり、師崎の周縁は断続的に居住地を造成するための開発が行われるようになったのである。この開発により、磯が点在していたような師崎の沿海部は平坦地に造成されることになり、沿海部を貫通する道路網の完成を助長させることにもなったのである。

## 三　知多半島の漁撈習俗――オフダサンをめぐって

知多半島の漁撈習俗のうち、最も興味深いのが船霊に関するものである。師崎漁民はそれぞれの船に祀る霊格をオフダサンと呼んでいる。人形や賽などの品々を祀るのではなく、寺社から授与されたお札をオフダサンとして船に祀っているのである。本節ではこの習俗を事例として、知多半島の漁撈習俗の特徴を確認していくことにしたい。

### 船霊信仰

漁村では、一般に漁船の新造時に船霊が祀られた。フナダマ・フナダマサマ・フナガミサマなどと呼び、船の守護神、具体的には航海安全や大漁を叶えてくれる霊格として、船の推進にかかわる部位に祀られた。漁船の形状等が均質化した現在では操舵室などに神棚を設けて祭壇とすることが一般化しているが、帆走が前提であった時代には、帆柱を支えるためのツツバシラなどと呼ばれた柱の基部を四角く刳り抜き、船霊の御神体に相当する品々を納めることが一般的だった。漁船の動力化がすすむと、動力機関が据えられたところに祀るようになった。

御神体とされるものは男女一対の人形・賽子一対・銭一二枚・婦女の毛髪・五穀で、さらに、船霊が女神と考えられているため、紅と白粉を加える場合がある。それぞれの品々には呪物的な性格が付与されており、賽子は「天一地六、表三合わせ、艫四合わせ（幸せ）、櫓櫂五と五と（ゴトゴト）、中に二（荷）がどっさり」などという呪文を唱えながら祀るし、婦女の毛髪については船主の妻のものが良いとされたり、処女のものが良いとされたりする。そして、船霊の祀り方で何よりも大切にされるのは、船霊を封入する船大工なり船主が、他者に知られぬように密かに祀るということである。たとえば、船おろしに先立って満潮時に納めるなど、御神体に相当する品々やそれらの納め方には呪術的所作が重層的に存在しているのである。これらのことは船霊の霊格としての特徴を示している。すなわち、各船に祀られる船霊は私的な霊格として考えられているということである。船に祀られた船霊はその船に祀られ続けるのが常であり、不漁が続くと新たな御神体と入れ替えることもあるが、概して船の一生を守護する存在として考えられているのである。

さらに、船霊は女神であるから女性が操船することや女性を乗船させることを忌む慣行があるが、これらのことも実際に船に乗るものが船霊に対して守護を願う素朴な心意から発したものであろう。

このような船霊に対する呪いや禁忌は、海を生活の場とする人びとが日常的に実感してきた畏怖や緊張感を伝えるものである。そして、船霊は人びとが抱いてきた海に対する畏怖や漁に対する緊張感を永続的に解いてくれる存在として位置づけられてきたといえよう。

写真４　師崎漁港

師崎のオフダサン

南知多町師崎の漁民は船に祀る霊格のことをオフダサンと呼んでいる。御神体は御札で、それぞれの家の旦那寺から授与されたものと南知多町の神護寺から授与された御札が祀られている。これらの御札は初詣での折に授与されたもので、家の神棚に祀るものと同じものである。毎年新しい御札と交換するのが常で、一般的な船霊が船に固定された永続的なものであるのに対して、師崎の場合はどの船にも対応できる代替可能な同質な霊格として捉えられており、御札ごとの霊威の差異は意識されておらず、一年単位で交換してしまう。オフダサンという呼称自体が、特別な霊威といったことよりも、人びとと霊格との親密な関係を伝えているといえよう。

愛知県内の船霊習俗の分布を見てみると、師崎のオフダサンのような事例は少ない。報告例からいくつか紹介してみよう。渥美半島の地曳網船の事例には次のようなものがある。

事例一　豊橋市伊古部では船を造るときに、船霊様の御神体として、ミョウセン（舳先）の根元を四角に切って、サイコロをいれた。(6)

事例二　豊橋市東赤沢では船にはサイコロが納められており、これをフナダマサンとして祀った。(7)

事例三　田原市赤羽根ではミョウセンには十二フナダマという神様が入っているといわれた。(8)

事例四　田原市池尻ではショウを入れてもらうということで、女の白粉、紅、網元の奥さんの髪の毛を船大工が船の舳先に入れた。(9)

次は渥美湾奥の事例である。

事例五　幡豆郡幡豆町寺部では造船所で船の梁に船霊を入れる。具体的には赤い杯、一文銭のようなお金、船主の妻の髪の毛、麻紐などが入れられる。(10)

続いて知多半島の事例である。

事例六　知多市では船を建造する際に、帆柱の根元に一〇センチ前後も深さのある角穴を掘り、そこへ船だまさんを収める。そのあとで埋木でしっかりふたをする。

御神体は、女の髪の毛とさいころ二個だという。二個のさいころは、天一地六に向う三五脇前四合わせになるように置く。

帆柱のない船では、船のみよしと一番貫の間に氏神様のお札を安置して、船だまとした。船だま座のある船でも、そこへ住吉・金比羅・水天宮・青峯山などの神仏符を安置して、海上の安全を祈願した。当地方では、平井の吉祥院金比羅宮・大野の松栄寺の金比羅講・古見の青峯観音が信仰された。[11]

事例七　知多郡南知多町日間賀島では、ジン八様は女神で船の主人公だから、帆柱の下、おもてに向かって左側に祀る、という。そこには開き戸の堂があって、中にサイコロ二つと船主の家の戸主の妻の髪の毛がはいっているという。ジン八様は船玉様のことである。

新造船の場合には、大工がミタマの姿を紙で作り（ミタマは男女のお姿である）穴銭十二文と雙六のさい、それに女の髪の毛を入れる。女の児が生まれると「新造船に乗せるとしあわせがよい」いって、化粧をさせて船に乗せたものだというのも、女の髪の毛や船玉様と関係があるようである。[12]

最後に離島の事例である。

事例八　佐久島でもサイコロ二つに、紙の着物に帯をさせた人形二つ、その女ご人形には白粉を塗り、生きた女ごの髪の毛を添えて船に祀り込むのが船玉様である。今は棟梁のかみさんの髪の毛で間にあわすが、ほんとうは船主の家のおっかさんの髪の毛を祀るべきであるといっている。

事例九　佐久島も日間賀島も、磯物あさりが多く、カカサも海上に働く必要上、乗船を拒まれるようなことがない。[13]

愛知県の船霊信仰の傾向として、一般的な船霊に比べて船霊を構成する呪具が少ないこと、次に船霊をさん付けで呼ぶ事例が多く見られ、漁民にとって船霊が身近な関係として捉えられていること、神仏符など寺社から授与された御札を船霊として祀っていることが指摘できるが、師崎の事例のように完全に御札だけを祀るようになったものはないようである。師崎のオフダサンをどのように理解すればよいだろうか。

## 師崎漁民の自然観

このオフダサンの慣行について考える際に、愛知県全域で船霊信仰が厳格な条件や所作をともなわないということに注目すると、愛知県の内湾は外洋に比べて波が穏やかな海域であること、さらに湾内に流れ込む砂泥と河川水により湾全体が豊な漁場となっているということが指摘できるのではないだろうか。人びとが生産活動に従事する場の条件により、船霊的な存在に対する意識にも変化が生じたのではないかということである。つまり、自然環境と対峙することで生まれる緊張感や畏怖の意識が内湾地域では幾分希薄化したものになっていったのではないかと考えるのである。こうした意識がオフダサンという日常的な呼称を定着させていったことにもなったのではないか。

また、信心の対象が神仏符に特化していったことについては、漁民たちの間で、海上での安全や豊漁に対する願意をかなえてくれる存在として日常的に帰依している寺社が海面での活動においても機能してくれる存在として位置づけられていたということになろう。

一般に、人間が海面などの自然界に対峙する際、そこに生じる緊張感や畏怖の念は当該地域で暮らしてきた人びとが自身の経験をとおして共有してきた心意が前提となる。世代や時代を超えて共有された心意が当該地域独自の信仰体系を作り出したものと考えられる。

そうした視点で師崎生活を捉えなおしてみると、師崎の家々の玄関に社寺の祈祷札が貼られており、師崎において寺社の存在が日常生活におけるヨケ（防御）の役割を果たすものと考えられており、師崎ではこれらの寺社の祈祷札が船にも祀られ、海上安全や大漁祈願の呪符とされているのである。

このことは、師崎の漁民の間では、海面が予測できないことが生起する異界として、強く意識されていないのではないかということを想起させる。海面を人知の及ばぬ空間と捉えてきた人びとは、そこに出向くためのヨケとして、さまざまな障害から心身を護るための呪いを行い、戒めのための禁忌を生み出し、さらにゲンを担ぐということまでして、海面での移動やなりわいに対して意を尽くしてきたのである。

漁船に卑近の寺社の祈祷札を祀ることが、師崎の漁民にとって必要十分なことであったとすれば、師崎の人びとにとって海面は家や陸と変わらぬ空間として捉えられてきたことになるのではないだろうか。換言すれば、師崎の漁民にとって海面で日常的に経験してきたことは、陸でのくらしと大差ないものと感じられるものであったということではないか、ということなのである。

具体的には、師崎の漁民にとって海面は、陸のくらしと同程度の危険しか想定できない空間であると捉えられていたと考えられるのである。また、日常的に帰依している寺社に祈願する程度でかなえられるほど漁獲量が豊富だったとも考えられるのである。

## 師崎の海と信仰

広い海域を漁撈活動の空間としてきた師崎漁民の間で、この慣行が定着している背景をさらに考えなければならない。なぜ、卑近の寺社の神仏符で事足りるということになったのであろうか。師崎の海と漁に再度注目してみよう。

知多半島は湾内に位置しており、周囲の海域は遠浅の海底が続いている。海面は日常的に穏やかで、外洋からの波浪の影響を受け難いということは確かである。また、知多半島周辺の代表的な漁法は砂泥海底で行う底びき網漁や船びき網漁であったが、これらの漁法は伊勢湾や三河湾の湾内で展開されるもので、県外の海域まで出漁することがない漁法であった。他の漁法についても同様で、河川から流れ込む砂泥と湾内に流れ込む河川水によって形成される汽水域とが沿岸域に豊な漁場を作っていたのである。また、潮境などに有力な漁場が形成される釣り漁についても、神島周辺や遠州灘に加えて、湾奥に大型船が入れるように砂泥海底を深く開削したミオの周囲に潮境が形成されるようになり、釣り漁であっても湾内を漁場にするということになったのである。知多半島周辺の海は、安全な海であると同時に豊な海だったのである。

だとすれば、どこの漁村においても同様な漁撈習俗が生じるはずであるが、実際にはこのような条件の海域で展開された漁撈活動は地域により異なり、それらの漁撈活動を支えた漁撈習俗にも差異がみられるのである。前節で概観したように、知多半島では神仏符を船に祀る場合が多いが、渥美半島や湾奥の漁村では船霊的な呪物もみられる。この差異は何から生じているのだろうか。とりわけ神仏符のみを祀ってきた師崎漁民の願意の必然性はどこにあるのだろうか。師崎の漁業を考える際に、海域や漁法に注目することが必要であろう。

師崎周辺には小型機船底びき網・機船底びき網・刺網・一本釣・潜水・その他の漁場が設定されているが。そのなかで最も数が多いのが一本釣漁場である。知多半島全体で見てもこの海域以上に漁場が設定されている海域はない。そして一本釣漁法に不可欠なのが、海面で漁場の位置を確認するヤマアテの技法である。ヤマアテは船上から異なる二方向に直線を設定し、その交点として自身のいる位置を記憶する方法である。師崎漁民はこれをヤマテと呼び、ロランなどの航海機器を使用して漁場確認をしている現在でも、これを併用している。師崎周辺から神島沖にかけての海域で一本釣を行う場合、とくに沖合いに出漁した場合に標高が低い知多半島はヤマテの目標物には適さず、渥美半島や島、さらに伊勢の山々を目標物にすることになる。そして、その中心的な存在が三重県鳥羽市の青峯山正福寺となったのである。遠く県外まで出漁することのなかった知多半島の漁民たちにとって、海上安全のご利益があるとされる青峯山はヤマテのヤマにもなり、自然に祈願の対象となっていったことが考えられる。そして、師崎漁民にとってそれ以上の存在は必要なかったのである。豊富な漁場は周年でさまざまな漁を行うことを可能にしていたし、何かしらは獲れる食いっぱぐれのない海だったのである。このような漁撈海域をなりわいの場とした師崎漁民は、青峯山を頂点とした信仰体系を作り上げ、そこに日頃から帰依している卑近の寺社を階層的に位置づけていったと考えられるのである。なお、師崎の場合には該当しないと考えるが、知多半島の漁村は背後に水田を有する場合が多く、漁撈儀礼においても農村的な志向が加味される場合があるということも留意しておかなければならないであろう。

## 四　知多半島の海とくらし

ここまで知多半島の沿海地域を対象にして半島のくらしを概観してきた。冒頭で述べたように、知多半島は伊勢湾と三河湾に面した半島である。他地域の半島が外洋に面しているのに対して、知多半島は波穏やかな湾で囲まれている。また、多様な需要を生み出す大都市名古屋に直結した交通網を近世期の舟運時代から形成しており、知多半島の人びとのくらしは名古屋という都市や都市生活者の需要と大きくかかわったものであった。

知多半島の特徴を、知多半島の自然的背景と消費地名古屋との関係を中心とした社会的背景とに分けて整理することで、本節の総括としたい。

### 自然的背景

知多半島の沿海地域の景観の変化は、経済活動の中心地である名古屋地方との関係を如実にあらわしている。そして、そうした景観の改変を可能にしたのが知多半島の沿海地域の自然環境なのである。

知多半島は外洋からの影響を受けにくい内湾に位置しており、半島の沿海部は遠浅の海底が連なっている。この遠浅の海底は、河川からの土砂や河川水の流入により豊な漁場を形成することになった。沿岸には低湿地が広がり、その地先に浅海がつらなるという海岸地形は豊富なプランクトンを発生させ、ジノモノとよばれた魚類の産卵場所にもなった。これらが回遊している湾内にはこれらを餌とする回遊魚なども来遊することになり、湾でありながら豊富な魚種を対象とした漁法を発達させることになったのである。その証左が捕鯨の伝承である[14]。師崎は組織的捕鯨の発祥地としても知られているが、動物性プランクトンや小魚を餌とするヒゲクジラ類が周期的に回遊してきたことは確かであろうし、それらを待ち構えて入江に追い込んで捕殺するのには好都合な地形であった。知多半島周辺で古くから漁業が発達した理由である。とくに、砂泥地形は網漁を発達させることになった。

また、湾内で展開されるさまざまな漁法はそれぞれに関連した漁撈習俗を発達させることになったが、師崎のオフダサンの事例は知多半島沿岸の漁場の豊かさを示しているものと解せよう。

社会的背景

遠浅な海底地形は漁業を発達させることと併せて、埋め立てなどによるさまざまな海面開発を可能にしてきた。知多半島の遠浅な海底地形は、近世以来開発の対象として捉えられており、近世期には湾奥の各地で干拓が行われた。それは高度経済成長期に行われた知多湾側の昭和三十二年の衣浦臨海工業地帯造成、伊勢湾側の昭和三十七年の名古屋南部臨海工業地域の埋め立てにまで貫かれている発想である。

知多半島の海岸部の開発は当該地域の内発的な事由によって行われたものもあるが、それらの背景には名古屋を中心とした経済活動や都市生活者からの需要、時代の要請とも言うべきものがあった。現在の知多半島の海岸線は工業空間、レジャー空間、漁撈空間とに大別され、漁撈空間である半島最南端の師崎を頂点とするように半島基部に向けて、レジャー空間・工業空間が対置するように半島の両岸に連なっている。臨海工業地帯は原燃料の搬入や製品の搬出のため、大量な物資を安価な船舶輸送でまかなうため、半島基部の工業地帯が半島沿いに進展してきたものである。

そして、その工場群を望むように三河湾側には潮干狩り、伊勢湾側には海水浴場が連なる。これらのレジャー空間には名鉄の河和線と内海線が乗り入れており、行楽客を名古屋方面から運んでくる。さらに行楽客は、半島先端部の師崎で遊漁を楽しみ、師崎から観光船に乗り、日間賀島・篠島に渡るという半島と島嶼を一体化したレジャー空間が準備されている。

そして、師崎周辺の漁村地域は今なお漁撈活動を続けており、それらの漁獲物は名古屋地域をふくむ各地の市場に流通している。こうした漁獲物の流通には、豊浜などを拠点とする買付け船が介在しており、知多半島周辺各地の名物をとして位置づけた魚介類の集荷や供給を行っている。買付け船の存在が知多半島各地の「名物料理」の食材供給を確かなものにしているのである。たとえば、日間賀島の名物とされるタコは神島で獲れたものなどが利用されているのである。

写真５　南知多町豊浜の買付け船（鳥羽市神島）

このように、知多半島の地形や資源は、消費地である名古屋地方や名古屋地方からさらに広域に連なる消費地や消費者の意向によって利用されているのである。

## おわりに

本節では知多半島の漁村と漁撈習俗を題材にして、知多半島の海とくらしがどのように推移してきたのかを述べてきた。知多半島の自然環境は時代の変化によりさまざまに利用されてきた。もちろん半島に住む人びとの意思により選択され決定されたことであるが、その前提として、知多半島の自然環境を時代や社会の要請に対してどのように資源として位置づけていくかという視点が常に意識されてきたのではないだろうか。

重層的な都市生活者の需要に応えるため、知多半島各地の位置づけを内発的に捉えなおし、その都度軌道修正をしながら、名古屋地方の都市生活者の需要に応えてきたというのが、今日にいたる知多半島の姿なのではないだろうか。平成の大合併がひとまず収束し、愛知県の市町村の姿は大きく変わった。とくに三河地方は、旧来の大都市に吸収合併される形で、多くの市町村が姿を消した。それに対して、知多半島を含む尾張地方の合併は進展しなかった。本節で紹介した南知多町を含む南セントリア市構想も頓挫した。この三河地方と尾張地方との差異を考えようとする際に、本節で述べた知多半島と名古屋との関係を考えると両地域の指向の差異が理解しやすくなるのではないか。

三河地方の場合は豊田市や岡崎市のような中核都市が存在し、それらが中心となって合併が進んでいったと考えてよいだろう。それに対して、尾張地方は中核になる都市は名古屋市だけなのではないか。本節では知多半島と名古屋市との関係を伏線に述べてきたが、濃尾平野という沃野を有する尾張地方の各地域には消費地としての名古屋に連なることを前提としたつながりや役割分担のような意識が存在するのではないか。そして、そのような自負が各市町村にあるから、名古屋市周辺や以遠でも全く合併がすすまなかったのではないだろうか。知多半島の成り立ちや移り変わりを考えることでこうしたことにも思いいたった。

注

（1）谷沢　明　二〇〇九年、「知多半島における漁業集落の形成過程に関する考察―事例研究：愛知県南知多町―」『日本における漁業・漁民・漁村の総合的研究（平成十八～二十一年科学研究費補助金・基盤研究B、研究代表：岩田みゆき）』（平成十八・十九年度中間報告書）、一八～一九頁。
（2）南知多町誌編さん委員会編　一九九一年、『南知多町誌』（本文編）南知多町、一四七～一五一頁。
（3）前掲注（1）六六～六七頁。
（4）船越茂雄　一九八一年、「漁業生物」東海区水産研究所編『さかな』（二六、東海区水産研究所編業績C集）、九五頁。
（5）現在、師崎に住む人びとの二～三世代前の人たちには渥美半島南部の農村部から移り住んだ人たちが多いという。明治時代中頃から、師崎で一艘旋網漁が盛んになり、その労働者として雇われた人たちが師崎に定住していったといわれている。

（6）愛知県史編さん委員会編　二〇〇四年、『愛知県史』（別編　民俗三　三河）愛知県二六四頁。
（7）前掲注（6）二六四頁。
（8）前掲注（6）二六四頁。
（9）前掲注（6）二六五頁。
（10）前掲注（6）三三一頁。
（11）知多市教育委員会編発行『知多半島の漁撈文化―伝統漁法と習俗―』一九八五年、七二頁。
（12）瀬川清子　一九七五年、『日間賀島・見島民俗誌』、未来社一〇二頁。
（13）前掲注（12）一〇三頁。
（14）山下勝年　二〇〇八年「南知多の捕鯨」『みなみ』八七、四〇～五六頁。

# 南知多町乙方を中心とした半島の生業誌

松田　睦彦

## はじめに

小稿は、これまで知多半島で営まれてきた生業の特徴を、半島という地理的条件が与える影響に注目しながら、記述・分析しようとするものである。

半島は陸地によって本土と地続きでありながらも三方を海に囲まれた、地理的には比較的孤立した土地である。知多半島は、その基脚部を熱田とし、そこから先頭部の南知多町師崎とを直線で結んだ場合、南北に五〇キロ近くの長さをほこる。東西の幅は半島中央部の半田辺りまでは一〇キロを超えるが、半田以南は急激に細くなり、五キロから六キロといった地域を経て、先頭部で集束する。地形についても、中央部までは平地と比較的なだらかな丘陵が続くが、半田以南、先頭部にかけては山がちとなる。

このように複雑な地理的条件のもとで営まれる生業はもちろん多様である。したがって、知多半島全域において共通点を見出し、半島全体の生業について語ることは難しい。そこで小稿では、半島先頭部にあたる南知多町、とくに大字豊丘の乙方地区を中心として考察を進めたい。南知多町および乙方を調査地として選定した理由は、半島基脚部の都市から距離的にもっとも離れた地域において、また、山と海に囲まれ、必ずしも農業には適さないと考えられる土地において、農家(1)が海産物に大きく依存することなく、どのように生活を維持してきたのかということを明らかにしたいと考えたからである。

小稿では、山や海という地理的条件を半島の特徴のひとつととらえ、山や海を利用した農家の生産活動を描くと同時に、与えられた地理的条件に左右されない賃労働にも着目し、南知多町乙方の生業の成り立ちとそこに垣間見える半島生業の特徴を明らかにしたい。主な対象となる時代は、聞き取り調査の及ぶ範囲とする。したがって、およそ昭和初期から現在までということになるが、生業の歴史的変遷に注目するため、戦前から昭和五十年代までの記述が中心となる。

## 一　地域の概要

乙方は南知多町の東海岸に位置し、南東は南知多町大字豊丘の山田に、南は同町大字豊浜に、北西は美浜町大字豊丘に接している。集落は知多半島の東海岸と西海岸をほぼ南北に縦断する県道、豊丘豊浜線の両側に、谷筋に沿って伸びているが、集落は狭い谷間で終わり、東海岸近くの平地には田が広がっている（地図参照）。

人口と世帯数については、乙方のみの数値を示すことはできないが、乙方と、隣接する山田を合わせた豊丘地区の昭和四十五年から平成十七年までの数値は表1のとおりである。これを見ると、人口が若干の減少を示してはいるものの、世帯数は微増している。年齢階層別人口割合については、豊丘のみの数値を示すことはできないが、平成二十年現在の南知多町全体の六五歳以上の人口割合は三〇パーセント弱である。

産業別就労者数については、豊丘地区の数値を示したものが昭和六十年しか確認できなかったが、第一次産業二四・三パーセント（内二二・六パーセントが農業）、第二次産業三八・〇パーセント、第三次産業三七・七パーセントとなっている[2]。各産業内の業種の内訳については不明であるが、第二次産業には建設業や海産物加工業、その他、

地図　南知多町乙方の位置

河和や武豊方面の工場での勤務が、第三次産業には観光産業や公務員等が挙げられるであろう。現在では第二次産業および第三次産業の数値がより大きくなっていることが予測される。

南知多町全体を見ると、第一次産業のうち、農業を中心とするのは内海・山海・豊丘（乙方・山田）であり、豊浜・師崎は漁業が中心である。また、大井には農業・漁業・商業が混在している。

乙方では古くから農業を中心とした生活が営まれてきたが、これは山田や大井、山海といった周辺地域と共通する。また、背後を山に囲まれ、前面が海に開けているといった地理的条件や、あるいは海に開けた平地に水田が作られ、山の谷間で畑を耕すといった土地の利用法も類似している。したがって、乙方を中心として描かれる半島先頭部の生業は、周辺地域の生業に対する理解を助けるために、一定の役割を果たすものである。また、逆に、さまざまな条件の近い周辺地域の事例は、乙方の生活を描くための重要な補足となる。

## 二　農業の展開

十八世紀末に調査・記述された「尾張徇行記」には、当時の乙方についての記述が見られる。この記述にしたがえば、乙方は、古くは小規模な農家が多かったにも関わらず、村外に稼ぎに出たり、商売などをすることもなく、農業を専らとしたという。また、田は海辺に広がり、堤防を築いて塩害から守っていたほか、山中にも三ヶ所の田があった。畑についてはすべて山にあり、保水力が弱く乾燥した畑であった。この畑ではニンジン、ゴボウなどが作られたが、とくに芋の出来がよかったという(3)。田の面積は二〇町余り、畑の面積は二二町余りで、戸数は八四戸であった。したがって、一軒あたりの田畑の面積は平均五反程度となる。

このような近世末の状況を、そのまま近代の乙方に当てはめることはできない。しかし、圃場整備事業によって大きく変わった乙方の農業の旧態についてはうかがい知ることができるであろう。だが、一軒平均五反の農地で、それも、村外に働きに出ることなく、どのように生活を維持していたのか、疑問は残るところである。

さて、戦後の農業については「世界農林業センサス」の「農業集落カード」の項目を参考としながら考察を進めたい。

「二〇〇〇年世界農林業センサス」の「農業集落カード」によると、乙方東部と乙方西部を合わせた総戸数と総農家数の変遷は表2のとおりである。一九七〇年から二〇〇〇年までの間に、総戸数は三一軒増加しているものの、総農家数は約三分の二に減少し、そのため、農家数の割合は八四・三パーセントから四七・四パーセントへと半減した。

また、専兼業別農家数を見ると、もともと専業農家は少なく、第一種兼業農家と第二種兼業農家がほぼ同じ割合であったことが一九七〇年の数値から理解されるが、一九七五年には第二種兼業農家の割合が増え、その後は、第一種兼業農家は減少の一途をたどる。その原因は不明だが、昭和五十年度から始まった県営圃場整備事業による耕地の整備や農業の機械化が、逆に農業離れを引き起こしたのではないかとも考えられる。表2の乙方の農家数を見ると、昭和四十五年から五十年にかけて農家数は激減し、その後、昭和五十五年にはある程度農家数が戻っている。これは昭和五十七年に県営圃場整備事業が完了したことによると考えられるが、この段階で、第二種兼業農家の割合が増加したのではないだろうか。つまり、県営圃場整備事業は、各農家に農家としてのあり方の選択をせまったのである。豊丘の南東に位置する大字大井の昭和八年生まれの男性は、圃場整備事業で山を削り、谷を埋め、さらに道路が整備されたことにより機械の導入が可能となり、ビニールハウスを建てることができるようになった反面、個人で新たな農地を購入しない限りは耕地拡大には繋がらず、そのため、専業農家は増えなかったと語る。また、工事費用も負担しなければならなかった。このような状況は乙方でも同じである。圃場整備事業は谷間に点在していた農地を集約したが、農地が拡大しない以上、農業への依存度が高まることはないのである(写真1)。

各農家の経営耕地面積に関しては、昭和四十五年以降、一貫して五アール〜一ヘクタールの農家が最も多いが、三アール〜五アールおよび一ヘクタール〜二ヘクタールに対して突出して多いわけではない。南知多町では古くから一部の地主に農地が集約する傾向にあり、大正十年生まれの男性によれば、乙方でも三、四軒の大地主が多くの農地を所有していたという。米の場合、収穫の半分程度は「年貢」として納めていた。当然、戦後の農地改革によって、一部地

表1　豊丘地区の世帯数と人口

| 年 | 世帯数 | 人口 | | |
|---|---|---|---|---|
| | | 男 | 女 | 計 |
| 昭和45 | 292 | 834 | 769 | 1603 |
| 50 | 298 | 828 | 773 | 1601 |
| 55 | 292 | 821 | 794 | 1615 |
| 60 | 293 | 813 | 759 | 1572 |
| 平成2 | 300 | 800 | 773 | 1573 |
| 7 | 304 | 775 | 748 | 1523 |
| 12 | 303 | 723 | 767 | 1490 |
| 17 | 303 | 696 | 735 | 1431 |

注　南知多町『データブック南知多』平成20年度版より

| 面積規模別農家数 | | | | | | | | | | 販売目的で作付けした面積(1955年以前は作物種類別収穫面積)(単位:a) | | | 経営耕地(単位:a)樹園地 | | 施設園芸(乙方東部のみ)ハウス | |
|---|---|---|---|---|---|---|---|---|---|---|---|---|---|---|---|---|
| 1.0〜2.0 | | 2.0〜3.0 | | 3.0ha以上 | | 3.0〜5.0 | | 5.0ha以上 | | | | | | | | |
| 戸 | % | 戸 | % | 戸 | % | 戸 | % | 戸 | % | 稲 | 野菜類 | 飼料用作物 | 農家数 | 面積 | 農家数 | 面積 |
| 23 | 33.5 | | | | | | | | | 4610 | 1090 | 170 | | 720 | 1 | x |
| 19 | 24.4 | 2 | 2.6 | | | | | | | 2468 | 632 | 83 | | 323 | 1 | x |
| 18 | 17.2 | 2 | 2.2 | | | | | | | 3515 | 544 | 182 | | 216 | 2 | x |
| 10 | 12 | 1 | 1.2 | | | | | 1 | 1.2 | 2900 | 1043 | 677 | | 221 | 3 | 100 |
| - | - | - | - | - | - | - | - | - | - | - | - | - | - | 99 | - | - |
| 10 | 18.9 | 2 | 3.8 | | | | | 1 | 1.9 | 1785 | 742 | 1391 | | 99 | 3 | 100 |
| - | - | - | - | - | - | - | - | - | - | - | - | - | - | 138 | - | - |
| 8 | 16.3 | 1 | 2 | | | | | | | 1866 | 834 | 8 | | 123 | 3 | 111 |
| - | - | - | - | - | - | - | - | - | - | - | - | - | - | 204 | - | - |
| 11 | 22 | 1 | 2 | | | 1 | 2 | | | 1516 | 656 | | | 186 | 2 | x |

注　農業集落カードをもとに筆者作成

主の耕地は耕作者に振り分けられたが、元来、農地の狭い乙方では、一軒一軒の農家が広い農地を所有するにはいたらなかった。

さて、販売目的で耕作した面積については、稲、野菜ともに大幅に減少しているが、農家戸数が半減していることを考えれば首肯できる数字である。乙方の水田は谷が海に開ける集落の北東部に位置している（写真2）。現在、この水田は整備されているが、以前は小さな段々の水田が広がっていたという。水田では米と小麦、菜種が栽培された。また、畑では自家用の野菜や小麦、サツマイモ、ソバ、ダイコンなどが栽培された。

樹園地についてはミカン・ビワ等の果樹栽培が考えられる。ミカンは古くから内海で栽培されてきたが、乙方で栽培されるようになったのは戦後だという。戦後しばらくの間は、ミカンは高値が続き、ダイヤと呼ばれたが、その景気に乗り、乙方でも盛んに栽培され、観光客を相手にミカン狩りも行なわれていた。ビワは、戦前から南知多町で盛んに栽培され、戦後も県内有数の産地であった。

一方、興味深いのは施設園芸のハウス栽培の面積である。資料の制約上、乙方東部の数字しか挙げることができないが、少数の農家により、大規模なハウス栽培が行なわれていることが読み取れる。これは花卉栽培によるものである。豊丘地区では昭和五十年の圃場整備事業に伴ない、温室団地が作られた。昭和五十三年には「豊丘観葉組合」が組織され、現在でも豊丘の一大産業となっている。ある園芸農家では昭和五十年頃から花卉栽培を本格的に行ない、現在では二〇〇〇

| | 総戸数 | 総農家数 | 農家割合 | 専兼業別農家数 | | | | | | 経営耕地 | | | | | |
|---|---|---|---|---|---|---|---|---|---|---|---|---|---|---|---|
| | | | | 専業農家 | | 第1種兼業農家 | | 第2種兼業農家 | | 0.3ha未満 | | 0.3〜0.5 | | 0.5〜1.0 | |
| | 戸 | 戸 | 戸 | 戸 | % | 戸 | % | 戸 | % | 戸 | % | 戸 | % | 戸 | % |
| 1970 | 121 | 102 | 84.3 | 13 | 12.7 | 45 | 44.1 | 44 | 43.1 | 21 | 20.6 | 12 | 11.8 | 46 | 45.1 |
| 1975 | - | 78 | - | 4 | 5.1 | 23 | 29.5 | 51 | 65.4 | 7 | 9 | 15 | 19.2 | 35 | 44.9 |
| 1980 | 136 | 93 | 68.4 | 7 | 7.5 | 16 | 17.2 | 70 | 75.3 | 14 | 15.1 | 27 | 29 | 34 | 36.6 |
| 1985 | - | 83 | - | 8 | 9.6 | 7 | 8.4 | 68 | 81.9 | 25 | 30.1 | 18 | 21.7 | 28 | 33.7 |
| 1990 | 148 | 72 | 48.6 | 6 | 8.3 | 4 | 5.6 | 62 | 86.1 | - | - | - | - | - | - |
| 販売農家 | - | 53 | - | 5 | 9.4 | 4 | 7.5 | 44 | 83 | | | 20 | 37.7 | 20 | 37.7 |
| 1995 | - | 66 | - | 8 | 12.1 | 6 | 9.1 | 52 | 78.8 | - | - | - | - | - | - |
| 販売農家 | - | 49 | - | 7 | 14.3 | 5 | 10.2 | 37 | 75.5 | | | 19 | 38.8 | 21 | 42.9 |
| 2000 | 152 | 72 | 47.4 | - | - | - | - | - | - | - | - | - | - | - | - |
| 販売農家 | - | 50 | - | 11 | 22 | 1 | 2 | 38 | 76 | | | 16 | 32 | 20 | 40 |

坪の栽培面積を誇っている。延べ一〇〇〇人の従業員を雇用した年もあったという。

以上、乙方の農業を概観してきたが、一見して分るとおり、施設園芸の経営以外、乙方は農業のみで生計を成り立たせることを前提とする地域ではなく、自らの所有する耕地を効率的に利用しながら、他のさまざまな生業を複合的

写真１　谷を埋めて造られた乙方の畑

写真２　東海岸に向けて開けた乙方の水田

に組み合わせてきたことが予測される。

それでは、農業以外にどのような生業が展開していたのであろうか。これまでの報告や統計にあらわれない多様な生業あり方について考察してみたい。

## 三　山の産物

圃場整備事業で山が崩され谷が埋められる以前、山は生活上、大きな役割を果たしていた。乙方では、大きな地主が多くの山林を所有していたものの、各家でもある程度の山林を所有していたようである。山林全体の九〇パーセントは個人の所有であったという(4)。古くは、山は美しい松林に覆われていたが、松喰い虫や伊勢湾台風で松が枯れた。

まず、山の利用として重要なのは薪とりである。山では風呂焚きや飯炊きに使う自家用の薪が採取された。下草や松葉、枝、あるいは木を伐り、薪とした。松葉かきはゴカキと呼ばれ、集められた松葉は束にして納屋や自宅の中二階、屋根裏などに保存した。また、薪は山を持たない豊浜の漁師などに売ることもあったという。豊浜では日常生活の他に、カマボコやニボシの製造に多くの薪の需要があった。各村には山師がおり、主に松の木を薪に割って売っていたという。各家ではこの山師に立木を売って現金を稼いだが、個人で木を伐採し、薪として売る家もあった。山田の大正十年生まれの女性は、義父が山から木伐って薪とし、義父とともに荷車に積んで後から押し、山を越えて豊浜まで売りに行ったことを記憶しているという。

また、山ではさまざまな食料も得ることができた。秋のキノコ採りは大きな楽しみであった。乙方では十月に道普請が行なわれたが、半数以上の人はアカハチ・シロハチ・アオハチ・マツタケ・シバタケ・ネズミタケなどのキノコ採りに興じていたという。また、タケノコやアケビ、ヤマモモなども採ることができた。とくにヤマモモは乙方でも山田でも重要な山の恵みであった。採ってきたヤマモモは豊浜などで売ったほか、一色や高浜など、三河方面からも買いにきたという。先ほどの大正十年生まれの山田の女性は、「ヤマモモを精出してちぎって、豊浜で売った。喜んで買ってくれた。漁師は日銭が入るから払いがいい。帰りにハンペンなどを買って帰った」と語ってくれた。さらに、豊浜まで野菜を売りに行ったという話しも聞かれた。このような交流は、農家と漁師という生業を異にする人びとが混住する半島という土地の特徴と捉えることができるだろう。

一方、ウバメガシの木は海苔養殖用の篊《ひび》として、主に三河方面に多くの需要があったという。乙方では、三河湾を挟んだ対岸にある幡豆郡一色町にウバメガシを送っていたという話が聞かれる。そもそも、愛知県は大正十一年にはすでに全国一位の海苔生産額を示していた。一色町でも明治末から盛んに海苔養殖が行なわれ、明治四十五年には一六六名が、大正十四年には三四〇名が、戦火の激しかった昭和十九年にも五二五名が海苔養殖に携わっていたという。(5)また、戦後もその勢いは衰えず、昭和三十一年には、一色町は海苔生産枚数で愛知県全体の約二割を占めていた。(6)

このような背景のもとに、乙方や山田といった地域から海路でウバメガシが輸出されていた。山から伐り出すのは夏で、長さも一定に決められていた。このウバメガシの伐り出しは自分の所有する山で行なうだけでなく、他家の山を手伝うことにより、日雇稼ぎともなっていた。これは伐ったウバメガシを束ねたり、山から出したりする仕事であった。また、子供でも手伝いをして小遣いを稼いでいた。山から切り出されたウバメガシは牛車などで海岸まで運ばれ、船で一色町に送られた。

乙方や山田といった南知多町の東海岸沿いの地域から一色町までは直線距離にして一〇キロに満たない距離であり、ウバメガシのような重量もカサもある荷物を運ぶためには、海路がもっとも利便性が高い。ウバメガシの篊としての輸出は、時代の流行を敏感に感じ取り、近世以来の海運文化をうまく活用した、半島の特徴を示す生業ということができるであろう。

## 四　海の利用

乙方には漁師がいたという話は聞かれない。それどころか、一人前の男が釣りをしているだけでも嘲笑の対象になったという。しかし、乙方の人びとが完全に海に背を向けて生活してきたわけではない。地先の権利は明確に乙方の農家に帰属してきた。それは元来、畑の肥料に用いる海草の採取と、アサリ採りが目的であり、近年ではノリ養殖のためであった。

畑の肥料として用いられたのは、モクと呼ばれる海藻である。モクは、雨ざらしにして干してから畑に敷いた。乙方の海岸の権利は、乙方の農家に属していたため、海草の採取は自由に行なうことができた。南知多町山海の海に接していない地域では、豊浜から肥料用の海草を買ったというから、海を利用する権利を直接持っていたことの意義は大きかったはずである。

一方、アサリ採りは生活の大きな楽しみであった。古くは、アサリを採る権利については青年団が管理しており、潮干狩りの日は年三回が定められていた。四月三日の熊野神社の祭りの前と、その後二回である。この日にはこぞって海岸へ出かけ、潮干狩りを楽しんだという。戦後、青年団の解散後は乙方地区で海岸を管理し、現在では豊丘乙方あさり組合が潮干狩り場の管理・運営を行なっている。また、山田や大井でもアサリ採りは地元の人びとの楽しみであった。山田の大正十年生まれの女性は、「昔は友だち同士で誘い合って、自転車でアサリ採りに行って、メカゴいっぱいのアサリを採ってきた」と懐かしそうに語ってくれた。現在、山田では漁協が浜の管理と潮干狩り場の運営を行なっている。(7)

昨今、潮干狩りは大きな観光資源となり、三月下旬から六月下旬の潮干狩りシーズンには多くの観光客を集めている。『南知多町誌』によると、南知多町で観光客を相手に潮干狩りが行なわれたのは、昭和三十八年頃の乙方・山田が始まりだという。近年では、乙方・山田・大井・片名・日間賀島などの海岸に、年三万人を超す潮干狩り客が訪れており、(8)乙方では一〇軒程度が観光潮干狩りに関わっているという。

また、戦後行なわれた海に関わる生業で、もっとも特徴的なのが海苔養殖であった。右でも述べたように、乙片と海苔養殖との接点は海苔養殖に用いる篊《ひび》であった。篊は海中に挿して海苔の胞子を付着させ、生育させるための道具であり、乙片では山でウバメガシを伐り、三河の一色に送っていた。それが昭和三十一年からは乙片で養殖が行なわれるようになる。昭和二十年代から三十年代は竹やウバメガシの枝を用いた粗朶《そだ》篊から、網を用いた水平篊への移行期であり、人工採苗や養殖施設の技術革新も進み、乙片では多くの農家が海苔養殖を始めた。

海苔養殖は九月から種付けの準備に入り、十月半ば頃に網を海中に張り、二月から三月まで収穫を行なう。したがって、海苔養殖は稲作との兼業が可能であった。春から秋にかけて行なう稲作と、秋から春にかけて行なう海苔養殖の時期が重ならないからである。多いときには一五軒ほどが養殖場を経営したが、現在、乙片では海苔養殖を行なう家は無い。それは、昭和四十年代に摘取機・水洗機・切断機・脱水機・乾燥機といった機械が開発され、海苔生産が機械化されることで生産量が飛躍的に増えたものの、価格が思うように伸びず、莫大な設備投資費を回収することが困難になったことに起因すると考えられる。

## 五　賃労働の役割

広大で収益率の高い農地を有さない土地において、農業以外のさまざまな生業を組み合わせて生活することは必然である。海に囲まれ、十分な土地に恵まれない半島において、とくに乙方、山田、大井など、土地の多くを山に占められた地域においては、早くからさまざまな生業の複合が試みられ、そのなかでも賃労働は大きな役割を果たしてきた。

南知多町の多くの地域では長男が家を継ぎ、次男以下は、古くは小学校を卒業すると半田や名古屋といった都市に出て、商家の丁稚や職人の小僧として雇われたという。戦後は大学への進学者も増えたと同時に、中学や高校を卒業後に、工場や企業などで働く人も多くなった。彼らには一定の技術を身につけて戻り、家を構える人もいたが、多くは就職先の地に根をおろした。山海の天龍寺の方の話では、名古屋や半田にも多くの檀家を抱えているという。

一方、長男は、基本的には農家を継ぐわけであるが、多くの家では農業は女性に任され、男性は地域内の土木業者に雇われたり、河和、武豊、半田などにある工場に働きに出た。現在では、役場、消防、工場、タクシー会社等の地元の勤め先のほかに、車で半田、名古屋方面に通勤する人もいるという。

さて、これまで南知多町各地で行なわれてきた賃労働のうち、大きな存在感を示してきたのが、土木作業と工場労働である。

一般的に土木作業に従事する人びとは多くの地域に見られるが、知多半島は近世以来、全国各地で活躍した黒鍬《くろくわ》の本拠地であった。黒鍬とは、「愛知県知多半島の農閑期に活動する土木職人・黒鍬組が用いた大型の鍬を指す」(9)。黒鍬が発達した理由としては、知多半島では近世に開発された新田への水の供給をため池に頼っていたため、ため池の築造、修理、改修の技術が洗練されたことが挙げられる(10)。「尾張徇行記」によると、十八世紀後半の段階で、黒鍬人足は知多郡一三九か村のうち七一か村に分布し、その人数は、数字が示されているだけでも一二六〇名以上に及ぶという(11)。

「尾張徇行記」には、当時の乙方の状況について、「高ニ準シテハ戸口稍少ナケレ共他村へ田畑ヲ不掟、又黒鍬カセキニモ村限ニ制止ヲ立テ不出ト也」(12)と記されており、村内での工事には携わったものの、村外への黒鍬稼ぎには出なかったことがわかる。

ただ、知多郡全域において、近世以来土木工事の技術が発達しており、黒鍬稼ぎに出かけなかった乙方においても、一定の土木技術が確立していたことは間違いない。この技術および土木工事を生業とする土壌が、そのまま近代まで継続してきたかどうかは不明である。しかし、近代において土木工事が現金収入源として果たしてきた役割については、無視することはできない。

昭和六年生まれの男性の話によると、乙方には土木の請負業者が二軒あった。乙方における土木業は戦前からあり、この男性の父親も雇われていたという。それぞれが一〇人程度を雇っており、その他に臨時雇いもあった。このような日雇労働はヒヨウトリと呼ばれていた。ヒヨウトリは日が出て沈むまでがイチニンで、戦後、米一升が四〇〇円の時代に、ヒヨウトリは一日三〇〇円の賃金だったという。また、一年間に何日ヒヨウトリに出るかは個人によって差があるが、大正十年生まれの男性は、戦後、昭和二十年代のある年に、盆から正月までの間の半年間（約一八〇日）で七二日間ヒヨウトリに出て、同じ雇われ先では二番目に多かったという。「家の仕事がいろいろとあるから、それほど出ることはできない」とは語るものの、二、三日に一度の割合でヒヨウトリに出ていたことになる。この男性は「この土木業のヒヨウトリがあるおかげで、乙方は割合豊かだった」とも話してくれた。

つぎに、工場での労働を見てみたい。知多半島では近世から綿織物業や醸造業、窯業などの産業が発達し、明治に入るとこれに帝国火薬工業（昭和十三年より日本油脂、昭和二十年より日産化学工業）の火薬工場など、近代的な産業が加わった。また、戦後には沿岸部の工場用地としての開発が進み、その工場は半島部に居住する人びとに多くの労働の機会を提供してきた。昭和三十年代から五十年代にかけて進められた衣浦臨海工業地帯の造成では、南北に細長く伸びる衣浦湾の東西岸で埋め立てが行なわれたが、乙方から比較的近い武豊町の埋立地に進出してきた企業は中山製鋼所、中部電力、旭ガラス、台糖ファイザーといった大企業で、昭和五十五年の時点で従業者数が二〇〇〇人を越えていた[13]。

このような背景のもと、乙方でも戦前から多くの人びとが工場労働者として雇われていた。乙方では、戦前から成人男性の半数は工場労働に出かけていたといい、先ほど紹介した大正十年生れの男性も昭和十三年頃から三、四年ほど日本油脂の火薬工場に自転車で通っていた。後には多くの労働者の通勤のために、南知多町を送迎用のバスがまわったという。海軍の火薬を扱っていた同社では、当時、飛躍的な増産が行なわれており、多くの雇用が生み出されたのである。

一方、戦後の就労先としては武豊の臨海工業地帯に立地する川崎製鉄や中山製鋼、台糖ファイザーといった工場や武豊の内陸部にある日産化学工業、河和の加藤化学などが挙げられる。これらの工場は半島各地から従業者を集めたが、南知多町からも多くの人びとが働きに出た。例えば、昭和五十七年の段階で、南知多町から日本油脂には一八名、台糖ファイザーには三三名が通勤していたという[14]。乙方からどれほどの人数がこれらの大工場に働きに出たかは不明だが、通勤可能な比較的近距離にこういった工業地帯が立地しているということが、乙方をはじめとする多くの半島地域の人びとの生活に大きな影響を与えたことは明らかである[15]。

## おわりに

以上、乙方を中心とした農家の暮らしを、農業に限定せず、半島の特徴である山や海といった地理的条件を活用した生業に注目しながら考察してきた。

乙方における農業は、古くから生業の中心となってきたが、戦前から農業のみで生活を完結させるだけの規模も質も具えていなかった。戦後は、圃場整備により、農業の大規模化、効率化が図られたが、施設園芸を除けば農家個々の規模拡大にはつながらず、逆に農業離れを引き起こす結果となった。

つぎに、山の利用は、古くから農家の生活を下支えしてきた。食料や薪の獲得は当然のこと、山の幸は山を持たない漁師との交流によって、生活に必要な、あるいは生活に潤いを与える現金へと交換された。また、ウバメガシの三河への輸出は、山という生産の場と海という輸送路を、つまりは半島という地理的条件を最大限に活用した産業であった。半島先頭部の人びとの目が海の先へと向けられ、半島が閉ざされた空間ではなく、開かれた空間であったことを伝える貴重な事例である。

そして、海もまた乙方の人びとには重要な存在であった。乙方では海で肥料となる海草の採取を行ない、古くから地元の人びとによって楽しまれてきたアサリ採りは潮干狩りという観光産業となった。また、海苔養殖は、一時的にではあるが乙方の重要な産業としての位置を占めた。このように、海は農家の集まりである乙方の生活にも多くの恵みを与えてきたのである。

最後に、賃労働の役割についてまとめておきたい。乙方における賃労働は、古くは村内の土木工事が主であった。その後、大規模な工場の知多半島への進出と陸上交通の発達により、乙方の人びとは河和や武豊の工場へ働きに出るようになった。これらの賃労働は、その内容こそ異なるものの、戦前から一貫して行なわれてきたものであり、女性に日常的な農業を任せ、男性が現金収入を得るという生業上の分業を示すものである。

農業のみで生活することを前提としない土地においては、農業以外の多様な生業が模索される。乙方もまた、少なくとも小稿で扱った時代においては、農業のみで生活することを前提としない土地のひとつである。昭和四十年代までの乙方では、山と海の産物を時代に合わせて効率的に利用しながら、また、海という交通手段を巧みに利用し、広い生活圏を形成しながら生活してきた。そして、その生活は、多くの話者が「食べるに困ったことはない」と語るように、それなりの安定した生活をそこに暮らす人びとに与えるものであった。

半島とは海と山が近接し、漁師と農家とが入り混じる地域である。この地域性こそ半島性の根幹であり、この特徴をうまく活用した生活は、半島のくらしそのものと言えるであろう。

注

（1）小稿で描かれる乙方の農家は、必ずしも農業を主生業として生活している訳ではない。したがって、ここで農家と呼ぶのは、農業を営みながらも、さまざまな生業を複合的に行なう人びとのことを指すこととする。
（2）南知多町誌編さん委員会『南知多町誌』本文編、南知多町、平成三年、五二三頁
（3）「尾張徇行記」（五）（『名古屋叢書』続編 第八巻、名古屋市教育委員会、昭和四十四年、三〇三～三〇四頁）
（4）明治二十一年の山田の「土地所有者名寄帳」（個人蔵）を見ると、各家が所有する山林の面積は数畝から一町以上まで大きな開きがあるが、山田でもほとんどの家で山林を所有したことが確認できる。
（5）一色町誌編さん委員会『一色町誌』一色町役場、昭和四十五年、三二五頁
（6）注（5）同書　三九九頁
（7）山田には漁師がおり、若干名がカクダテ網（小型定置網）で漁を行なっている。ただし、兼業であり、早朝、勤めに出る前に網をあげる。潮干狩りの運営は豊丘漁協が行なってきたが、平成十九年秋に大井漁協に吸収された。大井には多くの漁師がおり、船びき網や、小型底びき網、採貝、さし網などの漁が行なわれている。
（8）注（2）同書　六五五～六五六頁
（9）福田アジオ・新谷尚紀他編『日本民俗大辞典』上、吉川弘文館、平成十一年（「黒鍬」の項は朝岡康二が執筆）
（10）都筑敏人「黒鍬人足について（一）―江戸時代の土木作業員の動向―」（『みなみ』第六十七号、南知多郷土研究会、六三頁）
（11）武豊町誌編さん委員会『武豊町誌』本文編、武豊町、昭和五十九年、二〇七頁
（12）注（3）同書　三〇三頁
（13）注（11）同書　七四五頁
（14）注（11）同書　七三二頁
（15）山海では河和の加藤化学や常滑の伊奈製陶（現ＩＮＡＸ）に通ったという。伊奈製陶からはバスが迎えに来て、通勤することができたという。

# あとがき

本書は、平成十八～二十年度にかけて成城大学民俗学研究所が実施した研究プロジェクト「半島民俗誌作成のための実証的研究」の成果である。

本研究の目的は、多様な自然環境をそなえ、交通の要衝、漁業や観光の拠点として人びとの広範な交流がみられる半島部集落を対象として、民俗がどのように創出され、また推移してきたのかを、当該集落と周辺集落との交流を念頭において民俗誌的研究を行うことであった。

本研究の背景には次のような流れがある。平成十～十二年度に実施した「沿海諸地域の文化変化の研究―柳田國男主導『海村調査』『離島調査』の追跡調査―」（研究代表者、田中宣一）は昭和十二年度～十三年度の「海村調査」および昭和二十五年度～二十七年度の「離島調査」の調査地を対象にして、当該地域の民俗がその後どのように変化あるいは継承されているかを明らかに、第二次世界大戦後の民俗変化の実態を考察した。この成果をふまえて、その後、平成十六年度まで「地域社会の民俗変化の研究」（研究代表者、田中宣一）および「漁撈習俗の伝播に関する実証的な研究」（研究代表者、小島孝夫）の研究を行った。前者は沿海諸地域を対象とした民俗変化の研究成果と、「山村調査」地のその後の追跡調査成果の成果とを対比させることで地域社会における民俗変化の論理を検証しようとするものであった。後者は沿海諸地域間での人びとの移動や交流等により民俗事象の伝播や受容がどのように行われてきたのかを明らかにしようとしたものであった。これらの研究は研究対象こそ異なるものであったが、「沿海諸地域の文化変化の研究」で明らかになった民俗変化の普遍性をさらに検証しようという試みであった。

この作業を経て、民俗の変化や継承を支えている人びとのつながり方に関する関心が強まり、民俗事象を総体的に捉える作業の必要性が確認された。平成十七年度には両研究プロジェクトの視点と成果を統合する形で、新たに「半島部民俗誌作成のための基礎的研究」（研究代表者、小島孝夫）が行われた。現代社会における民俗誌的研究の必要性については田中宣一が強く主張してきたことであり、それを実践するための具体的な研究手法および調査対象地の選定に関する検討が行われることになった。この過程で、国内各地の半島部の生活文化の特徴が検討され、具体的な調査地として愛知県知多半島が選定された。

こうした流れを経て、本研究は実施された。三年間にわたる参加者は、田中宣一（研究代表者）、亀井好恵、小島孝夫、今野大輔、畑　聡一郎、松田睦彦、村田裕志、八木橋伸浩、山崎祐子、山田直巳、山本質素で、各自の関心事に応じて、個別調査や共同調査を実施した。調査成果を研究会で順次報告し、知多半島の民俗事象の分布や特徴に関する検証をおこなった。研究会の内容は次のとおりである。

平成十八年度

五月二十六日　研究の全体構想および研究分担について／松田睦彦「知多半島の生業に関する所感」／小島孝夫「『半島』をどうとらえるか—南知多町を事例に—」

七月十四日　調査計画について／各自の研究分担および研究テーマについて（全員報告）

十月二十日　夏季調査報告（全員）

十二月八日　今後の調査計画について／山本質素「民俗誌に求められるもの—半島部民俗誌の可能性—」／田中宣一「知多半島南部の神社と小祠」

三月十四日　次年度の研究計画について／松田睦彦「架橋離島の半島化—瀬戸内島嶼の事例から—」／畑　聡一郎「半島性とは何か」

平成十九年度

五月二十五日　研究成果の刊行について／亀井好恵「南知多町における愛知用水と生活の変化」／山本質素「知多半島の社会と民俗」
七月十三日各自の調査計画について／小島孝夫「知多半島と神島―半島からみた島、島からみた半島―」
十月二十六日　研究成果の刊行等について／山崎祐子「巡礼と観光開発」／八木橋伸浩「知多半島の方向認識―生活感覚としての『上』と『下』―」
十二月十四日　研究成果の慣行等について／松田睦彦「半島の『農家』と海・山」／山田直巳「半島の文化誌―地勢とイメージ―」
三月十七日　各自の執筆内容について／田中宣一「研究成果の刊行にむけて」

平成二十年度

七月十八日　研究成果の編集方針について／執筆内容について（全員報告）
十月十日　研究成果の編集作業について／執筆内容について（全員報告）

以上のような共同研究の過程で、研究参画者の間で共有されたことに、「広域民俗誌」の視点がある。知多半島という空間を設定して調査を進めていくうちに、民俗事象の広がりやつながりは半島内の自治体はもとより、経済圏としての名古屋市を超えて、さらに広い範囲や人びととつながっていることが検証されていった。従来の民俗誌的研究では、特定の空間や社会を想定して研究が行われてきたが、ある地域の生活の成り立ちや推移を検証すると、研究の対象地は狭く設定できるとしても、その地域の生活は広範な地域や人びととのつながりによって成り立っていることを無視することができないということが理解されていったのである。このことは自明のことであったことかもしれないが、これまでの民俗誌的研究は当該地域の生活文化の完結性に拘泥しがちで、周辺地域とのつながりについてはあまり強く意識されることがなかったのではないだろうか。地域社会においても地球規模で展開されるグローバル化の影響を無視することができなくなっている現代社会であるからこそ、こうした広域とのつながりをより強く意識した民俗誌が急務であるという見解が本研究プロジェクトの最終的な見解となった。本書の副題を「広域民俗誌の試み」とした所以である。

以上のような経緯で本書は成されたが、この間に多くの方がたのご教示とご協力を賜った。現地調査に際しては、調査でお世話になった皆さまをはじめ、自治体担当者、区長などの地区役職者の方がたに大変お世話になった。本研究プロジェクトにご参加いただいた方がたには研究成果をおよせいただき、感謝している。また、成城学園ならびに成城大学民俗学研究所には本研究の予備段階から調査研究活動をご支援いただいた。加えて、本書の刊行にあたっては、同研究所の学術図書出版助成をいただいた。末筆ながら記して御礼を申しあげたい。

最後に、本書の出版の主旨についてご理解をいただいた慶友社ならびに煩瑣な編集作業を担当していただいた原木加都子編集長の、一方ならぬご尽力とご助言に対して衷心より感謝申しあげる。

平成二十一年三月

編　者

# 執筆者紹介（生年／現職）——五十音順

亀井好恵（かめい　よしえ）　一九六二年／成城大学民俗学研究所研究員
小島孝夫（こじま　たかお）　編者略歴参照
今野大輔（こんの　だいすけ）　一九八二年／成城大学大学院文学研究科日本常民文化専攻博士課程後期
田中宣一（たなか　せんいち）　編者略歴参照
畑聡一郎（はた　そういちろう）　一九四七年／東京都立中央図書館司書
松田睦彦（まつだ　むつひこ）　一九七七年／成城大学文芸学部非常勤講師
八木橋伸浩（やぎはし　のぶひろ）　一九五七年／玉川大学文学部教授
山崎祐子（やまざき　ゆうこ）　一九五六年／学習院女子大学非常勤講師
山田直巳（やまだ　なおみ）　一九四八年／成城大学社会イノベーション学部教授
山本質素（やまもと　ただもと）　一九四八年／日本大学文理学部教授

# 索　引

## あ　行

## か　行



## さ　行

## た　行



## な　行

## は　行



## ま　行

## や　行



## ら　行

**編者略歴**

小島　孝夫（こじま　たかお）
一九五五年生まれ。成城大学文芸学部准教授。筑波大学大学院修士課程環境科学研究科修了（学術修士）。編著に『海の民俗文化―漁撈習俗の伝播に関する実証的研究―』、共編著に『海と島のくらし―沿海諸地域の文化変化―』がある。

田中　宣一（たなか　せんいち）
一九三九年生まれ。成城大学文芸学部教授。國學院大學大学院文学研究科博士課程満期退学。博士（民俗学）（國學院大學）。
主な著書に『年中行事の研究』『祀りを乞う神々』『徳山村民俗誌　ダム水没地域社会の解体と再生』、共編著に『三省堂年中行事事典』『海と島のくらし―沿海諸地域の文化変化―』などがある。

半島のくらし
―広域民俗誌の試み―

二〇〇九年三月二十五日　第一刷

編　者　小島孝夫
　　　　田中宣一

発行所　慶友社
〒一〇一―〇〇五一
東京都千代田区神田神保町二―四八
電　話〇三―三二六一―一三六一
FAX〇三―三二六一―一三六九

印刷・製本／亜細亜印刷（株）



ISBN978-4-87449-139-3　C3039